2022年度教育部高校思政课教师研究专项
“中华民族共同体意识教育融入高校思政课教学研究”
（批准号：22JDSZK018）

2023年度国家民委高等教育教学改革研究项目
“高校铸牢中华民族共同体意识形象化教育研究”（批准号：23051）

教育部高校思想政治工作创新发展中心（辽宁财贸学院）专项课题重点项目
“大中小学一体化利用红色文化资源育人研究”（批准号：SZZXKT2023010）

2021年度辽宁省普通高等教育本科教学改革研究一般项目
“铸牢中华民族共同体意识视域下民族院校思政课程建设研究”阶段性成果

辽宁省“大中小学思政课一体化建设”专题教学设计丛书

铸牢中华民族共同体意识融入大中小学思想政治理论课一体化教学设计案例集

洪晓楠 谢晓娟 胡承波 丛书主编
徐丽曼 胡承波 秦 明 主编

辽宁人民出版社

图书在版编目（CIP）数据

铸牢中华民族共同体意识融入大中小学思想政治理论课一体化教学设计案例集 / 徐丽曼，胡承波，秦明主编. 沈阳：辽宁人民出版社，2025. 2. -- (辽宁省“大中小学思政课一体化建设”专题教学设计丛书 / 洪晓楠，谢晓娟，胡承波主编). -- ISBN 978-7-205-11443-5

Ⅰ. D64

中国国家版本馆CIP数据核字第2025WB8843号

出版发行：辽宁人民出版社
地址：沈阳市和平区十一纬路25号　邮编：110003
电话：024-23284325（邮　购）　024-23284300（发行部）
http://www.lnpph.com.cn
印　　刷：辽宁新华印务有限公司
幅面尺寸：170mm × 240mm
印　　张：18.5
字　　数：292千字
出版时间：2025年2月第1版
印刷时间：2025年2月第1次印刷
责任编辑：贾妙笙
装帧设计：琥珀视觉
责任校对：吴艳杰
书　　号：ISBN 978-7-205-11443-5

定　　价：80.00元

辽宁省“大中小学思政课一体化建设”专题教学设计丛书

-编委会-

总 序

思想政治理论课是落实立德树人根本任务的关键课程，贯穿了国民教育体系的各学段。习近平总书记在学校思想政治理论课教师座谈会上强调，“在大中小学循序渐进、螺旋上升地开设思想政治理论课非常必要，是培养一代又一代社会主义建设者和接班人的重要保障”，提出“统筹推进大中小学思政课一体化建设”。党的二十大报告强调，“推进大中小学思想政治教育一体化建设”。在学校思想政治理论课教师座谈会召开五周年之际，习近平总书记对学校思政课建设作出重要指示，强调“深入推进大中小学思想政治教育一体化建设”。党的二十届三中全会通过的《决定》再次强调“推进大中小学思政课一体化改革创新”。

深入推进大中小学思想政治教育一体化建设，关系到“培养什么人、怎样培养人、为谁培养人”这个教育的根本问题。思政课贯穿人才培养的全过程，推进大中小学思政课一体化建设，是贯彻党的教育方针，肩负起为党育人、为国育才光荣使命的必然要求，是新时代党和国家推动思政课内涵式发展的一项重要部署，是思政课建设的时代要求和内在体现，是提高思政课教学质量及育人水平的必由之路，是落实立德树人根本任务的关键举措。如何针对不同学段学生的身心发展特点，遵循学生认知规律和教育教学规律设计教学内容、选择教学方法，是思政课教师面临的新任务和新挑战。

为进一步深入学习贯彻习近平总书记在学校思想政治理论课教师座谈会上的重要讲话精神，全面落实中共中央办公厅、国务院办公厅印发的《关于深化新时代学校思想政治理论课改革创新的若干意见》以及辽宁省委教育工委、辽宁省教育厅印发的《辽宁省进一步推进大中小学思政课一体化建设的若干举措》等文件精神，扎实推进辽宁省大中小学思政课一体化建设工作，辽宁省高校思想政治理论教育研究会、教育部大中小学思政课一体化共同体（辽宁省）面向全省各学校思政课教师开展了“大中小学思政课一体化建设”专题教学设计案例征集活动。

本次活动设立了九个专题，分别为坚持党的领导、传承中华优秀传统文化、弘扬时代精神、增强制度自信、铸牢中华民族共同体意识、法治中国建设、践行社会主义核心价值观、共筑国家安全防线、推进生态文明建设，大中小学不同学段思政课教师分别就以上专题融入大中小学思政课一体化设计教学案例。辽宁省高校思想政治理论教育研究会将教学设计案例征集活动中的优秀作品编辑出版，形成了辽宁省“大中小学思政课一体化建设”专题教学设计案例系列丛书。本套丛书按照一体化的思路，专题教学设计案例充分尊重各学段的不同特点，既强调各学段符合学生认知特点和教育规律的明显区分度，又强调循序渐进、螺旋上升的有效衔接度。

本套丛书是辽宁省在大中小学思政课一体化建设方面进一步探索与实践的成果，希望可以对广大教师在挖掘思政教育资源，推进大中小学思政课一体化建设等方面起到借鉴作用，为大中小学思政课一体化建设的高质量、内涵式发展作出一定的贡献。

由于时间仓促、水平有限，本套丛书中可能存在一些不足，望同行专家及广大读者批评指正。

2024 年 8 月

目 录

CONTENTS

中华子孙根连根，民族儿女一家亲

铁岭市教师进修学院　董文超

一、课程基本信息

主讲课程：道德与法治

使用教材版本：人民教育出版社（2019版）

教材章节出处：《道德与法治》五年级上册第三单元《我们的国土　我们的家园》第七课《中华民族一家亲》

二、教学设计概述

《中华民族一家亲》是教材第三单元《我们的祖国　我们的家园》主题中的第二课，本课有三个板块："中华民族大家庭""各民族谁也离不开谁""互相尊重守望相助"。本课对应的课程内容：知道我国是一个统一的多民族国家，各民族共同创造了中华民族的历史文化；了解不同民族的生活习惯和风土人情，理解和尊重不同民族的文化。在多元文化并存的今天，民族团结关乎祖国的发展，而孩子们对于其他民族的生活习惯、风土人情并不熟悉，他们仅关注身边的人和事。让孩子们以开放的视角去认识、重视、接纳各民族的文化，增强民族自豪感和民族团结意识，携手各民族实现伟大梦想，培养和激发他们的爱国主义情怀至关重要。

《中华一家亲》是道德与法治课国情教育的内容。民族关系、两岸关系是国家迫切关注的问题，促进民族团结、维护祖国统一是公民的责任。要让学生通过对本课的学习知道我国是一个统一的多民族国家；理解国家的长期稳定和繁荣昌盛要靠各族人民平等互助，团结合作，艰苦创业，共同发展；

维护国家稳定和民族团结。对学生进行国情教育，增强学生爱祖国、爱人民的情感。因此，本课题在道德与法治课中具有不容忽视的重要地位，它将为后面的学习内容奠定基础。

三、学情分析

五年级的学生对社会现象开始关注，对不同民族的历史和文化感兴趣，并开始有自己的独特见解，但仍有片面性。他们大都能够说出几种少数民族的名称，有的学生曾见过不少少数民族同胞，但对于各民族的分布特点、民族之间的交往交流交融，各民族之间相互尊重、守望相助，共同创造中华文化了解不多。学生通过自行搜集、整理与中华民族历史文化、国家政策法规等相关信息，引导他们进一步了解各民族生活习惯和风土人情，感受各民族平等团结互助和谐的民族关系，明白祖国的发展离不开各族人民的努力，能够初步形成中华民族的归属感和自豪感，有利于纠正其认识上的片面性。

本节课主要是引导学生认识到民族团结的重要性；并且学习到新型的民族关系；与少数民族的人和睦相处，维护民族团结，为中华民族的强大而不懈奋斗！

四、教学目标

（一）知识与能力

在课堂上，通过聆听歌曲和观察“中国民族分布地图”等，学生认识到我国是一个统一的多民族国家；知道各民族谁也离不开谁，在分布上交错杂居，文化上兼收并蓄，经济上相互依存，情感上相互亲近，形成了你中有我、我中有你、谁也离不开谁的格局，共同创造了博大精深的中华文明。

（二）过程与方法

在课堂上，学生们通过课前预习、小组分工及研讨，了解了不同民族的节日、服饰等风俗，尊重各民族在生活环境、文化习俗等方面的差别；通过个人查找资料，知道了青藏铁路修建的缘由；通过《中华人民共和国宪法》及《兴边富民行动“十三五”规划》等，知道我们处理民族关系的原则和民族制度；知道各民族一律平等，加强和巩固民族团结，共同创造了中华民族的历史和文化。

（三）情感态度与价值观

在课堂上，通过《驮工日记》、卓玛央宗姐妹、《天路》等视频及阅读民族抗日英雄等文本材料，培养学生热爱各民族人民的情感，激发维护民族团结的责任感和使命感，增强对中国文化的认同感，以实际行动弘扬和培育民族精神，激发学生爱国情感。让学生知道我国是个统一的多民族国家，各民族对中华民族的政治统一、经济发展和文化繁荣都做出过贡献，初步形成中华民族的归属感和自豪感。

五、教学重点难点

（一）教学重点

1.了解各民族交往交流交融，彼此尊重，共同创造中华民族文化。感受各民族之间的相互交融、相互尊重、守望相助。了解各民族共同奠定祖国疆域，开发国土发展经济的归属感和自豪感。

2. 认识到我们的祖国是全国各族人民共同缔造的统一的多民族国家；中华民族的民族关系是平等团结互助和谐的社会主义新型民族关系，各民族谁也离不开谁。让学生认识到中华民族一家亲的重要性，结合我国当前社会发展正确认识新型民族关系。

（二）教学难点

1.理解和尊重不同民族的文化习俗，感受平等团结互助和谐的民族关系；了解并尊重各民族在生活环境、文化习俗等方面的差别，为各民族互帮互助做出自己能做的努力。

2.激发学生热爱并维护民族团结，培养民族自豪感，树立正确的民族观和爱国主义情感。

六、教学设计总体思路

本节课在教学过程中采用了如下的教学环节：激发兴趣（导入、歌曲渲染气氛）→介绍少数民族→图片分析少数民族的居住特征→师生相互交流、分析整理资料（数据变化）加深认识→教师视频引导→欣赏民族团结的典型故事→分享学生收集的民族团结故事→民族文化展览→国家对少数民族的政策等分享→学生畅谈收获和感受→教师拓展（如何维护民族团结）。

首先通过耳熟能详的歌词让学生认识到，我国是一个统一的多民族国家；通过指导学生课前调查，让学生认识到我们国家民族分布的特点；通过举例子，将各民族在政治、经济、文化、风俗习惯等方面的贡献形象地传达给学生，通过国家的方针政策和具体举措促进着民族地区的发展和繁荣。本节课是一节综合性很强的课，关注主题目标，关注学科特点，关注学生的主体作用，关注课内外的关联，关注学生的体验与感悟，是上好这节课的关键。

七、教学过程

（一）教学流程设计

环节一：统一的多民族国家

教师活动：

1.播放歌曲《爱我中华》。

2.提示同学们阅读资料并回答问题。

3.请同学分享学校中的少数民族同学和少数民族教师统计情况。

学生活动：

1.回答我国民族个数等。

2.回答资料中发现的重要信息。

3.分享课前统计的少数民族同学和少数民族教师人数等。

设计意图：通过多种形式展示中华大家庭是由56个民族组成的，各民族之间是平等、团结、互助、和谐的社会主义新型民族关系。

环节二：各民族谁也离不开谁

教师活动：

1.展示中国民族分布地图，并提问：观察地图，说说你的发现。

2.播放“茶马古道”视频资料。

3.讲述张骞出使西域故事。

学生活动：

1.观察中国民族分布地图。

2.思考并回答“茶马古道”对民族的交流交融起到的作用。

3.聆听故事感受各民族之间的交流交融。

设计意图：通过引导学生观察“中国民族分布地图”，同学们能更形象地了解各民族的分布特点“大杂居、小聚居、交错居住”。“茶马古道”与张骞出使西域等故事展示了自古以来，各民族之间交往交流交融的历程，一直促进着中华民族的和谐发展。

环节三：探究各民族的贡献

教师活动：

1.让学生们以小组形式探究各民族在文化、经济方面的相互交流交融。

2.介绍抗日战争中的少数民族英雄，播放《驮工日记》。

①抗战期间，由回、东乡、撒拉、保安、藏等民族组成的青海骑兵部队及由彝、白、汉、哈尼、纳西、壮、苗、瑶、回、傣等民族组成的滇军出省对日寇作战；桂、川、滇等地的壮、苗、瑶、京、藏、白、哈尼、傣等民族的青年纷纷应征入伍，奔赴抗日前线。

②东北抗日联军的11个军中都有朝鲜族指战员，其中一、七两军中朝鲜族约占半数，在东北抗日联军中有相当数量的满、赫哲、达斡尔、鄂温克、鄂伦春、锡伯等民族指战员。

各民族在中华民族最危急的时候，共同保卫中华民族。

3.播放2017年感动中国十大人物卓玛央宗姐妹的故事。

学生活动：

1.学生以小组形式进行汇报，分享他们发现的农作物、乐器、服饰、语言等方面的交融案例：

①农作物：西瓜、棉花、葡萄、黄瓜、核桃、胡萝卜；

②乐器类：胡笳、羌笛、琵琶、笛子、腰鼓；

③服饰类：裤子、旗袍、帽子、靴子；

④语言类：胡同、普通话、江都站；……

2.认真聆听观看抗日战争中的少数民族英雄的故事；感受他们舍生忘死的爱国主义情怀。

3.想一想以卓玛央宗姐妹为榜样，作为学生，应该为祖国做点什么呢?

设计意图：通过多种形式展示中华大家庭是由56个民族组成的，各民族之间是平等、团结、互助、和谐的社会主义新型民族关系。

环节四：民族文化展览汇

教师活动：

1.播放视频《少数民族语言说“厉害了我的国”》。

2.游戏：猜服饰、猜美食是哪个民族的。

3.展示少数民族的节日集锦。

学生活动：

1.感受少数民族语言的独特魅力。

2.探究少数民族服饰的特点及其渊源，列举少数民族的美食，感受少数民族的特色美食文化。

3.不同民族有不同的节日文化和习俗，从己做起，理解尊重不同民族的风俗习惯。如：锡伯族的传统节日有春节、端午节等，其中最具民族特色的要算是抹黑节和西迁节。土家族的传统节日中以“赶年”最为隆重，每年农历春节，汉族过除夕，土家族较汉人至少提前一天过年，所以叫“赶年”，土家族过“小年”，也要比汉人提前一天。还有土牛毛大王节。藏族的节庆活动很多，几乎每月都有一个节日，而且民间节日和宗教节日互相穿插。传统节日中以藏历新年、沐浴节、雪顿节和望果节最有规模、最具特色。此外还有达玛节、赏花节、上九节、郎扎热甲节、俄喜节、罗让扎花、驱鬼节、响浪节、酥油花灯节、转山会等等。

设计意图：通过视频等方式让学生们了解不同民族在语言、服饰、饮食、节日等方面都有其独特性。我们要理解并尊重各少数民族的风俗习惯。

环节五：民族故事交流会

教师活动：

1.请同学们分享民族故事。

2.播放视频：周总理参加傣族泼水节的故事。

3.幻灯片展示案例：①米玛是来自西藏的同学，她刚到我们学校来上学，有的同学觉得她的名字很奇特，在背后议论纷纷。②小明随父母暑期去内蒙古旅游的时候，到了一个蒙古包里，女主人用奶茶、手抓肉招待他们，虽然小明不爱喝奶茶，更不爱吃手抓肉，但是看到主人热情好客，他主动饮用奶茶吃手抓肉。

提问：如何才能做到尊重不同民族的风俗习惯？

学生活动：

1.同学间分享丝绸之路、彝海结盟、西部大开发等故事。

2.了解周总理参加傣族泼水节的故事：周恩来总理1961年4月15日在西双版纳傣族自治州和傣族人民一起欢度泼水节。小学语文课本里有一篇课文《难忘的泼水节》，课文的开头是：一年一度的凤凰花开了，敬爱的周总理来到西双版纳……眼下，傣历新年节尚未来临，凤凰树正抽枝发芽，团团新绿簇拥枝头，生机盎然。

3.分析两则展示案例，回答老师提出的问题。

设计意图：通过周总理的故事及两个身边案例，让学生更深切感受到各民族有其独特的风俗习惯，认识到要尊重各少数民族的风俗习惯。

环节六：民族团结一家亲

教师活动：

1.播放纪录片片段《天路》并提问：①为什么将青藏铁路称为“天路”？②既然修建难度这么大，为什么还要修呢？

2.播放《兴边富民行动“十三五”规划》视频。

学生活动：

1.了解“天路”背后的故事：纪录片《天路》反映了青藏铁路运营10年来给青藏两省区经济社会发展带来的巨大变化。这条犹如吉祥哈达的雪域天路把西藏与祖国内地紧紧相连，为雪域高原的发展插上了腾飞的翅膀。这部纪录片展示了铁路职工发扬“挑战极限，勇创一流”的青藏铁路精神，讲述了这一世界海拔最高铁路线上平凡人物的故事。

2.了解《兴边富民行动“十三五”规划》，思考国家举措的意义。《兴边富民行动“十三五”规划》在七方面部署支持政策——差别化举措将激发边境地区比较优势。

设计意图：通过天路的故事和“兴边富民行动‘十三五’规划”等，让同学们了解国家对少数民族的关心和帮扶，我们各民族相互尊重、相互帮助、和谐相处、共同成长，我们56个民族是一家人。

（二）课堂小结

本节课，教师通过耳熟能详的歌词让学生认识到，我国是一个统一的多民族国家；通过指导学生课前调查，让学生认识到我们国家民族分布的特点；通过举例子，将各民族在政治、经济和文化等方面的贡献形象地传达给学生；通过播放视频、游戏等方式，让学生们了解不同民族在语言、服饰、饮食、节日等方面都有其独特性；通过民族故事和《天路》影片及国家对少数民族的政策等，使学生们了解到国家对少数民族的重视，我们各个民族要相互尊重、相互帮助、和谐相处、共同成长，我们56个民族是真正的一家人。

本节课的重点是“各民族谁也离不开谁”这一部分。民族团结互助的例子在历史上和当下有很多，其内容涉及维护祖国领土完整、经济发展和文化交流等诸多方面内容。如何选取合适的事例并实现跨领域的学习，是教学的关键。为此，教师在课前组织学生进行了民族交融案例的搜集与整理活动。课上，学生汇报的诸如丝绸之路、彝海结盟、西部大开发等事例，较好地体现了民族交往交流交融和民族团结对我国政策稳定、经济发展、文化繁荣的贡献。民族团结互助的例子还有很多，一堂课无法全面涉及。所以，教师在课后拓展环节让学生课下注意搜集身边各民族对社会做出贡献的例子，进一步充实自己对民族团结的认识。

无论你是汉族，还是少数民族；无论你现在身处海内，还是海外，我们都是一家人，都是中华民族大家庭的一分子。

天下兴亡，匹夫有责。让我们团结起来，一起努力，一起奋斗，热爱、建设、守卫我们的祖国！祝福祖国繁荣昌盛！

（三）板书设计

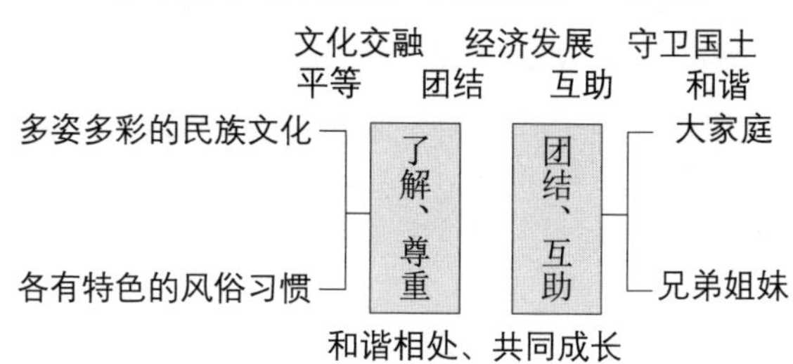

（四）作业设计

1.在和平年代，少数民族的同胞也在自己的岗位上做出了不平凡的贡献，你知道有哪些人和事吗？

2.请以“中华民族大家庭”为题写一篇小作文。

（五）参考资料

[1]《少数民族语言说“厉害了我的国”》，新华社新媒体，https://baijiahao.baidu.com/s?id=1594467792070060932.

[2]纪录片《天路》，中央电视台，https://big5.cctv.com/gate/big5/tv.cctv.com/2013/07/18/VIDA1374126350557295.shtml.

[3]《国务院办公厅关于印发兴边富民行动“十三五”规划的通知》国办发〔2017〕50号，中国政府网，2017年。

[4]《讲巾帼英雄故事》，中央电视台，https://tv.cctv.cn/2021/04/02/VIDEG8mJQQoAq4I2LuDEFrc2210402.shtml.

八、教学总结与反思

本节是培养学生爱国主义情感很好的素材。课堂上充分让学生展示。教学设计有趣味性，能激发学生的学习兴趣。以小组为单位收集资料和展示不但培养了学生团结协作的精神，还能充分调动学生的积极性。

本节课环节设计较多，想从多方面介绍和展示民族文化和民族故事等，但在讲述民族战斗英雄时，只是通过PPT形式进行简单介绍，未详细介绍任务等，这是本节课设计有待提高的地方。对于每个环节的时间把握缺乏。今后在课堂上注意把握时间，深浅适中。要调动学生的积极性，课前进行调研和收集材料，课堂上给学生展示机会和实时评价反馈。本节课通过大量生动有趣的阅读和视频资料及图片等让学生了解祖国丰富多彩的民族文化和我国和睦统一的局面，激发学生的爱国精神，增强其民族自尊、自信的情感。

弘扬民族精神　共圆复兴之梦

沈阳市康平县向阳小学　侯雪原

一、课程基本信息

主讲课程：道德与法治

使用教材版本：人民教育出版社（2019版）

教材章节出处：《道德与法治》五年级上册第三单元《我们的国土　我们的家园》第七课《中华民族一家亲》

二、教学设计概述

（一）理论依据

本教学设计注重对教材内容把握，以中华人民共和国教育部制定的2022年版义务教育《道德与法治课程标准》和《大纲》为基本遵循，紧紧围绕五年级学段思政课的教学目标进行教学设计。整个教学环节的设计以习近平新时代中国特色社会主义思想为指导，全面贯彻党的教育方针，遵循教育教学规律，落实立德树人根本任务。以学生为中心，反映时代特征，聚焦此学段学生发展核心素养，从政治认同、道德修养、法治观念、健全人格、责任意识五个方面入手，铸牢学生的中华民族共同体意识，让各民族大团结的优良传统代代相传，让民族团结意识在少年儿童的心底扎下根。培养学生适应未来发展的正确价值观、必备品格和关键能力，引导学生明确人生发展方向，成长为德智体美劳全面发展的社会主义建设者和接班人。

（二）设计特色

1.本课特色学习资源

（1）教学过程中对于民族分布特点的探究部分，通过出示《康平县全域旅游手绘图》引导同学们自主探究我县区域内的少数民族乡，这唤醒了学生的生活经验，也更贴近学生的生活实际，不仅激发了学生的学习兴趣，还让学生切身感受到了我国民族分布的具体特点。

（2）在合作交流、汇报展示环节，同学们在探讨从丝绸之路传入内地的蔬果时，纷纷拿出课前收集的资料和实物分享给身边的伙伴，比如石榴、香菜、大蒜、核桃等，进一步感受到各民族之间的交往交流和交融。

（3）在讨论各民族对中华文化的贡献时，同学们拿出书籍、乐器，主动邀请同学们阅览诗文，奏响乐器，增进了同学间的友谊，对中华民族的历史和文化更感兴趣，增强民族向心力和凝聚力，增强民族自豪感，让中华民族共同体意识根植于心灵深处。

2.本课技术手段

本课使用希沃白板5进行课件制作，将视频导入、超链接、蒙层等信息技术与教学深度融合。其中有多处视频的添加、饼状图、表格形式调查问卷的出示，让学生的感受更直观；课堂小结中利用思维导图引导学生回顾本节课重点知识，让本课知识点更具逻辑性。

三、学情分析

通过三年级的学习，学生知道我国是有五十六个民族的大家庭，对于各民族有自己的民族节日、特色活动、民族风情有初步了解，而对于各民族的分布特点、民族之间的交往交流交融，各民族之间相互尊重、守望相助，共同创造中华文化了解不多。根据平时观察，五年级的学生具有了一定的查阅资料与探究的能力，对社会现象开始关注，对中华民族的历史和文化感兴趣，并开始有自己的独特见解，但仍有片面性。学生通过搜集、整理与中华民族历史、文化相关的信息，能够初步形成中华民族的归属感和自豪感，有利于纠正其认识上的片面性。因此，本课设定了第一个教学目标。

同时，在情感态度价值观方面，学生通过本课的学习，应该懂得，我国是一个多民族的国家，各族人民亲如一家，不同民族之间应相互尊重、和睦相处、共同发展。

四、教学目标

（一）知识与技能目标

1.用大家耳熟能详的经典音乐烘托氛围，回望自身的生活经验，知道我国是个多民族国家，56个民族共同建设伟大的祖国。

2.通过对图形、数据资料等小常识的分析，培养分析问题的能力。

3.通过课前调查等方式充分调动探究积极性，了解中华民族的构成和分布特点。

4.通过积极参与小组实践活动、收集资料、归纳分析等方式，多角度地分析民族交往事例，培养自主探究的学习能力，初步感受各民族间的交往交流交融。

5.通过学习《中华人民共和国宪法》第四条内容，进行法治教育，孩子们在读中说，读中悟，正确行使少数民族的合法权利，知道国家保障少数民族利益的相关法律法规，维护和发展各民族平等团结互助和谐的关系。

6.通过合作交流、汇报展示，增强小组间的学习凝聚力，提升小组间的学习氛围。其中，问卷调查和观察图表这两项任务可培养自主探究能力，逐步感受我国各民族间平等团结互助和谐的社会主义民族关系，增强对党的民族团结方针政策的理解。

（二）情感和价值观目标

1.通过多角度地分析民族交往事例，树立维护民族团结、祖国统一和国家安全的责任意识。

2.通过初步感受各民族间的交往交流交融，激发热爱平等团结、互助和谐的民族关系的美好情感。

3.通过从小增强民族向心力和凝聚力，增强民族自豪感，让中华民族共同体意识根植各族学生心灵深处，有以实现中华民族伟大复兴为己任的使命感，培养正确的民族观。

五、教学重点难点

（一）教学重点

1.通过课前调查等方式充分调动探究积极性，了解中华民族的构成和分布特点。

2.通过积极参与小组实践活动、收集资料、归纳分析等方式，多角度地分析民族交往事例，培养自主探究的学习能力，初步感受各民族间的交往交流交融。

3.并通过搜集、整理和运用信息，加深学生对“各民族谁也离不开谁”的理解。

4.问卷调查和观察图表这两项任务可培养自主探究能力，引导学生逐步感受我国各民族间平等团结互助和谐的社会主义民族关系，增强对党的民族团结方针政策的理解。

（二）教学难点

1.懂得民族之间相互尊重、和睦相处的重要意义，激发热爱平等团结、互助和谐的民族关系的美好情感，树立维护民族团结、祖国统一和国家安全的责任意识。

2.从小增强民族向心力和凝聚力，增强民族自豪感，让中华民族共同体意识根植于各族学生心灵深处，有以实现中华民族伟大复兴为己任的使命感，培养正确的民族观。

3.让中华民族共同体意识根植于各族学生心灵深处，全面贯彻落实党的民族政策，切实加强和改进民族工作，通过多举措铸牢中华民族共同体意识。

六、教学设计总体思路

本节课根据新课标要求，针对五年级学生的年龄特点、生活实际和成长需求，并结合学生的现实生活和行为表现，对课程标准的内容有一定的拓展。我将教材中“中华民族大家庭”和“各民族谁也离不开谁”这两个板块结合起来，作为第一课时来讲授。课前导学与课上探究紧密结合，充分运用希沃白板5制作课件，将视频导入、超链接、蒙层等信息技术与教学深度融合。让学生通过对身边少数民族情况进行走访调查，了解我国民族分布的特点。小组间合作交流、汇报展示环节增强小组间的学习凝聚力，提升小组间的学习氛围。问卷调查和观察图表这两项任务能培养自主探究能力，并在探索中总结出我国民族分布的具体特点。本课中的法治教育，力求在读中说，读中悟，增强对法律法规意义本身的认同，充分发挥道德与法治学科教育的育人功能。学生通过大合唱，表达对祖国深深的祝福，坚定努力奋进的决心，立志成为社会主义的建设者和接班人，为实现中华民族伟大复兴的中国梦而不懈奋斗。课后实践则是通过举办班级“中华民族一家亲，同心共筑中国梦”民族团结主题教育活动，扎实推动民族团结进步宣传月活动走深走实；通过不断创新形式、丰富内容和载体，营造良好宣传氛围，开展丰富多彩的民族团结教育宣传活动，深入拓展学习，培养自主探究的学习能力，促进知行合一。让中华民族共同体意识根植于各族学生心灵深处，全面贯彻落实党的民族政策，切实加强和改进民族工作，通过多举措铸牢中华民族共同体意识。

七、教学过程

（一）教学流程设计

环节一：激趣导入　揭示目标

教师活动：

1.同学们，今年10月1日是祖国75岁的生日，在那天大街小巷都会响起一首经典的歌曲，我们一起来回忆一下吧！（播放歌曲《爱我中华》）

2.这首歌的名字叫什么？（《爱我中华》）听了这首歌，你获得了什么信息？

学生活动：

1.跟唱《爱我中华》。

2.齐说歌名，并交流从这首歌中获得的信息。

设计意图：通过多种形式展示中华大家庭是由56个民族组成的，各民族之间是平等、团结、互助、和谐的社会主义新型民族关系。

教师活动：我们的祖国是一个拥有56个民族的大家庭，56个兄弟姐妹是一家，这节课就让我们一起走进“中华民族一家亲”，感受大家庭的温暖。（板书：中华民族一家亲）

设计意图：在激趣导入环节，用大家耳熟能详的经典音乐烘托氛围，回望自身的生活经验，揭示本课主题，了解我国是个有着56个民族的国家，56个民族共同建设国家，培养和激发爱国主义情怀。

环节二：自主探究　学法指导

教师活动：

1.在这个大家庭里我国各民族人口有多少呢？请看一看比例图，再读一读这段资料，说一说你有什么发现？

2.出示少数民族图片。同学们，你知道这些民族的主要生活区域吗？请在中国的《省级行政区域图》上找一找。

3.同学们找到的是我国一些少数民族相对集中分布的聚居区，其实，在各省级区域内还有一些少数民族聚居的州、县，甚至是一个乡。请同学们在《康平县全域旅游手绘地图》里找一找康平县有哪些少数民族乡吧！

4.接下来让我们通过知识窗来看一段视频。播放视频：回族分布。

5.同学们，通过观看《康平县全域旅游手绘地图》和刚才的视频，你对我国民族的分布特点有了怎样的认识？（板书：民族分布特点）

学生活动：

1.汉族人口众多，少数民族人口相对较少。

2.阅读教材第46页的《中国的省级区域图》，找一找这些少数民族的主要生活区域，并进行交流汇报。

3.观看《康平县全域旅游手绘地图》，找一找康平县内少数民族乡。

4.观看视频，分析我国民族分布的特点，并说一说对我国民族的分布特点的认识。

设计意图：通过观察“中国民族分布地图”，同学们能更形象地了解各民族的分布特点——“大杂居、小聚居、相互交错”。“茶马古道”与张骞出使西域等故事展示了自古以来，各民族之间交往交流交融的历程，一直促进着中华民族的和谐发展。通过对图形、数据资料等小常识的分析，培养分析问题的能力。通过课前调查等方式充分调动探究积极性，感受民族构成的特点。

环节三：合作交流　汇报展示

教师活动：

1.我们生活的沈阳是汉族集中地区，课前同学们已经对班级和社区进行了调查，接下来就请大家结合调查数据，完成调查问卷，并分享一下你的发现吧！

我们身边也居住着许多少数民族同胞，在中华民族大家庭中，各民族分布呈现大杂居、小聚居、交错居住的特点。（板书：大杂居、小聚居、交错居住）

2.请同学们看一看这两张图表，根据人口普查数据，从数字的变化中你有什么发现？（出示图表）

少数民族分布的区域越来越广泛，我们之间的交往交流和交融也更加深入了。（板书：各民族交往交流交融）

3.我国宪法中也有相关规定，请同学们读一读这条规定。结合宪法第四条内容，再看看这些照片，说说你发现了什么？（出示图片）

我国实行民族平等、民族团结和共同繁荣的政策，各民族才能汇聚为一个大家庭，平等、团结、互助、和谐。

4.同学们，你听说过位于我国西南地区的茶马古道吗？为什么会有这样一条通道，它发挥着怎样的作用？请你阅读教材第56页的资料找一找答案。

茶马古道满足了西南地区汉族和少数民族人民不同的生产生活需求。茶马古道是一条很重要的通道，推动了我国西南边疆经济和文化的发展，促进了民族之间的交流与合作，还维护了当时边疆的政治稳定和民族团结。（板书：经济发展）

5.通过对茶马古道的讲解，引出丝绸之路。你知道从丝绸之路传入内地的蔬果有哪些吗？请同学们结合课前收集的资料，小组间先交流，再对大家说。

除了同学们介绍的那些蔬果，还有这些名字里带有“洋”或“胡”的蔬果，都是通过丝绸之路引入内地的，我们一起来了解一下吧。

6.除此之外，各民族在长期实践和不断交往中还创造了大量的文学作品，你知道有哪些吗？比如《诗经》《楚辞》《红楼梦》等，这些文学作品融合了各民族元素，丰富了我们中华民族的语言文字宝库，都是中华文化不可缺少的华彩篇章。

各民族对中华文化贡献的事例还不仅仅是在文学方面。你知道还体现在哪些方面吗？比如乐器、旗袍、胡同、黄道婆的棉纺技术等。（板书：文化创造）

7.其实，在奠定祖国疆域、开发祖国山河和维护领土完整的事业中，各民族都做出了重要贡献。尤其，当国家面临外部侵略时各民族更是团结合作、共同抵御外敌。你知道各民族都有哪些抗日英雄吗？

各民族的抗日英雄有许许多多，抗日英雄的故事数不胜数，对祖国的热爱使各民族在党的领导下不仅赶走了侵略者，维护了领土完整，还经过共同奋斗奠定祖国疆域、缔造了新中国，谱写了中国历史的辉煌篇章。

学生活动：

1.填写调查问卷，汇报交流自己生活的周围有哪些人是少数民族，并和老师一起总结我国的民族分布特点。

2.认真观察图表，说一说从数字的变化中有什么发现。

3.阅读《中华人民共和国宪法》第四条内容，说一说发现。

4.阅读教材第56页关于“茶马古道”的资料，思考为什么会有这样一条通道，它发挥着怎样的作用？并作简要回答。

5.在小组内交流讨论，各小组汇报展示课前收集的资料，随后和老师一起探究生活中名字里带有“洋”或“胡”的蔬果有哪些。

6.介绍各民族在长期实践和不断交往中创造的文学作品。并说一说各民族对中华文化贡献的事例还体现在哪些方面？

7.通过课前收集资料，介绍各民族的抗日英雄及他们的感人事迹。

设计意图：通过多种形式展示中华大家庭是由56个民族组成的，各民族之间是平等、团结、互助、和谐的社会主义新型民族关系。合作交流、汇报展示，增强了小组间的学习凝聚力，更提升了小组间的学习氛围。其中，问卷调查和观察图表这两项任务培养了自主探究能力，在探索中总结出我国民族分布的具体特点，逐步感受我国各民族间平等团结互助和谐的社会主义民族关系。

环节四：回顾要点　思想启蒙

教师活动：

1.通过本节课的学习，我们了解到，我们伟大的祖国是统一的多民族国家，各民族在交往交流和交融中共同发展经济、创造文化、守卫国土，形成了平等、团结、互助、和谐的社会主义民族关系，我们谁也离不开谁。同学们要从小增强民族向心力和凝聚力，增强民族自豪感，让中华民族共同体意识根植于我们的心灵深处，有以实现中华民族伟大复兴为己任的使命感，拥有正确的民族观。

2.提议合唱《大中国》。

学生活动：

1.回顾本节课所学，加强对党的民族团结方针政策的理解，更加认同热爱平等、团结、互助、和谐的民族关系，树立维护民族团结、祖国统一和国家安全的责任意识。

2.合唱《大中国》。

设计意图：通过点拨小结、总结要点，提升逻辑思维能力，回顾本节课所学知识，进一步感受中华民族一家亲，增强热爱祖国的情感，让民族团结意识在心底扎下根，让各民族大团结的优良传统代代相传。

环节五：巩固练习　拓展延伸

教师活动：举办班级“中华民族一家亲,同心共筑中国梦”民族团结主题教育活动。请同学们结合今天所学，以小组为单位自主选择活动形式，如民族团结手抄报、民族团结才艺展示、民族团结主题演讲等，让我们更好地了解中华民族共同体形成和发展的历程，从小增强民族向心力和凝聚力，增强民族自豪感。

学生活动：通过查阅党的民族政策资料，以组为单位，自主选择小组活动形式，以民族团结手抄报、民族团结才艺展示、民族团结主题演讲等形式，从小增强民族向心力和凝聚力，增强民族自豪感。

设计意图：扎实推动民族团结进步宣传月活动走深走实，通过不断创新形式、丰富内容和载体，营造良好宣传氛围，开展丰富多彩的民族团结教育宣传活动。不仅巩固课堂所学知识，还有效地引导学生深入学习、拓展学习，从而进一步培养自主探究的学习能力，促进知行合一。让中华民族共同体意识根植于各族学生心灵深处，全面贯彻落实党的民族政策，切实加强和改进民族工作，通过多举措铸牢中华民族共同体意识。

（二）课堂小结

同学们，通过今天的学习与探究，我们了解到在中华民族大家庭中，各民族交往交流交融的过程中，形成了平等团结互助和谐的中华民族共同体，各族人民亲如一家是中华民族伟大复兴必定要实现的根本保证，我们要让民族团结意识在心底扎下根，让各民族大团结的优良传统代代相传，为实现中华民族伟大复兴贡献自己的力量。

（三）板书设计

中华民族一家亲

民族分布特点	各民族交往交流交融
大杂居	发展经济 创造文化
小聚居	守卫国土
交错杂居	平等团结 互助和谐

（四）作业设计

1.对班级和社区内的少数民族进行调查，探究自己生活的周围有哪些人是少数民族。

2.通过查找资料，了解从丝绸之路传入内地的蔬果有哪些。

3.举办班级“中华民族一家亲，同心共筑中国梦”民族团结主题教育活动。请同学们结合今天所学内容，以小组为单位，自主选择小组活动形式，如民族团结手抄报、民族团结才艺展示、民族团结主题演讲等，让我们更好地了解中华民族共同体形成和发展的历程，从小增强民族向心力和凝聚力，增强民族自豪感。

（五）参考资料

[1]中国民族分布地图。

[2]康平县全域旅游手绘地图。

[3]纪录片《回族分布》片段。

[4]国家民族事务委员会：《中央民族工作会议精神学习辅导读本》，民族出版社，2015年。

[5]《中华人民共和国宪法》中关于民族关系的规定。

八、教学总结与反思

（一）教学总结

本课教学过程中将课前导学与课上探究紧密结合，通过让学生对身边少数民族情况进行走访调查，引导学生了解我国民族分布的特点。小组间合作交流、汇报展示环节增强了小组间的学习凝聚力，更提升了小组间的学习氛围。其中，问卷调查和观察图表这两项任务培养了学生的自主探究能力，使学生在探索中总结出我国民族分布的具体特点。对茶马古道和丝绸之路的探究，让学生真切感受到中华民族一家亲的温暖，各民族在交往交流和交融中共同发展经济、创造文化、守卫国土，形成了平等团结互助和谐的社会主义民族关系，我们谁也离不开谁。这进一步增强学生对祖国的热爱之情。最后的大合唱，表达了学生对祖国深深的祝福，更坚定了学生努力奋进的决心，立志成为社会主义的建设者和接班人，为实现中华民族伟大复兴的中国梦而不懈奋斗。整个教学过程达成了本课的教学目标，拓展延伸部分也很好地引导学生深入学习、拓展学习，从而进一步培养学生自主探究的学习能力，促进学生知行合一。课后实践是通过举办班级“中华民族一家亲，同心共筑中国梦”民族团结主题教育活动，扎实推动民族团结进步宣传月活动走深走实，通过不断创新形式、丰富内容和载体，营造良好宣传氛围，开展丰富多彩的民族团结教育宣传活动，深入拓展学习，培养自主探究的学习能力，促进知行合一。让中华民族共同体意识根植于各族学生心灵深处，全面贯彻落实党的民族政策，切实加强和改进民族工作，通过多举措铸牢中华民族共同体意识。

（二）教学反思

本节课小组交流与讨论的时间不是很充足，学生可能会觉得意犹未尽，如适当调整各教学环节的时间，恰当衔接各环节，课堂教育教学质量会更高。

中华民族大家庭

沈阳市皇姑区岐山路第一小学　姜　薇

一、课程基本信息

主讲课程：道德与法治

使用教材版本：人民教育出版社（2019版）

教材章节出处：《道德与法治》五年级上册第三单元《我们的国土　我们的家园》第七课《中华民族一家亲》

二、教学设计概述

《中华民族一家亲》作为教材第三单元《我们的国土　我们的家园》中的核心篇章，本课内容分为三大板块，分别探讨了“中华民族大家庭”的和谐共生，“各民族谁也离不开谁”的紧密联系，以及“互相尊重守望相助”的共融理念。

本课程旨在使学生深刻认识到，我国是一个拥有悠久历史和灿烂文化的统一多民族国家。在这片辽阔的土地上，各民族同胞携手并进，共同创造了丰富多彩、独具特色的中华历史文化。同时，课程鼓励学生深入了解不同民族的生活习惯和风土人情，以理解和尊重的态度对待多元文化的共存。在当今这个多元文化交融的时代，民族团结已成为国家繁荣和发展的重要基石。然而，对于许多孩子来说，他们的视野往往局限于身边的人和事，对其他民族的文化知之甚少。因此，本课着重引导孩子们以开放的心态去认识、尊重和接纳各民族的文化，培养他们的民族自豪感和民族团结意识。只有这样，我们才能携手各民族共同实现中华民族的伟大复兴，激发和培养他们的爱国主义情怀。

综上所述，《中华民族一家亲》在道德与法治课程中占据着举足轻重的地位，它不仅是传承和弘扬中华民族精神的重要载体，更是培养新时代合格公民的重要途径。

三、学情分析

该年龄段的学生在民族问题、少数民族情况和民族团结方面的了解相对不足，其维护民族团结的思想深度有待提升。在知识储备方面，文化习俗对小学生而言，既是熟悉的也是陌生的知识范畴。大多数学生仅对本民族的传统节日和习俗有所了解，而对于其他民族的文化习俗则知之甚少，且难以准确识别与自身文化间的差异。在能力水平方面，学生对于各民族的分布情况和相互关系可能持有模糊的认知，对于跨文化交流意识的培养亦需进一步强化。鉴于此，本节课旨在加深学生对其他民族的了解，促使他们全面认识并理解不同民族之间的差异，进而培养尊重多元文化的态度，增进民族感情。此举对于促进民族融合、维护民族团结具有重要意义，并有望为学生的全面发展和社会和谐稳定做出贡献。

四、教学目标

（一）知识与能力

通过精心设计的图示，同学们可以深入洞察我国这个多民族国家的基本面貌，包括辽阔的国土面积以及人口分布的多样性。通过研习详细的少数民族分布图，同学们能更清晰地理解各民族在我国疆域上的分布情况及其相互间的紧密联系。我们观察到，随着时代的进步，各民族间的人口流动愈发频繁，这不仅促进了彼此间的交往交流，更深化了各民族文化之间的交融。通过本节课的系统学习，可以更加明确认识到，每一位民族同胞都是这个国家不可或缺的主人，我们共同构建着平等、团结、互助、和谐的社会主义新型民族关系。

（二）过程与方法

课程中的游戏环节和故事会环节，则为我们提供了宝贵的实践机会，锻炼了我们的观察力、分析力、思考能力和表达能力，使我们在寓教于乐中增长了见识，提升了素养。特别是在游戏环节中，我们通过互动的方式，深入了解了少数民族的丰富文化，包括他们独特的服饰、盛大的节日以及诱人的美食，这不仅增强了我们的跨文化交流意识，也让我们对各民族文化产生了更深的敬意与兴趣。

（三）情感态度与价值观

经过深入学习马本斋的英勇事迹与郑成功收复台湾的历史壮举，我们深受触动，内心的民族意识与自豪感油然而生。我们自豪于身为中华民族的一员，同时亦对祖国的繁荣富强深感骄傲。最终，通过本课的系统学习，我们更加坚定了对国家的认同感与对社会的责任感。我们深知，作为新时代的青年，我们肩负着为国家发展、民族振兴贡献力量的重大责任与义务。

五、教学重点难点

（一）教学重点

1.我国多民族国家的基本情况和各民族的分布情况。

2.各民族之间的关系和交流交往交融的意义。

3.认识民族之间的差异以及不同民族之间相互尊重的重要性。

4.明白中华民族一家亲，了解平等团结互助和谐的社会主义民族关系。

（二）教学难点

1.引导学生思考各民族之间的交流交往交融对社会的发展具有什么样的促进作用。

2.培养学生的跨文化交流意识。

3.让学生了解全球华人聚集在一起的力量，明白“相互尊重、守望相助”的意义。

4.自觉维护民族团结,了解我国扶助少数民族的政策,懂得实现各民族共同繁荣的必要性。

六、教学设计总体思路

本节课我分为课前调查、导入、环节一：走进民族大家庭；环节二：民族平等相融合；环节三：中华民族一家亲。三个环节的设计符合小学生学情，教学中运用讲授法、情景分析法、游戏引导法、小组讨论法进行讲述，方法多种多样，在“民族识别大考验”游戏中和“民族交融故事会”中，充分体现了以学生为主体，让学生探寻本课知识。此外，课堂中，我还运用了《万华镜》《茶马古道》《丝绸之路》视频、精美课件，信息化手段运用灵活。

七、教学过程

（一）教学流程设计

环节一：课前准备

教师活动：

1.安排学生分小组搜集调查五年级全体学生、老师汉族与其他民族占比。

2.安排学生搜集民族交融历史故事。

学生活动：完成任务。

设计意图：任务一了解五十六个民族构成。任务二了解民族故事，对五十六个民族感兴趣。

环节二：创设情境、导入新课

教师活动：

1.播放视频《万华镜》。

2.大家从视频中都看到了什么？56个民族，56枝花，56族兄弟姐妹是一家，今天我们一起来走进《中华民族一家亲》。

学生活动：回答视频内容。

设计意图：视频导入生动有趣，激发学生主动性，通过回答问题，引出本课课题。

环节三：走进民族大家庭

教师活动：

1.同学们，你们调查得怎样呢？大家通过调查是不是可以知道同学、朋友、老师的民族分布。

2.虽然少数民族人数很少，但也是我们民族中不可缺少的，因为少数民族和我们汉族同胞融合在一起组成了中华民族。

3.你对中华民族有哪些了解呢？接下来进行民族识别大考验，看一看你对各民族了解多少。①出示壮族、苗族、傣族、维吾尔族服饰图片，让学生说出是什么民族的服饰。②出示酥油茶、烤全羊、酸汤鱼、宁明壮粽图片，让学生说出是什么民族的食物。正是因为民族和民族间交流，让我们在家门口就可品尝美食。③出示泼水节、火把节、马奶节、三月三图片，让学生说出是哪个民族的节日。这些节日丰富多彩，有没有同学了解的，上来介绍一下吧！同学们说得真好，让我们来欣赏一下各民族的特色节日活动。

4. 我国各民族人口分布特点是大杂居，小聚居，交错居住。

5.老师这里还有一组数据：①2000年，民族成分齐全的省级行政区域有11个; 2010年，这一数量增加到20个。②1982年，有18个少数民族在全国省级行政区域均有分布。这一数量在1990年、2000年、2010年分别增加到22个、28个、43个。从这些数字变化中，你又发现了什么呢？

随着我国经济社会的发展，各地区、各民族的人口流动更加频繁，促进了相互间的交往交流交融。我国各民族汇聚为一个大家庭，形成了平等团结互助和谐的社会主义民族关系。

学生活动：回答老师提出的问题。

设计意图：以教材为载体，开发利用校内资源，突破重难点，更好地培养学生合作学习、搜集归纳资料的能力。在“民族识别大考验”中，一系列闯关环节使学生融入课堂，了解民族知识。最后回归教材，开发利用校内资源，了解知识。

环节四：民族平等相融合

教师活动：

1.现在让我们继续探索，穿越到唐朝，去认识茶马古道。播放《茶马古道》视频。茶马古道对民族间交往、交流、交融起到什么作用?

汉族有茶，少数民族有马，通过这条曲折蜿蜒的小路，进行物资交换，促进了经济的发展，但是不仅仅是经济的发展，也促进着文化与政治的交流，历史的交融与融合在进行，你们还知道哪些民族交融的故事呢?

2.习近平总书记曾多次提及中华民族一家亲。

①2015年1月，习近平总书记在云南考察时，对云南提出“努力成为民族团结进步示范区”的希望。

②2019年9月27日，习近平总书记在全国民族团结进步表彰大会上发表重要讲话时强调，实现中华民族伟大复兴，需要各民族手挽着手、肩并着肩，共同努力奋斗。

③2022年7月12日至15日，习近平总书记在新疆考察时强调，要铸牢中华民族共同体意识，促进各民族交往交流交融。

④2023年10月27日下午，习近平总书记在主持学习时强调，铸牢中华民族共同体意识，就是要引导各族人民牢固树立休戚与共、荣辱与共、生死与共、命运与共的共同体理念。

听到这四则新闻，你又有什么想说的？正如习爷爷所说，一家人要团结在一起，建设好美丽家园。在奠定祖国疆域、开发祖国山河和维护领土完整的事业中，各民族都作出了重要贡献，谱写了中国历史的辉煌篇章。

3.播放丝绸之路视频。各民族在长期的历史发展中，形成了一种相互依存的密切联系，我国经济今天取得的成就是各民族共同努力的结果。汉朝时，丝绸就已经沿着丝绸之路传播到西北边疆地区。棉花、芝麻、大蒜是由古代边疆地区的少数民族传入内地的。

学生活动：

1.回答问题。

2.上台讲故事。

设计意图：讲故事环节锻炼学生们的口语表达能力的同时，也提高了课堂参与度，增强了课堂趣味性，使学生更加了解不同民族文化，从而增加民族认同感、增强民族团结意识，逐步感受到民族交融。品读习语让学生感受民族团结一家亲。最后通过爱国人士的故事，增强学生热爱祖国的情感，报效祖国的责任感和民族精神，自觉维护民族团结和国家统一的情感。

环节五：中华民族一家亲

教师活动：

1.一名少数民族的孩子来到汉族学校学习，她叫扎西，有的同学觉得她的名字很奇特，在背后议论纷纷，你对此有什么看法？

我们要相互尊重，首先从尊重名字开始，尊重民族与民族之间的真情。

没过多久，咱们的汉族同学军军又接到去少数民族学校交换学习的邀请，到了少数民族学校，学校用当地美食招待军军，虽然军军吃不惯当地美食，但是看到学校那么热情好客，就主动吃了起来，你对此有何看法？

2.作为一名小学生，你有什么话想要对祖国妈妈说吗？

祖国的繁荣昌盛，离不开各民族的共同努力，我们各民族在中华大家庭中要像石榴籽一样紧紧抱在一起，作为石榴籽的一员，我们要从小做起，从现在做起，好好学习，好好努力，成为堪当民族复兴重任的时代青年吧！

学生活动：回答教师提出的问题。

设计意图：让学生通过情景故事感受民族间要相互尊重、包容，中华民族一家亲。结课总结回顾此课，让学生们深入感受祖国团结，热爱祖国责任感，形成对中华民族的认同感。

（二）课堂小结

通过这节课的学习，我们知道在中华民族大家庭里一共有56个民族，这56个民族呈现大杂居、小聚居、交错居住的特点。随着我国经济的发展，各地区、各民族的人口流动频繁，促进各民族的交往交流交融，形成了平等团结互助和谐的社会主义新型民族关系，各民族谁也离不开谁，我们不同的民族之间相互尊重、包容，遇到困难相互帮扶，守望相助。

（三）板书设计

（四）作业设计

丝绸之路是古代商业贸易路线，写一写丝绸之路经历哪些地方？有哪些民族？给我们的生活带来哪些方便，“丝绸之路”和“一带一路”有什么关联？

（五）参考资料

[1]中共中央文献研究室：《习近平关于社会主义政治建设论述摘编》，中央文献出版社，2019年。

[2]欧阳康：《民族精神——精神家园的内核》，黑龙江教育出版社，2010年。

[3]李金陵：《红色故事会》，济南出版社，2011年。

[4]北京市东城区回民小学：《小学民族团结融入学科教育读本》，民族出版社，2013年。

八、教学总结与反思

本节课中，我设置了三个活动，循序渐进，激起了学生探究兴趣，使学生充分参与到课堂活动中。学生热爱民族、热爱国家不是一蹴而就的，而是需要在不断的探索了解中慢慢沉淀。学生跟随教师感受各民族构成、分布格局、民族关系和各民族相互融合，达到良好的教学效果。今后，我将在不断的教学实践中继续探寻道德与法治的有效教学方法，真正使道德存在于儿童的内心，使法治原则为更多儿童所了解和遵守，引导儿童热爱生活、学习做人，懂法守法，自觉遵守各项规章制度和社会规则，培养具有良好品德和行为习惯、乐于探究、热爱生活的儿童。

每一个人都希望得到别人的肯定与欣赏，我们的学生也不例外。对于小学生而言，他们更多地想得到老师和家长的认可、同学的关注。所以，我们老师下达某一项任务之后，一定要记得及时评价。这种评价既可以是教师的语言评价和肢体语言，也可以是同桌互评、小组内互评、班级互评，还可以通过实践活动，让家长对孩子进行评价，这些多元化的评价方式，不但可以有效调动课堂氛围，更为重要的是可以提升学生的自信心，让他们变得更加乐观向上。

中华民族大团结

丹东凤城市草河街道中心小学　康婧文

一、课程基本信息

主讲课程：道德与法治

使用教材版本：人民教育出版社（2019版）

教材章节出处：《道德与法治》五年级上册第三单元《我们的国土　我们的家园》第七课《中华民族一家亲》

二、教学设计概述

《中华民族一家亲》选自小学《道德与法治》五年级上册第三单元《我们的国土　我们的家园》。伴随着年龄增长，学生不断积累社会生活经验和学习经验，对国家有了初步的了解与认识，爱国之情也不断提升。首先要让学生知道中华民族是由56个民族组成的大家庭，构成各族人民互相尊重、平等交往、和睦相处的逻辑主线，其次要引导学生了解各族人民共同缔造的灿烂的中华文化。在这一课的教学设计中，我以学生的学为出发点，围绕民族自豪感和责任感，通过多种方式感受，旨在让学生进一步了解我国灿烂的中华文化，同时能深刻认识到我国是统一的多民族国家，已经形成了平等团结互助和谐的社会主义新型民族关系；让学生通过搜集整理并运用信息，理解并认识到，在历史发展过程中形成的中华文化是各民族共同努力的结果，理解和尊重不同民族的文化。

三、学情分析

本课作为五年级上册第三单元第二课，处于高年级学段。经过四年的品德学习与日常积累，五年级学生在道德情感方面已经得到了初步发展，具有一定的爱国情感和民族团结意识，但对我国的民族和历史发展还不够了解。五年级学生正处于自我意识增强、求知欲和好奇心日趋强烈的阶段，因此在教学设计时考虑让学生独自收集整理运用资料，以体现学生的独立自主性；并充分对学生的成果展示予以肯定，以激发学生的学习主动性，积极参与其中，感受灿烂的中华文化升华爱国情感。

四、教学目标

1.了解我国民族的分布特色，了解不同民族的生活习惯和风土人情，理解尊重不同民族的文化，感受平等团结的社会主义民族关系。

2.让学生通过收集整理并运用资料，查找各民族对中华文化的贡献及瓜果蔬菜传入我国的历史。培养学生实践创新的能力，自主选择运用资料的能力及小组间的合作意识。

3.培养学生的民族意识和爱国情感，使其深刻认识到我国是统一的多民族国家，民族团结互助，不可分割，各民族对中华民族的政治统一、经济发展和文化繁荣都作出了贡献，初步形成中华民族的归属感和荣誉感。

五、教学重难点

（一）教学重点

认识到我国是一个统一的多民族国家，了解各民族你中有我、我中有你、谁也离不开谁的格局，懂得各民族相互尊重、守望相助。

（二）教学难点

理解尊重不同的民族文化，让学生懂得民族之间相互尊重、和睦相处的重要意义。

六、教学设计总体思路

本课题目是“中华民族一家亲”，旨在让学生了解中华民族大家庭的概况，知道民族分布特点，认识各民族间的交往交流交融对政治、经济、文化等方面的贡献。在第一个环节，学生配乐朗诵诗歌，激发内心的民族认同感和自豪感，并初步了解中华民族大家庭的结构，观察饼状图。第二个环节，通过三个游戏层层递进，先由认识名称了解各民族再到深入了解各民族的特色进行交流，并借助课前查到的资料将少数民族的分布情况粘贴到黑板地图上的对应位置。教师引导学生阅读文本，体会“大杂居、小聚居、交错居住”的分布格局。这样的分布特点有利于各民族相互交往、团结合作。第三个环节，借助活动园，以茶马古道为例，让学生了解各民族之间的交往交流，并通过课前收集的资料拓展引申到丝绸之路，认识到各民族为我国经济发展作出的贡献。通过抗日战争、东北抗日联军认识到我国的政治独立和稳定团结是各民族努力的结果。有了政治稳定、经济繁荣的前提去认识文化上的发展，结合杭州亚运会开幕式，体会中华文化的源远流长和博大精深，感受文化自信，从而激发民族自豪感。

七、教学过程

（一）教学流程设计

环节一：情境导入

学生活动：配乐诗歌朗诵《写中国》。

生1：

你要写中国，就不能只写中国

你要写千里神州、万家灯火

你要写五岳雄齐、江河磅礴

生2：

你要写秦汉的厚重、唐宋的巍峨

你要写五千年的漫长

九百六十万平方公里的辽阔

生3：

你要写心的炙热、爱的清澈

你要写觉醒年代的光

涅槃重生的火

生4：

你要写两岸飘香的稻花

清晨放飞的白鸽

你要写“愿以寸心寄华夏

且将岁月赠山河”

这才是我们的中国

教师活动：在中国这片广袤的大地上，孕育着由56个民族所组成的共同体——中华民族。（板书：中华民族）五千年的唇齿相依，五千年的繁衍生息，五十六个民族共同缔造了锦绣中华，今天让我们一起走进第七课，了解这伟大的中华民族。

设计意图：以耳熟能详的《写中国》配乐朗诵唤起学生内心对祖国的深深热爱，将注意力集中拉回到本节课中华民族这个话题上来，为接下来初步了解中华民族这个大家庭做情感铺垫。

环节二：中华民族大家庭

教师活动：出示课件，中华人民共和国是全国各族人民共同缔造的、统一的多民族国家。在辽阔美丽的国土上，共同生活着56个民族，组成了中华民族大家庭。根据第七次全国人口普查数据，截至2020年11月1日零时，我国总人口已达14.4亿人（含香港特别行政区、澳门特别行政区和台湾地区的人口）。这是汉族人口与少数民族人口占全国人口总数的比例，通过统计图，我们能更直观地了解汉族与少数民族所占的比例。

学生活动：朗读并观看统计图。

教师活动：课前我们通过查找资料了解各个民族特色，接下来我们通过一个个小游戏来考考你。

学生活动：全班参与，认识民族名称。简单介绍自己的民族或自己感兴趣的民族特色。

教师活动：我国各民族不光在生活上各有特色，在居住和分布上也有特点。大杂居、小聚居，这样交错居住的分布格局，更利于我国各民族汇聚为一个大家庭，形成了平等团结互助和谐的社会主义民族关系。

设计意图：课前通过收集资料让学生初步了解民族及人口分布；课上通过三个游戏层层递进，让学生首先认识部分民族名称，其次深入了解个别的民族特色，最后了解民族特点及对应的地理位置。用这样全班参与的方式，调动学生的学习兴趣，引导其主动了解各民族特点、体会大杂居、小聚居，深入理解我国这样交错居住的分布特点。

环节三：各民族谁也离不开谁

教师活动：接下来我们来了解这个民族共同体历史上的交融点——茶马古道。

学生活动：小组合作交流，并回答问题。

教师活动：尝试说一则历史上或当前生活中民族交往交流交融的事例。

学生活动：介绍课前搜集的关于民族交往的事例。

教师活动：从古代丝绸之路，到现在“一带一路”，我国经济今天取得的成就是各民族共同努力的结果。（板书：经济）还有其他历史上交流的事例吗？

学生活动：回答教材中事例。

教师活动：

1.其实1942年抗战最艰苦的时候，通往中国战区的通道被切断，这条贯穿滇、川、藏直达中印边境口岸的茶马古道，成为运送国际援华物资的重要通道。

2.出示课件：抗日战争——东北抗日联军。抗日战争胜利后，中华民族取得了独立，为后来的和平与发展提供了有力支持。在奠定祖国疆域和维护领土完整的事业中，各民族都作出了重要贡献。（板书：政治）

3.我们中华民族不仅政治稳定、经济繁荣，在长期实践和不断交往中，

各民族相互借鉴、相互欣赏、相互促进，共同创造了灿烂的中华文化，共同培育了伟大的民族精神。（板书：文化）

4.在杭州亚运会开幕式上我们国家就向世界展示了灿烂的中华文化。通过欣赏亚运会开幕式视频，你看到了哪些中华文化元素？

学生活动：举手回答问题，用诗句表达看到的开幕式美景。

教师活动：

1.中华文化博大精深、源远流长，下面是一些同学查到的各民族对中华文化贡献的事例，我们一起来读一读。

2.你还能举出其他的事例吗？

3.五十六朵鲜花共栽一个盆，五十六棵翠竹同连一条根，五十六个民族团结一条心，各民族谁也离不开谁。（板书：一家亲）

设计意图：在各民族谁也离不开谁这一部分，主要分经济、政治和文化三板块，由于五年级学生还不具备关注时事动态的能力，我将各部分与贴合学生年龄特点的事件相联系，难易适中便于理解。经济方面通过茶马古道引申到相似的并影响更大的丝绸之路，了解生活中一些瓜果蔬菜的传入，让学生通过熟悉的事物体会经济发展各民族的贡献。政治方面结合东北抗日联军体会各民族为我国政治稳定所做的努力。文化上结合当时的杭州亚运会开幕式，让学生从里面的诸多文化元素感受我们中华文化的源远流长和博大精深，从而激发内心深处的民族自豪感。

环节四：守望相助，爱我中华

教师活动：新年是除旧迎新的日子，各民族用不同语言表达对新年的祝福。请同学们到书中寻找各民族是怎样表达新年祝福的。

学生活动：汉族“过年好”、藏族“扎西德勒”、蒙古族“乌力吉”。

教师活动：

1.我们56个民族要像石榴籽一样，紧紧抱在一起，守望相助，共同建设社会主义现代化国家。

2.向学生展示西藏墨脱小康示范村、青藏铁路的建设资料。

学生活动：阅读教师展示的资料。

教师活动：正因为各民族共同奋斗，才有了现在的中国。播放视频：各民族合唱《我爱你中国》。

学生活动：合唱歌曲第二段。

设计意图：学生通过对本节课的深入了解体会，收获了深深的民族自豪感，了解五十六个民族守望相助，共同建设社会主义现代化国家，欣赏视频中各族人民由衷地唱出爱我中国，再到第二段自己骄傲地唱出“我爱你中国”，新时代青少年的爱国情感在此刻尤其强烈，能自觉地回答出最后的“强国有我”，更能加强新时代少年的爱国热情。

（二）课堂小结

同学们，愿以寸心寄华夏，且将岁月赠山河，神州大地因各民族繁花似锦，祖国长空因新时代的你们乐曲如潮，请党放心，强国有我。

（三）板书设计

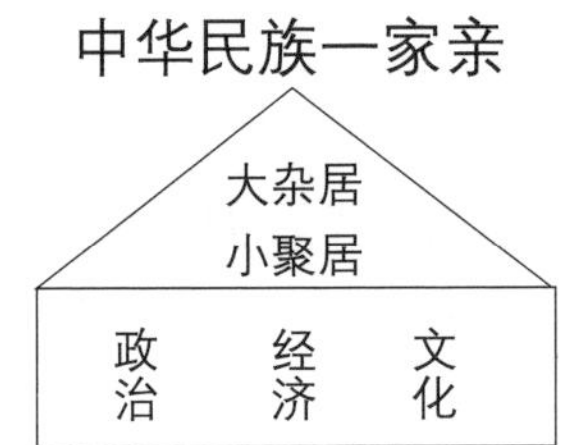

（四）作业设计

1.课前收集资料了解各民族概况及特色。

2.完成教材第56页两个问题，收集拓展资料。

3.了解黄瓜、西瓜、核桃、葡萄、胡萝卜等瓜果蔬菜传入我国的过程。

（五）参考资料

[1]亚运会开幕式视频片段。

[2]流沙河：诗歌《我的中国》。

八、教学总结与反思

《中华民族一家亲》是五年级第三单元的内容，本节课融地理、社会、文化、品德教育于一体。关注主题目标，关注学科特点，关注学生的主体作用，关注课内外的关联，关注学生的体验与感悟，是上好这节课的关键。

首先以诗歌《写中国》导入，奠定情感基调，让学生通过课前收集资料了解各民族地理位置、气候特点、民族服饰、饮食习惯、历史文化、习俗等。学生通过本节课的学习提升热爱祖国，民族大团结的情感。让学生认识到我国是一个统一的多民族国家；通过指导学生进行课前调查，让学生认识到我们国家民族分布的特点；通过举例子，将各民族在政治、经济和文化等方面的贡献形象地传达给学生。本节课的重点是“各民族谁也离不开谁”这一部分。

民族团结互助的例子在历史上和当下有很多，其内容涉及维护祖国领土完整、经济发展和文化交流等诸多方面。如何选取合适的事例并实现跨领域的学习，是教学的关键。为此，我在课前组织学生进行了民族交融案例的搜集与整理活动。课上，学生汇报的诸如丝绸之路等事例，较好地体现了民族交往交流交融和民族团结对我国政治稳定、经济发展、文化繁荣的贡献。民族团结互助的例子还有很多，一堂课无法全面涉及。所以，在课后拓展环节让学生课下注意搜集身边各民族对社会作出贡献的实例，进一步充实自己对民族团结的认识。本节课所讲内容涉及面广，信息量大，不管是课前的收集整理，还是课上示交流，五年级的学生都已经养成了良好的学习习惯，小组之间的分工及配合十分默契。他们带着自己的疑问、经验、兴趣参与课堂活动，进行资料的交流，步步紧扣主题，层层递进，充分完成了本节课的教学目标。

五十六个民族一家亲，团结之花永盛开

大连市甘井子区锦华小学　李佳萱

一、课程基本信息

主讲课程：道德与法治

使用教材版本：人民教育出版社（2019版）

教材章节出处：《道德与法治》五年级上册第三单元《我们的国土　我们的家园》第七课《中华民族一家亲》

二、教学设计概述

《课标》要求这一学段的学生在政治认同方面应初步了解国情，具有维护国家利益和祖国尊严的意识与行动，形成中国人的身份认同感；初步认识重要历史事实，了解我国发展的历史方位和中国共产党的光辉历程，在责任意识方面要求学生树立维护国家统一和民族团结的责任意识。

在《中华民族一家亲》一课中能够实现《课标》中的要求。本课以“知道中华民族是由56个民族组成的家庭，各族人民互相尊重、平等交往、和睦相处”构成逻辑主线，学生通过学习这一课的内容，认识到中华民族是由56个民族组成的大家庭，各族人民互相尊重、平等交往、和睦相处，各民族在分布上相互交错，文化上兼收并蓄，经济上相互依存，情感上相互亲近，你中有我，我中有你，相互合作互助，共同缔造光辉灿烂的中华文化；知道我们处理民族关系的原则和民族制度，知道各民族一律平等，加强和巩固民族团结，养成热爱各民族人民的情感，产生维护民族团结的责任感和使命感，增强对中国文化的认同感，以实际行动弘扬和培育民族精神，产生浓厚的爱国情感。

三、学情分析

伴随年龄的增长，学生的社会生活范围不断扩大，视野不断开阔，他们积累了一些学习经验，掌握了一定的学习方法。学生对社会现象开始关注，对中华民族的历史和文化感兴趣，对国家有了初步的了解与认识，并开始有自己独特的见解，爱国之情不断提升。但是，五年级的学生对国情的了解还缺乏针对性，他们对于民族问题知之甚少；不仅掌握的相关知识匮乏，而且平时也很少关注这方面的信息，对民族问题更从未思考过。本课旨在引导学生从整体上了解灿烂辉煌的各民族文化，从而产生初步的民族自豪感和民族责任感，在教学活动中，教师要引导学生探究中华民族为什么要倡导安定、团结、互相理解、共同发展，使学生产生热爱祖国的情感。

四、教学目标

1.正确认识我国新型的民族关系，认识到我国是一个统一的多民族国家；知道各民族谁也离不开谁，在分布上交错杂居，文化上兼收并蓄，经济上相互依存，情感上相互亲近，形成了你中有我、我中有你、谁也离不开谁的格局，共同创造了博大精深的中华文明。

2.知道我们处理民族关系的原则和民族制度；知道各民族一律平等，加强和巩固民族团结。

3.养成热爱各民族人民的情感，产生维护民族团结的责任感和使命感，初步形成中华民族的归属感和自豪感，增强对中国文化的认同感，以实际行动弘扬和培育民族精神，使学生产生爱国情感。

五、教学重点难点

（一）教学重点

正确认识各民族之间的关系，知道各民族一律平等，加强和巩固民族团结，感受平等团结互助和谐的民族关系。

（二）教学难点

理解和感受民族之间的交往、交流、交融，共同创造中华文化，自觉维护民族团结。

六、教学设计总体思路

通过具体生活情境，带学生走进中华民族大家庭，让学生进一步了解中华民族大家庭的概况，知道民族分布的格局，认识各民族间的交往交流交融对历史、经济、文化等方面的贡献。

在第一个环节，指导学生阅读课文，并结合饼状图，了解“少数民族”的含义。

在第二个环节，首先让学生借助课前查到的资料，说说中国的少数民族主要分布在哪些地区，强调“大杂居、小聚居、交错居住”，并借助教材第55页活动园里的图文资料，请学生谈谈自己对民族分布格局的理解。最后教师总结：我国各民族的大杂居、小聚居、交错居住的分布格局有利于各民族相互交往、团结合作。

在第三个环节，教师借助活动园，以茶马古道为例，让学生了解不同民族之间的交往交流交融，并结合自己课前查到的资料，讲讲这方面的事例。然后组织学生分小组讨论、交流，让学生了解到，民族间的交流交往交融对我国的政治、经济、文化等方面作出了很多贡献，进而懂得“各民族谁也离不开谁”。

七、教学过程

（一）教学流程设计

环节一：提出问题，梳理整合

教师活动：

1.播放歌曲MV《中国娃》。

2.同学们，我们亲爱的祖国，每年的十一都有一件大喜事，你们知道是什么事吗？

3.是呀，为了庆祝这件喜事，中国娃娃们都在热情欢唱，送上内心最诚挚的祝福。追问：从这首歌中，你听到了什么？感受到了什么？哪句歌词让你印象最深？这首歌中有一个数字反复出现，是什么？

4.是的，56个民族组成了一个大家庭，这个大家庭有一个伟大的名字——中华民族（引读）。

5.我们是中华民族一员，让我们自豪地喊出来：齐读标题。

学生活动：

1.聆听歌曲。

2.国庆节。

3.生1：我们从歌声里听到了中国娃对祖国的赞美。

生2：五十六个民族我们是一家。

生3：56。

4.齐读课题。

设计意图：课堂伊始的歌曲欣赏，能让学生产生浓厚的学习热情，在轻松的学习氛围中认识到我国是由56个民族组成的统一多民族国家。

环节二：整体感知，点拨启导

教师活动：

1.那你对中华民族又了解多少呢？老师想考考你们，敢接受挑战吗？请听题，请抢答。①根据2020年第七次全国人口普查数据，我国总人口已达14.4亿。根据这张人口比例图，你又发现了什么呢？②汉族人口很多，占90%以上，所以遍布祖国各个省区市，那少数民族的分布又是怎样的呢？

2.我们一起来看看我们的地图，不同的颜色代表有不同的少数民族居住，说说你的发现？

3.是的，这几个地方少数民族居住人口相对较多，因此，我们国家为了少数民族内部管理，设立了5个自治区，你们知道是哪几个吗？

4.你们看，相同的民族在小范围内一般会集中住在一起，我们把这种现象叫作小聚居。

5.还有其他发现吗？谁来说一说？

各民族居住在一起，汉族中住着少数民族，少数民族中也有汉族，我们就称为大杂居。

在中华民族大家庭中，各民族互相交往、流动，形成了大杂居、小聚居、交错居住的分布格局。

6.请少数民族的同学举手，展开说说你的民族有什么分布特点。随着经济的发展，各民族之间的交流也在不断地加强，关系也更加密切了。

7.课前同学们已经收集了资料，这节课就请同学们来当一次民族文化讲解员，向大家介绍你们组最喜欢的民族习俗，各民族文化习俗、生活习惯虽然有所不同，但每个民族都有自己的特色，让我们一起进入图片连连看吧！

大家可真了不起！看来大家对其他少数民族的文化也有很深的了解，果真是中华民族一家亲呀！（板书：一家亲）

学生活动：

1.学生观察人口：内蒙古自治区、新疆维吾尔自治区、西藏自治区、广西壮族自治区、宁夏回族自治区占8.9%。

2.偏西北地区多一点。

3.内蒙古自治区、新疆维吾尔自治区、西藏自治区、广西壮族自治区、宁夏回族自治区。

4.汉族和少数民族交错居住在一起。

5.学生谈谈发现。

生1：我发现民族成分齐全的省级行政区域随着时间的推移在逐渐增多，从11个增加到20个。

生2：我发现各省市行政区域均有分布的少数民族数量在增多。

生3：让我们和少数民族的关系更密切，促进各民族的融合和发展。

6.小组合作，将服饰、饮食、民居、习俗等民族文化连在一起。

设计意图：组织学生用小组活动的方式开展学习，能调动学生的学习热情。结合对图表和数据的分析，通过对地图的观察，学生感受民族分布特点，懂得各民族都是中华民族这个和谐大家庭中的一员，像兄弟姐妹一样关系亲密无间。

环节三：组内交流，解难释疑

教师活动：

1.我国各民族汇聚为一个大家庭，情感上相互亲近、文化上相互交融。从古至今皆是如此。茶马古道是文化发展、相互交融的最好见证，一起来听听历史小博士的介绍吧。（播放茶马古道视频）

2.结合书上的资料，老师播放的视频，请大家小组讨论，从以下两个方面谈谈你对茶马古道有了哪些了解。你都了解到了什么？我们通过茶马古道都交换了什么？

3.你们觉得这样交往、交流、交融对我们中华民族发展有什么好处？

学生活动：

1.学生看视频并结合书中材料小组讨论，总结茶马古道都交换了什么。

2.学生谈谈发现。

生1：我们在家里就可以吃到新疆哈密瓜，新疆的小朋友也品尝了大连的苹果，你来我往的贸易交流，促进了各民族经济发展。

生2：在上学期，我们还举办了极具民族特色的运动会，大家穿着各式各样的少数民族服装入场，玩得可开心了，这就是文化融合的体现。

设计意图：结合学生的生活实际，让学生在自主的分享交流中感受身边民族的交往交流交融，体会给我们中华民族的发展带来的好处。

环节四：应用迁移，分层内化

教师活动：

1.同学们，你们还知道哪些民族交往、交流、交融的事例吗？①为了民族交融作出贡献的人还有很多，你们看，这是郑成功、回民支队。②如图所示，这是毛主席、习近平总书记，他们作为国家领导人，为了民族交融付出了自己的努力，形成了平等团结、互助和谐（引读）的新型社会主义民族关系。

2.在21世纪，习近平总书记提出的“一带一路”建设，续写了古代丝绸之路的传奇，我们一起来看一下。（播放“一带一路”视频）

3.你们看，我们各民族为了民族交融做了很多事，从茶马古道到丝绸之路，“一带一路”，由古至今，都在努力促进各民族交往、交流、交融。

4.正是因为我们有高度的民族认同感，在内忧外患、艰苦的斗争岁月里，各民族能齐心协力抗日，共渡难关。在新时代，党领导各民族迎来了中华民族从站起来到富起来、强起来的伟大飞跃，真正实现文化自信。

5.作为新时代的小学生，我们重任在肩、使命光荣，为了民族团结我们又可以做些什么呢?

学生活动：

1.小组讨论P57-58。中国的四大发明、丝织技术、瓷器工艺沿着丝绸之路传向世界各地，极大地促进了世界民族交融、文化交流。

2.①学习民族知识，弘扬本民族的优良传统。②教少数民族的孩子学习中文，学习他们的语言文字。③在日常学习生活中，与其他民族同学友善相处，尊重其他民族的生活习惯。

设计意图：从身边事例拓展开来，从不同角度挖掘不同的故事中感受民族和谐相处的情感，将教材内容和生活情景有效链接起来。

环节五：民族团结一家亲

教师活动：

1. 56个民族，56枝花，56族兄弟姐妹是一家。就像习近平总书记说的那样：“各民族要像石榴籽那样紧紧抱在一起。”形成平等团结、互助和谐、相互交融的新型社会主义民族关系。

2.最后，让我们一起唱响《爱我中华》，在歌声中延续中华民族一家亲。播放歌曲《爱我中华》，师生手挥国旗，共唱《爱我中华》。

学生活动：唱响《爱我中华》

设计意图：通过齐唱歌曲，让同学们感受到中华民族是一个温暖的大家庭，产生爱国情感。

（二）课堂小结

本节课，教师通过耳熟能详的歌词让学生认识到，我国是一个统一的多民族国家；通过指导学生，让学生认识到我们国家民族分布的特点；通过举例子，将各民族在政治、经济和文化等方面的贡献形象地传达给学生；通过播放视频等方式，让学生们了解不同民族在语言、服饰、饮食、节日等方面都有其独特性；让学生们了解到国家对少数民族的重视，我们各个民族要相互尊重、相互帮助、和谐相处、共同成长，我们56个民族是真正的一家人。

（三）作业设计

1.学唱《爱我中华》这首歌。

2.制作一个能反映少数民族节日或习俗的手工艺品。

（四）参考资料

中华人民共和国教育部：《义务教育道德与法治课程标准（2022年版）》，北京师范大学出版社，2022年。

八、教学总结与反思

本节课，教师通过耳熟能详的歌词，让学生认识到，我国是一个统一的多民族国家；通过举例子，将各民族在政治、经济、文化等方面的贡献形象地传达给学生。本节课的重点是“各民族谁也离不开谁”这一部分。民族团结互助的例子在历史上和当下有很多，其内容涉及维护祖国领土完整、经济发展和文化交流等诸多方面内容。如何选取合适的事例并实现跨领域学习，是教学的关键，课上学生汇报的丝绸之路、“一带一路”等事例，较好地体现了民族交往交流交融和民族团结对我国的政治稳定、经济发展、文化繁荣的贡献。教师提供的文成公主入藏的故事起到了补充提升的作用。民族团结互助的例子还有很多，一堂课无法全面涉及。所以，教师在课后提升环节让学生搜集身边各民族对社会作出贡献的实例，进一步增强自己对民族团结的认识。

民族融合共筑梦

大连市中山区山屏小学　王　静

一、课程基本信息

主讲课程：道德与法治

使用教材版本：人民教育出版社（2019版）

教材章节出处：《道德与法治》五年级上册第三单元《我们的国土　我们的家园》第七课《中华民族一家亲》

二、教学设计概述

《道德与法治》是小学开设的一门以学生生活为基础，以形成具有良好道德与行为习惯为核心，促进学生自我意识发展的综合课程。以《道德与法治课程标准》为指导，使道德存在于儿童的内心，使法治原则为更多儿童所了解和遵守，引导儿童热爱生活、学习做人、懂法守法，自觉遵守各项规章制度和社会规则，培养具有良好品德和行为习惯、乐于探究、热爱生活的儿童。

本节课是教材第三单元《我们的国土 我们的家园》主题中的第七课，第一个板块的话题是“中华民族大家庭”，目的是让学生了解到中华民族是由56个民族共同组成的大家庭，我国是统一的多民族国家，已经形成了平等团结互助和谐的社会主义新型民族关系。

三、学情分析

五年级的学生在班级、学校、社区中，希望自己得到他人和群体的认同与接纳。他们都已经养成了良好的学习习惯，小组之间的分配和合作都十分默契。他们能带着课前的疑问、经验、兴趣参与课堂活动，进行资料的展示交流，他们从日常的生活了解到我国是一个统一的多民族国家，但对本课部分内容可能存在不了解、不清楚的地方，需要在本课学习时弥补不足，并使他们为祖国感到自豪，激发热爱祖国的情感。

四、教学目标

（一）知识与能力

正确认识我国新型的民族关系，认识到我国是一个统一的多民族国家；知道各民族谁也离不开谁，在分布上交错杂居，文化上兼收并蓄，经济上相互依存，情感上相互亲近，形成了你中有我、我中有你、谁也离不开谁的格局，共同创造了博大精深的中华文明。

（二）过程与方法

知道我们处理民族关系的原则和民族制度；知道各民族一律平等，加强和巩固民族团结。

（三）情感态度与价值观

培养热爱各民族人民的情感，激发维护民族团结的责任感和使命感，增强对中国文化的认同感，以实际行动弘扬和培育民族精神，激发学生爱国情感。

五、教学重点难点

（一）教学重点

1.学会在看图中分析问题，培养学生良好的读图习惯。

2.培养热爱各民族人民的情感，激发维护民族团结的责任感和使命感。

（二）教学难点

增强对中国文化的认同感，以实际行动弘扬和培育民族精神，激发学生爱国情感。

六、教学设计总体思路

（一）总体设计思路

通过多媒体展示、小组讨论等活动，引导学生了解中华民族的多样性和包容性。

（二）学段特点

根据学生的年龄和认知水平，采用生动有趣的故事、图片、视频等教学资源，激发学生的学习兴趣。

（三）以学生为中心

设计学生自主探究、合作学习的环节，让学生通过调查、分享等方式，深入了解不同民族的文化和传统。

（四）信息化手段运用

利用多媒体课件、网络资源等，丰富教学内容，提高教学效果。

七、教学过程

（一）教学流程设计

环节一：导入新课

教师活动：

1.很高兴，今天能来到东港小学五年五班，和同学共同来上一节道德与法治课。王老师很早就关注了东港小学的公众号，在公众号中看到了这段视频，我们一起来欣赏一下。

2.这个视频里记录的是我们学校的什么活动？

3.是的，民族运动会是东港小学的传统活动，到今年已经举办了4届，相信同学们通过活动对我们国家的民族有一定的了解。

4.知道我们国家一共有多少个民族吗？

5.有首歌唱道：56个民族，56枝花，56族兄弟姐妹是一家，今天我们就一起走进《民族融合共筑梦》这节课。

学生活动：

1.向老师问好。

2.观看视频。

3.民族运动会。

4.56个。

设计意图：结合学生的实际生活经验，激发学生的学习兴趣，加深学生对民族的认识。

环节二：了解民族分布特点

教师活动：

1.说说你认识哪些民族？是如何知晓的。

2.同学们通过出游、书本了解的知识可真不少。那我们班级的同学都是哪些民族的？能不能像老师一样介绍自己：我叫王静，是汉族的……

3.咱班一共（　）名同学，其中有（　）名同学是汉族，快速算一算，汉族同学在全班占（　）%。其他民族只占（　）%。

4.那我们班级同学的民族构成比例是这种情况，我们国家？同学们来看看这幅图，说一说你的发现？

5.通过观察饼状图发现，我们国家的汉族人口是最多的，其他55个民族人口数量相对较少，因此我们将这55个民族称之为“少数民族”。

6.我们来看我国的民族分布图，我国在少数民族聚居地，成立民族自治区。我国目前有五个省级民族自治区。相同的民族一般都会集中居住在某个区域，我们把这种现象叫小聚居。比如宁夏就是回族同胞聚居的地方，所以叫宁夏回族自治区。

7.那在我国的其他地区，以我们学校为例，少数民族同学就不少，课前老师调查了东港小学5年级的同学的民族情况，并绘制了统计表。让我们一起来看一看。

8.从这组统计数据中，你们获得了哪些信息？

9.你们还从哪些地方发现各民族居住生活在一起？

10.在我们的身边，不仅有汉族人，还有回族、满族、蒙古族、朝鲜族、土家族等少数民族。汉族地区有少数民族居住，少数民族地区也有汉族居住，我们把这种现象叫作大杂居。这反映出我国各民族相互交错的分布特点。（板书：相互交错）

学生活动：

1.回答自己知道的民族及知晓的途径。

2.生1：我叫××，是汉族的。是汉族的同学，请举手。哦，有这么多的同学都是汉族的。没举手的同学，请起立，能不能介绍一下自己。

生2：我叫××，是朝鲜族的……

3.快速估算。

4.通过人数占比和民族分布图，发现自治区。

5.观察统计表。

生1：在汉族集中居住的地方，也居住着少数民族。

生2：各民族同学一起学习、一起生活。

生3：我家的邻居阿姨就是藏族，她经营着一家民族服装店。

生4：我家楼下的兰州拉面馆是一个回族的叔叔开的。

设计意图：引导学生了解我国的民族分布特点。通过让学生介绍自己的民族，计算班级民族构成比例，观察民族分布图和统计表，引导学生发现汉族人口最多，其他55个民族人口较少，且各民族相互交错居住。有助于培养学生的民族意识和国家认同感。

环节三：了解人口流动促进各民族交往交流交融

教师活动：

1.阅读教材第55页“活动园”的“在省级行政区域均有分布的少数民族”和“民族成分齐全的省级行政区域”两张图表。

（1）仔细观看图表，从数字的变化中，你们有什么发现？

确实是这样，比如从2000年到2010年，浙江省少数民族人口由39.5万人增加到121.5万人，北京市少数民族人口由58.5万人增加到80.1万人，上海市少数民族人口由10.4万人增加到27.6万人。

（2）从这些变化中，同学们发现了各地区各民族人口流动越来越频繁。

2.各民族人口流动越来越频繁，这会带来什么好处呢？

就像同学们所说的，各民族人口流动越来越频繁，促进了各民族交往交流交融，使各民族逐渐汇聚为一个大家庭。（板书：促进交往交流交融）

学生活动：

1.依据图表，发表见解。

生1：越来越多的少数民族在省级行政区域均有分布，少数民族人口流动越来越频繁，分布越来越广泛。

生2：民族成分齐全的省级行政区域的数量越来越多，说明在很多省级行政区域分布着56个民族，各族人民一起生活，关系越来越密切。

2.小组交流各民族人口流动越来越频繁带来的好处。

生1：各民族的人交流多了，可以增进了解、增进感情。

生2：我们身边的各民族同学逐渐多了，大家在一起学习，了解了不同民族的习俗。

生3：各民族的人逐渐适应其他民族的生活，生活越来越愉快和谐。

设计意图：引导学生通过阅读图表，分析各地区各民族人口流动的变化，从而了解人口流动对促进各民族交往交流交融的重要作用。学生观察数字的变化，培养数据分析能力和归纳总结能力。同时，通过讨论人口流动带来的好处，让学生深入思考各民族交往交流交融的意义。

环节四：各民族之间形成社会主义新型民族关系

教师活动：

1.播放全国人民代表大会的代表入场视频。展示第十三届全国人民代表大会少数民族代表情况。（截至2018年1月底，各省、自治区、直辖市和香港特别行政区、澳门特别行政区、台湾省、中国人民解放军等35个选举单位先后召开会议，共选举产生第十三届全国人大代表2980名。在选出的代表中，少数民族代表438名，全国55个少数民族的代表占总名额的14.7%，保证全国每个少数民族至少有一个代表。）

从视频和文字资料中，你们了解到了什么？能说说你们的感受吗？

在我国，国家的一切权力属于人民，人民行使国家权力的机关是全国人民代表大会和地方各级人民代表大会。在国家最高权力机关——全国人民代表大会的选举中，各少数民族与汉族享有同样的权利，人大代表代表人民的权益和意志，依照宪法和法律规定的各项职权，参加行使国家权力。各民族一律平等，各民族都享有同等的权利，也必须履行相应的义务。

2.我国将民族平等的原则写入了法律之中，民族平等是民族团结的前提。

《中华人民共和国宪法》第四条规定："中华人民共和国各民族一律平等。国家保障各少数民族的合法的权利和利益，维护和发展各民族的平等团结互助和谐关系。禁止对任何民族的歧视和压迫，禁止破坏民族团结和制造民族分裂的行为。"

说说，你们还看到国家在哪些方面维护各民族平等。

我国宪法保障了各少数民族的合法权利和利益，这对于维护和发展各民族的平等团结互助和谐关系，维护社会的稳定，促进各民族的共同繁荣，具有重要意义。（板书：平等）

3.我们来认识一位新疆妈妈，并走进这个特殊的大家庭。

播放2009年度感动中国人物——维吾尔族阿妈阿里帕·阿力马洪的视频。

这个家庭特殊在哪里？你们体会到了什么？

4.请分享各民族和谐相处、民族团结的故事。

听了各民族和谐相处的故事，你们想用哪些词语来形容我们这个中华民族大家庭？

各民族人民在生产生活中逐渐融合，团结互助，和谐相处，其乐融融。（板书：团结　互助　和谐）

5.各民族都是国家的主人，在中华民族大家庭中，逐渐形成了平等团结互助和谐的社会主义新型民族关系。（板书：社会主义新型民族关系）

学生活动：

1.观看视频和文字资料，发表见解：

生1：我在视频中看到全国56个民族都有代表参加全国人民代表大会。

生2：我了解到，各民族人大代表人数是按照该民族人数比例分配代表名额的，且每个民族至少有一位人大代表。

2.谈感受：

生1：我觉得各民族都很平等。

生2：我感受到民族不分大小，一律平等。

3.结合生活，说说国家在哪些方面维护各民族平等：

生1：我们的人民币上除汉字外，还有蒙文藏文、维吾尔文和壮文。

生2：中央人民广播电台“民族之声”节目，使用好几种民族语言向全国少数民族播放。

生3：我国通过发展各级各类民族学校，举办内地预科班、民族班，对少数民族考生升学予以照顾，保障少数民族受教育权利。

生4：我国很多少数民族在饮食、服饰等方面都有特殊的风俗习惯，国家尊重和保障少数民族在日常生活中保持自己风俗习惯的权利。国家还尊重和保障少数民族欢度本民族节日的权利……

4.观看视频后，谈谈维吾尔族阿妈阿里帕·阿力马洪家庭特殊之处及体会：

生1：这个家庭一共有19个孩子，而其中10个是老人收养的。维吾尔族阿妈陆续收养了汉、回、维吾尔、哈萨克4个民族的10个孤儿，加上自己生育的9个子女，19个孩子组成了温暖的家。

生2：她对19个孩子给予同样的温暖和关爱。

生3：不同民族的人生活在一起，亲如一家。

5.用词语形容我们这个中华民族大家庭：团结、互助、和谐……

设计意图：通过视频等方式让学生们了解不同民族在语言、服饰、饮食、节日等方面都有其独特性，我们要理解并尊重各少数民族的风俗习惯。

（二）课堂小结

不同的民族，有着相同的名字，中华民族是让我们每一个中华儿女值得骄傲的名字。我们每个人都是中华民族大家庭中的一员，我们是血脉相连、团结友爱的一家人。

（三）板书设计

中华民族大家庭

大杂居　小聚居　相互交错

平等　团结　互助　和谐

（四）作业设计

1.学唱《爱我中华》。

2.制作一个能体现少数民族特点的手工艺品。

（五）参考资料

[1]信春鹰：《全国人民代表大会常务委员会办公厅关于第十三届全国人民代表大会代表选举工作情况的报告》，中国人大网，2018年。

[2]阿里帕·阿力马洪：《榜样力量》，新疆卫视。

八、教学总结与反思

（一）从学生的生活经验出发

课上，由学校开展的民族运动会导入，贴近学生的生活，调动了学生学习的积极性。通过师生问答，了解班级少数民族的人数和运用统计图直观地了解年级的少数民族数量，让学生推理全国的民族是怎样的一种分布情况，学生从而理解，为什么被称为少数民族。从学生身边入手，拉进了学生与少数民族的距离。

（二）锻炼学生识图能力

我在教学中使用了大量的图片、地图和图表。通过引导学生观察和分析这些图像，他们能够更好地理解各民族的分布情况、文化特点以及民族之间的交流与融合。这种直观的教学方法提高了学生的学习效果。例如，通过民族分布图，让学生观察，发现了大杂居这一分布特点。少数民族有一部分是集中居住，上一课学到的五个自治区复习一下，出示小聚居的分布特点；以云南省举例，少数民族特别多，他们交错居住在一起。

（三）大量引入事例和故事，强调了民族平等、团结、和谐的重要性

我通过实例和故事让学生明白，各民族应该相互尊重、平等相待，共同构建一个和谐的社会。同时，我也鼓励学生积极参与课堂讨论，分享自己对民族团结的理解和体会。如：让同学们说说身边的少数民族。通过这一环节，学生深刻体会到我国各民族形成了你中有我、我中有你、谁也离不开谁的格局。然后，学生交流查找到的各民族对祖国贡献的事例，有经济方面的，有文化方面的，有奠定祖国疆域、开发祖国山河或维护祖国领土完整等方面的。通过这一环节，让学生明白在中华民族发展史上各民族在疆域、经济、文化等方面都做出了巨大贡献，正因为有各民族的团结一心，才有了我们今天的幸福生活。最后，出示维吾尔族阿妈阿里帕·阿力马洪的视频故事，感受中华民族一家亲。

民族团结一家亲

朝阳市第六中学　付文文

一、课程基本信息

主讲课程：道德与法治

使用教材版本：人民教育出版社（2021版）

教材章节出处：《道德与法治》九年级上册第四单元《和谐与梦想》第七课《中华民族一家亲》

二、教学设计概述

本教学设计主要以党的二十大教育思想和新课程标准为指引，根据本学科的特点以及学生的认知能力和学习特点为依据，设计教学目标、教学内容、教学方法、评价手段。

（一）教学目标

围绕新课程标准的五大核心素养，政治认同、道德修养、法治观念、责任意识、健全人格方面，设计教学目标，教学目标可观、可测、可评，与教学内容和教学方法紧密相连。

（二）教学内容

在教学内容上围绕我国民族分布格局、处理民族关系的方针、我国的民族政治制度、社会主义民族关系、为什么要维护民族团结、为什么要加快民族地区发展，党和国家促进民族地区发展采取的措施及成就、中学生如何促进民族团结等问题，与学生的实际需求和学科特点相结合，确保教学内容的系统性和连贯性。

（三）教学方法

本教学设计采用了议题式、探究式、项目式、自主学习、合作学习等学习方法。根据不同的教学内容采用不同的教学方法，教学方法不是单一化。

（四）评价手段

评价标准与教学目标相一致，根据不同的教学内容和学生的学习情况，采用不同的评价方法，评价方法多样化且客观，多鼓励学生，体现温暖和爱意。

三、学情分析

九年级的学生身心发育还不够成熟，对民族团结的认识不够深入。通过七八年级的学习，他们对民族方面的知识有了一些了解，但是对国家的民族政策、处理民族关系的方针、民族区域自治制度等相关内容的掌握不够系统；对如何处理民族关系、树立怎样的社会责任感认识不够。需要通过学习让学生深入了解我国的民族政策，树立学生的民族团结意识和社会责任感。

四、教学目标

（一）政治认同

通过探究式学习方式展示图片和材料，学生分析出我国的民族分布格局、处理民族关系的方针和社会主义民族关系，提高分析问题归纳问题的能力；通过项目式学习方式分析归纳党和政府促进民族地区发展的措施，增强对党和国家的民族政策方针的理解，培养热爱祖国、热爱中华民族大家庭的情感，自觉拥护国家的民族政策。

（二）道德修养

通过历史故事探究为什么要促进民族团结，知道民族团结的重要性，树立中华民族共同体意识，知道维护民族团结是中华民族的共同神圣职责和光荣义务。

（三）法治观念

通过对维护民族团结的学习，树立维护民族团结的意识，反对一切民族

分裂行为，坚决不做破坏民族团结和发展的事情，达到知行合一的效果。

（四）健全人格

通过探究问题学生在生活中如何维护民族团结，培育友爱互助的良好品格。习得把知识运用到生活中的能力，达到教化的效果。

（五）责任意识

通过整个教学活动，学生感知到民族团结的重要性，国家为促进民族团结作出的努力，自己以实际行动维护和促进民族团结，增强责任感和使命感。

五、教学重点难点

（一）教学重点

掌握我国处理民族关系的方针，知道加强和巩固民族团结的重要性以及国家促进民族地区发展的措施。

（二）教学难点

树立中华民族共同体意识，以实际行动维护民族团结。

六、教学设计总体思路

本教学设计主要采用探究式和项目式的教学方式，融入了视频、PPT、课件、图片等多种教学手段。本教学设计包含“民族大家庭”和“家和万事兴”两个议题。首先引入课题，我选择了图片式导入，用PPT展示我国第四套人民币的图案，让学生去发现人民币上的一些民族元素，这样的导入方式很直观，也能吸引学生的兴趣，还能成功地引入课题。第一个议题“民族大家庭”的内容旨在让学生了解我国的民族政策。这一议题的内容相对比较枯燥，而且很难理解；这一议题的内容我采用了问答式的方法，采用快问快答的方式让学生自主学习、回答问题，使他们增强自信心同时还能发现自己的不足，这样在之后的学习中更能够集中注意力，查缺补漏。在这部分的教学中我还采用PPT展示图片和材料，让学生直观了解，提高分析材料的能力，使学生在这部分内容的学习中更有成就感。接下来通过历史小故事让学生领悟我国各族人民为维护民族团结作出的不懈努力，知道维护民族团结的重要性。第二个议题“家和万事兴”旨在让学生了解我国为促进民族发展采取的措施。在这部分老师主要起到引导的作用，学生发挥主体性，自己根据课本内容进行归纳总结，完成相应的学习内容。在这部分学习中我采用了项目式教学方法，把学生需要掌握的知识列成表格，让学生自主完成；又运用PPT向学生展示习近平总书记的话，增强责任意识，同时思考作为中学生在生活中可以为维护民族团结做些什么，增强社会责任感和主人翁意识。

七、教学过程

（一）教学流程设计

环节一：导入新课

教师活动：引导学生观察第四套人民币图片。请同学们回答人民币图案的设计说明了什么？

学生活动：观察人民币图案，发现人民币图案中的民族元素，说出：人民币图案的设计说明了我国是一个统一的多民族国家。

设计意图：学生通过观察人民币图案的设计，培养观察能力、分析能力，知道我国是一个统一的多民族国家。

环节二：讲授新课

教师活动：请同学们认真阅读教材第91页，独立完成下列问题。

（1）我国共有多少个民族？多少个少数民族？

（2）我国各民族分布格局是？

（3）处理民族关系的方针是？

（4）我国有多少个少数民族自治区？分别是？

（5）在处理民族问题上我国实行了什么基本政治制度？

（6）我国形成了怎样的民族关系？

学生活动：阅读教材内容和所学知识，抢答。

设计意图：通过自主学习的学习方法，培养学习能力；通过抢答环节，激发学习兴趣，增强自信心，发现不足之处。

教师活动：帮助学生通过探究式学习和小组合作学习进一步了解我国的民族政策，对课本知识进行归纳梳理。

学生活动：学习总结归纳知识点。

（1）民族概况：我国是统一的多民族国家，共56个民族，55个少数民族。

（2）民族分布格局：大杂居、小聚居、交错居住。

（3）处理民族关系的方针：民族平等、民族团结、各民族共同繁荣。

（4）民族政治制度：民族区域自治制度（基本政治制度）。

（5）社会主义民族关系：平等、团结、互助、和谐。

设计意图：学生通过探究式的学习方式对知识进行归纳总结，由浅入深地加深对知识的理解。学生自主完成学习任务，分析问题，总结问题，培养了自主学习能力。

教师活动：PPT展示历史上维护和促进民族团结的历史故事。

学生活动：思考问题，总结知识点。

（1）加强和巩固民族团结，维护祖国统一，是中华民族的最高利益。

（2）我国各民族在数千年的迁徙、贸易、婚嫁等交往中孕育了团结友爱的宝贵传统。

（3）我国各族人民始终同呼吸、共命运、心连心，克服种种困难和艰险，顶住压力，直面挑战，追求共同发展、共同富裕、共同繁荣。

（4）维护和促进民族团结，是每个公民的神圣职责和光荣义务。

设计意图：运用视频播放历史故事，加强学生对民族团结的理解，并主动探寻维护民族团结的重要性，培养民族情感。

教师活动：

1.播放独龙族的视频。

2.为什么要加快民族地区发展、促进共同繁荣？

学生活动：

1.通过视频观看独龙族发生的翻天覆地的变化，感知党和国家的大力扶持，增强国家认同感和民族自豪感。

2.加快民族地区经济社会文化发展，逐步缩小发展差距，促进民族地区共同繁荣，是增进民族团结、发展社会主义民族关系的必由之路。

设计意图：学生通过议题式和项目式的学习方法，去感知独龙族前后发生的变化，培养分析问题，归纳知识点的能力；同时去感受国家力量，增强民族自豪感。

教师活动：

1.带领学生阅读习近平总书记的一段话：要像爱护自己的眼睛一样爱护民族团结，像珍视自己的生命一样珍视民族团结，坚决反对一切不利于民族团结的言行。

2.我们可以为促进民族团结做些什么？

学生活动：

1.学生阅读习总书记的话，感悟维护民族团结是我们的重大职责和光荣使命。

2.小组讨论交流并归纳出知识点：

（1）树立民族团结意识和中华民族共同体意识。

（2）尊重各民族的风俗习惯和语言文字。

（3）积极宣传党和国家的民族政策。

（4）同破坏民族团结的言行作斗争。

（5）关心爱护少数民族同学。

设计意图：通过领悟习近平总书记的话，学会以实际行动积极维护民族团结；培育责任意识，增强担当精神和参与意识。

环节三：总结升华

教师活动：

1.播放歌曲《五十六个民族五十六朵花》。

2.各族人民只有像石榴籽一样紧紧抱在一起，手足相亲，守望相助，齐心协力，伟大的祖国才能繁荣发展。

学生活动：听歌曲情感升华。

（二）课堂小结

通过本堂课的学习，充分发挥了学生的主体性，学生通过探究式学习、项目式学习、合作学习和自主学习的学习方法，由浅入深地了解了我国民族方面的相关知识，既学到了知识，也锻炼了能力，增强了自信心，同时也增强了民族自豪感和责任心。本堂课学生的学习积极性得到了充分激发，参与度很高，很愿意思考问题，归纳总结问题。同时又能联系生活实际，培育了担当精神和参与能力。

（三）板书设计

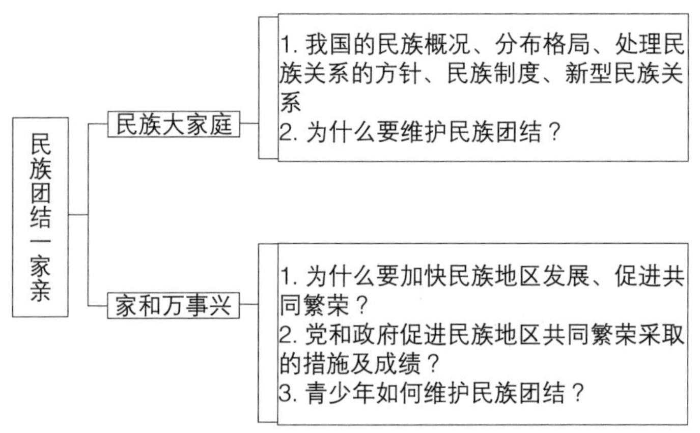

（四）作业设计

1.“五十六个民族，五十六枝花，五十六族兄弟姐妹是一家”。为维护我国民族团结，铸牢中华民族共同体意识需要（　　）

①坚持民族区域自治制度。

②坚持民族平等、民族团结和各民族共同繁荣的方针。

③每一位公民自觉行使维护民族团结的基本权利。

④确保民族自治地区享有高度的自治权。

A.①②　　B.①③　　C.②③　　D.③④

2.2023年4月22日，以“展民族文化筑复兴梦想”为主题的上饶市“三月三”畲族文化系列活动在铅山县太源畲族乡举办。各地游客云集畲乡，感受浓郁独特的畲乡文化，与当地畲民共襄盛举。举办该活动有利于（　　）

①消除各民族之间的文化差异

②保障畲乡人民的所有权益

③促进各民族之间的文化交流

④铸牢中华民族共同体意识

A.①②　　B.①③　　C.②④　　D.③④

3.请你为促进我国民族地区的发展提出合理化建议。（请从政治、经济、民生、文化等方面回答）

八、教学总结与反思

1.主题素材情景选取要一案化，追求教学内容整体性和系统性，情景设计切忌冗、杂，问题设计具有梯度性，各环节之间注重引导学生独立学习。

2.培养学生的自主学习能力，同时培养学生的情感态度和价值观。

3.根据学生特点设计教学案例，注重学生主体地位，教师作为指引，切忌教学死板，一言堂。多多让学生小组合作讨论，归纳总结，培养学生的学习能力。引导学生理论联系实际，增强家国情怀。

民族一家亲　家和万事兴

辽阳灯塔市第二初级中学　贾宇佳

一、课程基本信息

主讲课程：道德与法治

使用教材版本：人民教育出版社（2016版）

教材章节出处：《道德与法治》九年级上册第四单元《和谐与梦想》第七课《中华民族一家亲》

二、教学设计概述

（一）教材设计思路

本课为第四单元第七课的第一框内容，分为“民族大家庭”和“家和万事兴”两部分内容。第一目“民族大家庭”帮助学生了解我国作为统一的多民族国家，我国的民族国情、民族政策、民族方针和民族关系等，各民族休戚与共、相互依存，在长期的发展中，不断沟通交流、共同抵御侵略成为不可分割的整体。第二目“家和万事兴”让学生知道国家为促进民族发展，制定了民族区域自治制度，形成了平等团结互助和谐的新型民族关系。在人力、物力、财力等方面大力支持民族地区经济发展、改善民生、繁荣民族文化。本课主要阐述了我国如何促进民族团结、推进民族间和谐关系的发展。从个人角度启发学生思考作为青少年学生可以为民族团结做些什么，从国家层面引导学生了解和掌握民族平等、民族团结和各民族共同繁荣和谐发展的原则，并进一步理解这些原则的深刻内涵和深远意义。

（二）理论依据

以《义务教育道德与法治课程标准（2022年版）》为基本遵循，以习近平新时代中国特色社会主义思想为指导，全面贯彻党的教育方针，遵循教育教学规律，落实立德树人根本任务，发展素质教育。聚焦中国学生发展核心素养，以学生为主体。

（三）设计特色

将教材的两目内容按了解民族国情、维护民族团结和促进民族繁荣分为四部分进行讲解，更便于学生梳理知识内容，符合中学生的认知发展规律：了解—探究—理解—深化。在设计的第一、二个内容中，通过知识比拼、连连看等小活动的设计，帮助学生在了解我国民族方针、民族政策、民族关系等国情的基础上，巩固新知，通过实际案例联系生活实际，深化学生对我国民族方针政策的理解。第三个内容以小组探究的形式，通过古今案例的展示，让学生感受我国一直以来各族人民始终同呼吸、共命运、心连心，克服困难、共同发展；教师穿着少数民族服饰，直观形象，激发学生对少数民族相关内容的学习兴趣；本课新知内容后设计拓展延伸，通过介绍辽宁的少数民族分布信息，引导学生探究身边的少数民族及作为中学生如何维护民族团结。

三、学情分析

九年级的学生，已具有了一定的民族忧患意识和思想政治觉悟,批判性、正义感和责任感也显著增强，开始用批判的眼光看待周围的一切。所以教师在教学设计中注重联系生活实际，通过事实案例引导学生探究分析。学生通过八年级的学习对民族相关内容已有一定的了解，知道我国是一个统一的多民族国家，各民族有着不同的生活习惯和习俗。学生有较强的语言表达能力和思维能力，在教学设计中，以学生为主体，鼓励学生积极思考和表达观点。总体来看，九年级的学生对国家的民族政策、处理民族关系的基本原则、民族区域自治制度等知识的掌握不够系统，对如何处理民族关系、树立怎样的社会责任感等同题认识不够。教师应采用图片、文字等通俗易懂的材料深入浅出、形象生动的讲授方法因势利导，不断地引导学生去突破本课的重点和难点。

四、教学目标

1.通过知识比拼的问答形式，回顾我国民族知识，提高建立新旧知识的联系与整合能力，了解本课话题。

2.通过浏览图片、解读时政新闻等方式，说出我国的民族概况，包括民族分布特点、处理民族关系的基本方针、基本政治制度和民族关系，能够归纳出民族关系的形成，是在中国共产党的正确领导下才实现的，从而坚定政治认同，热爱伟大祖国，热爱中华民族，热爱中国共产党，增强民族共同体意识。

3.通过小组合作探究江孜保卫战和戍边案例材料，总结出加强和巩固民族团结的原因，联系生活实际，感受民族团结的重要性，增强国家利益高于一切的观念，树立维护祖国团结统一意识，增强法治观念，自觉履行维护民族团结的义务。

4.通过观看视频，全面总结加快民族地区发展的原因，归纳出加快民族地区发展的做法。增强责任意识，树立共同利益观和共同担当的价值观，努力为促进民族团结做出力所能及的贡献。

五、教学重点难点

（一）教学重点

理解我国的民族国情，理解处理民族关系的方针和民族政策，知道加强和巩固民族团结的重要性以及国家发展民族地区的措施。

（二）教学难点

树立民族共同体意识，以实际行动维护民族团结。激发学生热爱并维护民族团结，培养民族自豪感，树立正确的民族观和爱国主义情感。

六、教学设计总体思路

教师利用多媒体课件展示图片和案例、播放视频。在导入环节中，穿戴少数民族服饰，展示问题进行民族知识比拼，激发学生兴趣，导入新课。在新知讲授环节中，通过小组探究、讲授法和任务探究法，引导学生分析、总结民族政策等，增强民族共同体意识和法治观念。在拓展延伸中，展示辽宁省的少数民族信息，启发学生联系生活实际，探究身边的少数民族，思考如何在日常生活中践行维护民族团结。

七、教学过程

（一）教学流程设计

环节一：回顾旧知　激发学习兴趣

教师活动：

1.教师身着少数民族服饰，请学生猜想是哪个少数民族的服饰。

2.屏幕展示问题：我国共有多少个民族？我国有多少个少数民族？在长期的交往中，我国各民族形成了怎样的民族关系？为了保证少数民族行使民主权利，我国在政治上实行什么制度?我国有哪些少数民族自治区？民族区域自治制度的意义？请学生举手抢答。对回答正确的学生加小组分。

3.我们在八年级学过民族区域自治制度，大家都对我们国家的民族知识有一定的了解。我国是统一的多民族国家，56个民族共同组成了这个其乐融融的中华民族大家庭。今天让我们一起深入学习我国的民族知识《促进民族团结》。

学生活动：

1.回答猜想。

2.积极抢答少数民族相关问题。

设计意图：通过知识比拼小活动，活跃课堂氛围。问题设置由简入繁，鼓励全体学生积极参与课堂，激发学生学习兴趣，帮助学生回顾旧知，建立起新旧知识的联系。

环节二：探究分享　了解民族政策

教师活动：

1.屏幕展示《中国主要民族分布地图》思考我国民族分布的特点是什么?

大杂居、小聚居、交错居住。

2.屏幕展示三则材料，通过材料信息，思考总结我国在处理民族关系上坚持什么方针?

民族平等、民族团结、各民族共同繁荣。

3.屏幕展示《中华人民共和国宪法》第4条规定：中华人民共和国各民族一律平等。国家保障各少数民族的合法的权利和利益，维护和发展各民族的平等团结互助和谐关系。禁止对任何民族的歧视和压迫，禁止破坏民族团结和制造民族分裂的行为。思考总结我国的民族关系是什么?

平等团结互助和谐。

学生活动：

1.整理笔记。

2.思考探究，回答问题。

3.掌握我国的民族政策。

设计意图：通过展示地图、案例材料等，让学生直观感受我国民族分布的特点，设定问题启发学生思考，结合材料分析总结，培养学生的概括能力和抓住重点的能力，更有利于学生理解我国的民族方针政策。

环节三：时政解读　理解民族平等

教师活动：解读全国人民代表大会的时政，分析少数民族代表的分布信息与参会情况，讲解我国民族平等的政策：在我国，各民族不论人口多少、经济社会发展程度高低、风俗习惯和宗教信仰有多大差异，都是社会主义大家庭中平等的一员，具有同等的社会地位。

通过解读选举权和《中华人民共和国宪法》部分内容，讲解：各民族在国家和社会生活各领域享有平等的权利，承担相同的法定义务。

学生活动：认真聆听，整理笔记。

设计意图：通过解读时政，引导学生关注社会热点和国家举措，培养学生关心国家大事的意识，帮助学生理解民族平等的表现。

环节四：任务驱动　维护民族团结

教师活动：

1.屏幕展示《江孜保卫战》和《万里戍边——到祖国最需要的地方去》案例，通过自主探究（任务一和任务二）和小组探究（任务三），完成任务。

任务一：谈谈从江孜保卫战这个历史故事中，感受到了什么？

任务二：结合青年奔赴边疆材料，联系生活，谈谈你的感受。

任务三：结合两个案例，找出共同点，探究为什么要加强和巩固民族团结？

在小组探究的过程中，走动巡视，帮助指导，答疑解惑。

2.请完成任务一和二的学生发言。请完成任务三的小组，派代表发言，其他小组做补充。

3.总结任务完成情况，对积极发言的学生给予表扬，对表现优异的小组加分，讲解维护民族团结的原因。

学生活动：

1.积极思考，回答问题。

2.小组合作，探究加强和巩固民族团结的原因。

设计意图：通过任务驱动法，培养学生自主探究能力和小组合作能力。鼓励学生表达观点，检验了学生自主探究的效果，可以进行有针对性的指导；同时活跃课堂气氛，帮助学生树立自信心，加深学生对问题的理解和对知识点的掌握。

环节五：思考分析　促进民族繁荣

教师活动：播放国家促进民族繁荣与发展的视频，提出问题，引导学生从经济、民生和文化等三方面，总结国家促进民族繁荣的措施。

学生活动：积极思考，分析总结国家采取的促进民族发展的政策。

设计意图：通过视频吸引学生的注意力，让学生带着问题去观看视频，引导学生分析概括国家促进民族发展的政策，加深印象。

环节六：拓展延伸　联系生活实际

教师活动：

1.屏幕展示辽宁省少数民族的分布信息。引导学生说说身边的少数民族和所了解的少数民族的风俗习惯。

2.想一想我们如何对待身边的少数民族？如何践行维护民族团结呢？鼓励学生畅谈所想。

3.总结学生发言，引导学生树立维护民族团结意识并付诸实践。

学生活动：

1.畅谈生活中所了解的少数民族的风俗习惯和身边的少数民族。

2.积极发言，探究作为青少年，如何用实际行动践行维护民族团结。

设计意图：创设情境，联系生活实际，培养学生学以致用的意识，鼓励学生积极发言，提升语言表达能力，体现学生的主体地位。

（二）课堂小结

教师引导学生共同完成课堂总结思维导图，梳理本课知识点；通过习题练习的方式，巩固所学知识。

（三）板书设计

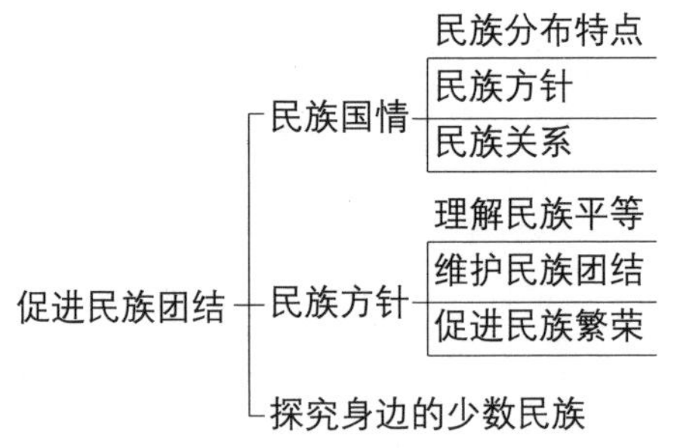

（四）作业设计

1.梳理知识点内容，做好课后复习。

2.小组合作调查了解身边的少数民族的民族文化、风俗习惯等，践行维护民族团结的行动。

（五）参考资料

[1]中华人民共和国教育部：《义务教育道德与法治课程标准（2022年版）》，北京师范大学出版社，2022年。

[2]《中华人民共和国宪法》第4条。

[3]《万里戍边——到祖国最需要的地方去》，中国民族宗教网，http://www.mzb.com.cn/html/report/201133233-1.htm.

八、教学总结与反思

（一）总结

本节课内容丰富，主要有三个方面内容，一是我国的民族国情，主要掌握民族分布特点、民族方针和民族关系；二是处理民族关系的方针政策的深入学习，注重引导学生理解民族平等的表现、维护民族团结的意义和国家促进民族繁荣的政策；三是创设情境，引导学生思考在现实生活中，如何对待身边的少数民族，如何践行维护民族团结。

（二）反思

应布置课前预习作业，学生预先了解少数民族和我国的民族政策，为本课教学做好铺垫；学生具有善于表达和表现力强的特点，应增设更多新颖的活动。

铸牢中华民族共同体意识

沈阳市培英中学　刘新宇

一、课程基本信息

主讲课程：道德与法治

使用教材版本：人民教育出版社（2021版）

教材章节出处：《道德与法治》八年级下册第三单元《人民当家作主》第五课《我国的政治和经济制度》；九年级上册第四单元《和谐与梦想》第七课《中华一家亲》

二、教学设计概述

（一）设计思路

本课选题为铸牢中华民族共同体意识，这一选题是贯穿在大中小学思政一体化建设中的，所以教师在进行教学设计时，要密切各学段的联系，注意教学的贯通性。教学设计中不仅要考虑内容的衔接，更要能针对本学段学生核心素养培育的侧重点来设计教学。中学阶段要打牢“休戚与共，荣辱与共，生死与共，命运与共”的思想基础，考虑到学生具备了一定合作探究、辩证分析的能力，但还处于从小学的实践为主、活动教学到中学知识理论学习过程的转变，因此设计多样活动，如开展知识竞赛、小组合作、情境创设和诗歌诵读等来提高学生学习参与度。同时，选择今年两会的时事新闻去创设小组讨论议题，选择沈阳塔城教师交流学习的本校事例创设情境，重视课堂引导讲授来启发学生构建知识体系，这也是为高中阶段知识深入的探究奠定基础。

（二）理论依据

所依据的课标包括核心素养中政治认同的家国情怀，法治观念中的权利义务相统一，责任意识中的主人翁意识；总目标中的“具有维护民族团结的意识，能把个人发展和国家命运联系起来”，“能够关心社会和国家，具有主人翁意识、责任感”；课程目标中要“铸牢中华民族共同体意识，坚定对伟大祖国、中华民族、中华文化、中国共产党、中国特色社会主义的高度认同，不断推进中华民族共同体建设”。所依据的《青少年法治教育大纲》的相应部分是“加深对公民基本权利和义务的认识”，“初步形成依法参与社会公共事务的意识”。

（三）设计特色

由于本课内容在八年级下和九年级上两本教材中都有所体现，所以打破教材原有架构，按照民族相关国情是什么、为什么要加快民族地区发展、国家和公民应该怎么做的逻辑思路进行整合处理。同时，对不同学段在这一主题内容上的学习程度进行分析，对学生在小学已掌握的民族知识概况以知识竞赛的活动形式进行回顾，而对新授知识尤其是涉及与高中衔接内容的讲解要讲清讲透，同时布置实践型作业来培养学生学以致用的能力，这有利于帮助学生在之后更好适应高中的教学方式，也是把各学段有机串联起来共同为顶层目标服务的体现。

三、学情分析

初中阶段的学生处于世界观、人生观、价值观形成的关键时期，从知识储备看，通过小学阶段的学习与生活的见闻，学生了解一些我国国情，知道我国是一个统一的多民族国家，但小学阶段的教学目标重在培养“中华民族亲如一家”的道德情感，所以他们对民族区域自治制度、处理民族关系的方针等知识的掌握不够系统，对树立怎样的社会责任感、铸牢中华民族共同体意识的认识理解也不够。从能力水平看，初中学生具备了一定的自主学习、合作探究和辩证分析能力，大部分学生在学习过程中也能积极参与课堂的讨论，但在分析问题和解决问题上仍有不足，并且对理论知识学习兴趣较低。

因此学习这部分内容需要更多运用丰富的素材，采用多种教学方法来因势利导，不断地引导学生去突破本课的重点和难点。

四、教学目标

1.通过解读广西将“壮族三月三”推向世界的新闻，知道民族区域自治制度是我国的基本政治制度，坚定制度自信，增强国家认同，自觉铸牢中华民族共同体意识，有以实现中华民族伟大复兴为己任的使命感，达到热爱伟大祖国和中华民族的效果。

2.通过参与对全国两会贵州代表团第五场集中采访新闻的小组讨论，知道处理民族关系的方针是民族平等、民族团结和各民族共同繁荣，知道我国坚持平等、团结、互助、和谐的社会主义民族关系，习得积极参与国家政治生活的能力，树立主人翁意识和责任感。

3.通过代入沈阳和塔城两地教师交流的情境，知道国家为民族地区发展采取的举措，增强对党和政府维护和促进民族团结的各项方针和政策的认同，自觉拥护国家的民族政策。理解中国共产党在建设中国特色社会主义过程中的领导作用，铸牢中华民族共同体意识，坚定对伟大祖国、中华民族、中华文化、中国共产党、中国特色社会主义的高度认同，不断推进中华民族共同体建设。

4.通过辨析错误观点，知道维护和促进民族团结是每个公民的神圣职责和光荣义务，参与维护民族团结倡议宣言的小组设计活动，知道青少年维护民族团结的正确做法，具备国家利益高于一切的观念，能够以实际行动维护民族团结，捍卫国家主权。

五、教学重点难点

（一）教学重点

1.了解我国民族概况，了解我国是统一的多民族国家。

2.理解处理民族关系的方针和社会主义民族关系，知道加强和巩固民族团结的重要性。

3.理解民族区域自治制度是我国的基本政治制度，理解民族自治地方的自治机关的内容以及与中央的关系。

4.了解国家加快民族地区发展的政策措施，增强对伟大祖国、中国特色社会主义和对中国共产党的认同。

（二）教学难点

1.铸牢中华民族共同体意识。中华民族共同体意识是各民族在历史发展中共同构成的命运共同体意识，是维护国家统一的思想基础，是促进民族团结的必要条件，是实现中华民族伟大复兴的必然要求。

2.以实际行动维护民族团结，增强以实现中华民族伟大复兴为己任的责任感和使命感。

六、教学设计总体思路

本课以议题为线索，总议题为如何铸牢中华民族共同体意识，第一部分是从民族大家庭（国情篇）即民族相关国情是什么角度讲解，第二部分是家和万事兴（行动篇）即国家和公民具体应该怎么做角度讲解，由于教材中为什么要加快民族地区发展部分涉及较少，所以不单独作为重点环节讲解。

中学阶段，以体验学习来掌握知识为主，重课堂讲授、案例教学和情境教学，所以在本课讲解中，导入环节借助本地新闻进行讲解，在第一部分的国情篇，采取知识竞赛讲解民族概况，采用分层设问和小组讨论的方式，借助两会的两则相关新闻讲解民族区域自治制度和处理民族关系的方针和民族关系。在第二部分行动篇，采用情境教学将沈塔两地教师交流的新闻作为素材，讲解国家措施，采用辨析观点和小组合作设计倡议宣言的方式来讲解公民义务和做法，最后通过诵读诗歌进行情感升华，并对本课内容进行归纳总结，布置实践性作业，引导学生能够回归生活，做到知行合一。

七、教学过程

（一）教学流程设计

环节一：导入

教师活动：

1.展示2024年沈阳春节假期亮眼的文旅成绩单这一新闻，并提供沈阳故宫的满族文化、北市场的锡伯族家庙、西塔民族文化街的朝鲜族风情等素材图片，让学生对自己了解的特色民族文化景点进行分享，引导学生感受沈阳的民族文化的魅力。

2.结合第七次人口普查中沈阳少数民族的相关数据，让学生了解沈阳是一个汇聚多个民族，包容多元文化的城市。

学生活动：

1.分享自己对沈阳民族文化的认识和感受。

2.分析人口普查数据从少数民族角度来了解沈阳。

设计意图：以学生感兴趣的近期本地新闻为素材来设置问题，有助于培养学生观察生活的能力，同时让学生了解地方的民族文化，有利于扩大民族优秀传统文化的影响力。用数据进行展示也更清晰直观，有助于培养学生分析总结的能力。

环节二：民族概括

教师活动：

1.开展“民族知多少”的知识竞赛活动，设置关于民族概况的问答题和人民币上有哪些少数民族元素的看图题，累计加分评选出本节课智多星。

2.提出问题：为什么我们的人民币上有少数民族的头像和文字？得出结论：我国是统一的多民族国家，组成了其乐融融的中华民族大家庭。

学生活动：

1.参与知识竞赛，了解我国的民族概况。

2.思考并回答问题，感受国家对少数民族的重视。

设计意图：知识竞赛活动一方面可以调动学生学习的积极性，做到寓教于乐，另一方面学生在活动中也可以了解到更多民族知识，教师在这一过程中也能更好了解学情，为后续教学内容的讲解奠定基础，使教学更具有针对性。

环节三：民族区域自治制度

教师活动：

1.展示我国各少数民族人口占比、分布区域和流动规模的数据，让学生归纳我国各民族分布的特点，并针对这些特点设计问题，我国如何进行更好的治理，引出民族区域自治制度。

2.播放今年广西要将“壮族三月三”推向世界的新闻，并设置分层问题：视频中有哪些环节能体现民族区域自治制度？“三月三”成为广西公众假日是由谁制定的？这一假日的设立说明民族自治地方与中央的关系是怎样的？并通过广西不同时期历史图片的对比来感受坚持民族区域自治制度的意义。

学生活动：

1.分析数据概括得出各民族分布格局，思考民族区域自治制度。

2.观看视频后自主思考，层层推进回答问题。

设计意图：将近期的相关新闻以视频的形式进行呈现，既体现了所学和现实生活紧密相连，又有利于培养学生的学科素养，养成关注时事的好习惯。同时，围绕视频设置分层问题，层层追问的方式符合学生认知发展规律，可以促进学生由浅入深地进行思考，自行得出相关结论，这也加深了学生对国家民族政策的理解和认同。展示历史图片可以增强他们的历史感和现实感，从发展变化的过程中增强学生的民族自信心与自豪感，增强对中华民族和对伟大祖国的认同。

环节四：处理民族关系的方针和民族关系

教师活动：播放全国两会贵州代表团第五场集中采访的新闻，要求学生按小组开展合作探究，围绕处理民族关系的方针和民族关系在新闻中如何体现来自主设计选题，讨论后进行汇报：

（1）从发言人汤越强作为一名侗族人当选人大代表的角度，及全体人大代表中少数民族代表比例数据感受民族平等，思考民族平等的表现有哪些。

（2）从“村BA”和“村超”以球办赛、民族共融的角度感受民族团结，探究为什么要绘就中华民族大团结的新示范。

（3）从“村BA”和“村超”的火爆背后感受各民族共同繁荣，探究背后“乡村体育+民族文化”相融合的模式如何带动经济发展。

（4）结合这一民族地区以文旅促交往交流交融的视频，谈一谈所感受到的民族关系。

学生活动：观看视频，参与小组讨论，在合作探究中对选题内容进行分析和汇报：

（1）分析得出民族平等的主要表现。

（2）得出结论加强和巩固民族团结，维护祖国统一，是中华民族的最高利益。

（3）理解各民族共同繁荣离不开全体人民的共同努力。

（4）掌握我国坚持平等、团结、互助、和谐的社会主义民族关系。

设计意图：采用小组合作探究的方式是让学生注重学习过程，在对事例的分析过程中培养学生合作学习的能力，让学生对知识的理解更加深刻，同时聚焦两会热点新闻，展示我国在处理民族关系上坚持的方针，引导学生感受国家的付出，有利于培养学生强烈的国家认同感，坚持党的领导。

环节五：国家措施

教师活动：以本校参与的携手新疆塔城共成长、两地教师学习交流的活动为背景，引出沈阳在深入贯彻落实习近平总书记关于对口援疆工作的举措，让学生思考党和国家高度重视新疆工作的原因是什么。并以两地教师关于新疆近年变化的对话作为素材，从中创设情境设计问题：

（1）展示新疆教师朋友圈“海鲜”大丰收的小视频，探究新疆经济发展取得成功的原因是什么。

（2）展示新疆教师在我校听课学习以及沈阳“送教进疆”的图片，思考新疆教师来沈阳交流的原因，并鼓励学生讲述他们知道的其他援疆事例。

（3）展示新疆教师参观沈阳故宫了解满族的剪纸艺术，和我们了解哈萨克族刺绣工艺的画面，思考如何去保护和传承少数民族文化。

学生活动：自主思考，回答问题，了解增进民族团结、发展社会主义民族关系的必由之路：

（1）感受经济方面的成功离不开党和国家的大力支持。

（2）感受国家对民生问题关注，并分享自己了解的相关新闻。

（3）感受没有各民族文化的发展，就没有中华民族文化的繁荣。

设计意图：开发本校资源来创设情境，让学生在思考问题的过程中更有参与感，能调动学生的积极性，而自身体验和得出的结论紧密结合，也有利于加强学生对教材的理解。

环节六：公民义务

教师活动：

1.提出问题：你是否赞成“维护和促进民族团结就是党和国家的责任，与青少年无关”这一观点，并说明理由。在这一过程中增强维护和促进民族团结是每个公民的神圣职责和光荣义务的责任意识。

2.组织学生以小组为单位撰写青少年维护民族团结的做法倡议宣言，进行汇报展示。

学生活动：

1.对观点进行辨析。

2.小组设计并展示倡议宣言。

设计意图：辨析的过程有助于帮助学生澄清观点，避免进入思维误区，而贴合生活实际的倡议宣言实际上是对讲授知识理解后的再次运用，这也有利于增强学生的主人翁意识，增强责任感和使命感，自觉以自己的实际行动为促进民族团结做出力所能及的贡献。

环节七：诵读欣赏

教师活动：组织学生诵读《我在一颗石榴里看见了我的祖国》，感受其中描述的我国各民族之间紧紧相依、守望相助的情谊。

学生活动：诵读诗歌。

设计意图：学生通过诵读增强情感体验，有利于升华情感，增强教学效果。

（二）课堂小结

结合板书对本节课所学内容进行归纳，帮助学生对知识点形成统一、完整和清晰的认知，并鼓励学生在今后的生活中自觉以实际行动来维护民族团结。

（三）板书设计

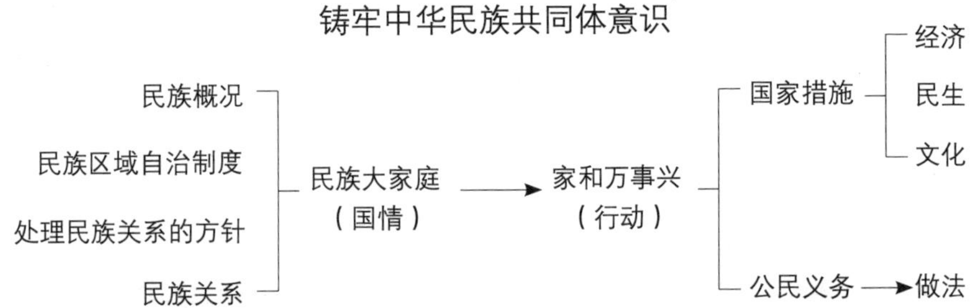

（四）作业设计

指导学生通过查阅资料、人物访谈等形式，搜集自己家乡发生过的维护民族团结的感人故事，并将其内容做成手抄报。

（五）参考资料

[1]李春晖：《大中小学思政课中华民族共同体意识教学内容的螺旋上升式构建研究》《学校党建与思想教育》，2024年。

[2]王秀芝：《将中华民族共同体意识融入大中小学思政课的思考》，《教师教育论坛》，2022年。

[3]《冬日雪暖阳 文旅“开门红” 沈阳春节假期累计接待国内游客1112.13万人次，实现国内旅游收入151.47亿元》，辽宁省人民政府网，https://www.ln.gov.cn/web/ywdt/qsgd/ass_2_1/2024021809585729879/index.shtml.

[4]《从“七普”数据看沈阳市人口发展新变化》，沈阳发布，https://baijiahao.baidu.com/s?id=1749582333953729106&wfr=spider&for=pc.

[5]《[第一时间]广西“三月三” 跨境游热度持续攀升》，央视网，https://tv.cctv.com/2024/04/14/VIDEvj4hd6zNK9ZA8kZCkefw240414.shtml.

[6]《2024全国两会特别报道 文旅融合发展 建设多彩贵州文化强省》，央视网，https://news.cctv.com/2024/03/12/VIDEoyGLXKyDalba2wYQedw6240312.shtml.

八、教学总结与反思

首先，本课内容丰富，但是学生对此可能感受不深，兴趣不高，这就需要教师注意在课堂上充分调动学生的学习积极性。因此，在教学资源的开发上，我选取了沈阳本地新闻和时事热点作为素材，过程中我借助影音等多媒体手段来呈现资料，同时开展知识竞赛、小组合作探究和生活情境讨论等活动，来做到理论联系实际，提高学生的代入感和参与度。

其次，本课理论知识含量较大，这就需要教师时刻关注学生对知识的掌握程度，设计的问题要有梯度，螺旋上升帮助学生加深对知识理解，而创设的情境要能符合学生实际情况和认知水平，这样才有利于提高学生的理解能力和分析能力。

最后，本课属于铸牢中华民族共同体意识中思政一体化的中学部分，要在设计上完成和小学高中的衔接，要有意识地帮助学生扩大知识面，让学生感受到实现民族团结至关重要，作为中学生要树立维护民族团结的意识，培养热爱祖国、热爱中华民族的情感。

同心共筑中国梦

沈阳市于洪区东北英才第一中学　马泽敏

一、课程基本信息

主讲课程：道德与法治

使用教材版本：人民教育出版社（2021版）

教材章节出处：《道德与法治》九年级上册第四单元《和谐与梦想》第七课《中华一家亲》第一框题《促进民族团结》

二、教学设计概述

我国自古以来就是统一的多民族国家，各族人民共同缔造了伟大祖国，也共同创造了中华文明。基于各民族荣辱与共、水乳交融的历史与现实，在中学开展各种形式的民族团结教育，既有利于青少年了解各民族丰富多彩的政治历史文化，了解中华民族多元一体的格局，更在思想上打下牢固的民族团结根基，使其在现实生活和未来的工作实践中高度重视民族团结问题，自觉地运用所学的知识，妥善处理涉及民族方面的各种现实问题。目前，我国存在敌对势力的挑动、地区之间发展不平衡，贫富差距及地方主义、民族歧视，这些因素严重妨害了我国的民族团结。因此，急需加强民族团结教育，努力将民族团结教育发展成为学校德育工作的特色和亮点，更好促进我国民族团结建设，维护好民族团结和国家统一。

党的十九大报告指出：“全面贯彻党的民族政策，深化民族团结进步教育，铸牢中华民族共同体意识，加强各民族交往交流交融，促进各民族像石榴籽一样紧紧抱在一起，共同团结奋斗、共同繁荣发展。”

本节课以“民族”为关键词展开，通过展示图片、视频、文字材料等方式，激发学生的学习兴趣，更加直观地了解民族问题的三大方面（是什么、为什么、怎么做）。通过学生思考，小组合作，自主填写表格等方式，让同学们能够尽可能地都参与到课堂讨论中来，真正做到以学生为主体。

本节课的设计亮点在于九年级的学习中插入八年级的知识回顾，有助于形成完整的知识体系，加深对知识点的理解和记忆，帮助学生从新的角度理解和把握知识，使课堂教学更具活力，提高教学质量。历史知识在政治教学中的运用，能够使学生提高运用知识解决问题的能力。在文字材料的选取上，多选择时事政治和习近平总书记的讲话，关注国家大事，保持与国家和民族命运同脉搏、共呼吸，以社会关注的国家大事为抓手，结合教学开展渗透与引导，不仅突出思政课程的特点，还为学生树立正确的价值观和爱国主义情怀。

三、学情分析

九年级的学生，处于世界观、人生观、价值观形成的关键时期。从知识层面看，通过之前的学习，学生已经掌握了较多有关我国国情的知识，有了较为扎实的知识基础。从个人能力看，学生具备了一定的合作探究、辩证分析能力。根据之前学习和生活实践，学生对本课内容有一定的了解，知道我国是一个统一的多民族国家，各民族有着不同的生活习惯和习俗。总体来看，九年级的学生对国家的民族政策、处理民族关系的基本原则、民族区域自治制度等知识的掌握不够系统，对如何处理民族关系、树立怎样的社会责任感等问题认识不够。因此我在执教本课时，根据学生的理解能力，尽量多采用些图片、文字等通俗易懂的材料深入浅出、形象生动的讲授方法，不断地引导学生去突破本课的重点和难点。

四、教学目标

（一）政治认同

了解中国特色社会主义制度的优越性，坚定道路自信、理论自信、制度自信、文化自信，能够在生活和学习中自觉维护国家主权、尊严和利益——

了解民族区域自治制度对维护和发展平等团结互助和谐的社会主义民族关系的意义。

（二）道德修养

树立民族平等团结意识，铸牢中华民族共同体理念。践行以爱国奉献为主要内容的道德要求，在日常生活中养成团结友爱的品行。

（三）法治观念

了解法律对国家安全的保障作用,自觉履行维护国家安全的义务。理解总体国家安全观，知道维护国家安全是每个公民的义务,自觉维护国家安全。

（四）责任意识

具备国家利益高于一切的观念，能够以实际行动维护民族团结，捍卫国家主权。

五、教学重点难点

本课所依据的课程标准是“我与国家和社会”中的“积极适应社会的发展”“认识国情，爱我中华”“法律与秩序”。具体对应的内容是：“知道我国是统一的多民族国家，各民族平等互助、团结合作，提高文化认同感、民族自豪感，以及构建社会主义和谐社会的责任意识”。

（一）教学重点

1.了解各民族交往交流交融，彼此尊重，共同创造中华民族文化。感受各民族之间的相互交融、相互尊重、守望相助。了解各民族共同奠定祖国疆域，开发国土发展经济的归属感和自豪感。

2.认识到我们的祖国是全国各族人民共同缔造的统一的多民族国家；中华民族的民族关系是平等团结互助和谐的社会主义新型民族关系，各民族谁也离不开谁。让学生认识到中华民族一家亲的重要性，结合我国当前社会发展正确认识新型民族关系。

（二）教学难点

1.理解和尊重不同民族的文化习俗，感受平等团结互助和谐的民族关系；了解并尊重各民族在生活环境、文化习俗等方面的差别，为各民族互帮互助做出自己能做的事情。

2.激发学生热爱并维护民族团结，培养民族自豪感，树立正确的民族观和爱国主义情感。

少年强则国强，实现中华民族伟大复兴是每个公民义不容辞的责任，也是青少年的使命与担当。作为国家民族的希望和未来，每一名中学生都应该认识到，自己作为中华民族的一员，有责任和义务维护民族团结和祖国统一。

六、教学设计总体思路

本节课以“民族大家庭”及“家和万事兴”为总议题，通过视频导入本课课题，按照课堂教学由浅入深的顺序，分为民族国情初了解、民族关系浅认识、温故知新、以史观今、深入践行展未来五个部分。第一部分以展示图片激发学生兴趣，让学生通过有趣的民族服饰和与地理相关的分布图，概括总结我国民族情况；第二部分以视频、文字等形式展示新闻时事，在学习课本知识的同时还能积累时事政治，激发同学们的爱国之情和主人翁意识；第三部分回顾旧知识，联系（八上）我国的基本政治制度，形成连贯的知识体系，为之后的总复习奠定基础。第四部分以史观今，通过学生回顾历史所学知识，完成知识迁移，促进知识融合，真正做到学以致用。第五部分回归教材，以书上的探究与分享和相关链接的材料作为文字背景，引导学生认识新中国成立以来我国民族地区经济、社会和文化发展取得的巨大成就，感受社会主义制度的优越性，激发学生的爱国情感，增强道路自信、理论自信、制度自信、文化自信。

七、教学过程

（一）教学流程设计

环节一：导入新课

教师活动：

1.播放歌曲《中华民族唱起来》。

2.提示同学们仔细聆听并回答问题。

3.请同学分享听到这首歌的感受并说出知道的少数民族名称。

学生活动：

1.分享歌曲感受。

2.回答我国民族个数等。

设计意图：通过轻松愉快的歌声，激发学生的兴趣，引出课题，使学生更易聚焦课程内容。

环节二：讲授新课——民族国情初了解

教师活动：

1.展示不同民族服饰图片并提问：从图中我们可以看出我国是个什么样的国家?

2.展示中国民族分布地图并提问：观察地图，说说你的发现。

学生活动：

1.观察不同民族服饰图片。

2.观察中国民族分布地图。

3.回答教师提问。

设计意图：通过引导学生观察不同民族服饰图片、中国民族分布地图，让同学们能更形象地了解我国是一个统一的多民族国家，各民族的分布特点是“大杂居、小聚居、交错杂居”。图片形式易于分析理解，民族服饰使学生们有耳目一新的观感，激发学生学习兴趣，发挥学生的分析归纳能力。

环节三：民族关系浅认识

教师活动：展示四则材料并让学生思考这些材料体现了我国怎样的民族关系以及我国在处理民族关系上坚持什么方针?

材料一：第十四届全国人民代表大会少数民族代表名额分配方案于2022年4月20日第十三届全国人民代表大会常务委员会第三十四次会议通过。

材料二：我国宪法规定：“中华人民共和国各民族一律平等。国家保障各少数民族的合法的权利和利益，维护和发展各民族的平等团结互助和谐关系。禁止对任何民族的歧视和压迫，禁止破坏民族团结和制造民族分裂的行为。”

材料三：甘肃地震视频。

材料四：习近平总书记语录：“全面建成小康社会，一个民族不能少；实现中华民族伟大复兴，一个民族也不能少。共产党说到就要做到，也一定能够做到。”

学生活动：

1.仔细阅读材料并观看视频。

2.回答我国的民族关系。

3.回答我国坚持的民族方针。

设计意图：通过文字和视频的方式展示时事新闻，培养学生关注时事，关爱国家，维护民族团结的意识。大量的文字材料分析，还有助于培养学生材料分析整合的能力。

环节四：温故知新

教师活动：回忆之前学过的有关民族的知识，并完成PPT上表格。提示我国基本政治制度中的民族区域自治制度（含义、地位、内容、职权、优越性）。

学生活动：

1.回顾旧知识。

2.填写表格。

设计意图：通过回忆旧知识，形成民族知识的完整体系，便于为之后的复习打下基础。以表格的形式梳理知识，更加直观，便于理解记忆。

环节五：以史观今

教师活动：

1.幻灯片展示张骞出使西域、左宗棠收复新疆、回民支队抗日的视频及图文资料。

2.通过小组讨论的形式回答：从古至今，为什么我们要加强和巩固民族团结？

3.分享你知道的有关民族团结的小故事。

学生活动：

1.仔细观看教师展示内容。

2.进行小组讨论并回答加强和巩固民族团结的作用。

3.分享丝绸之路、彝海结盟、西部大开发等故事。

设计意图：以小组的形式，同学们发挥创新思维和发散思维，可以结合历史知识，展开讨论或对话，揭示矛盾、深入分析，思想交锋，在讨论与分享中以史观今。

环节六：深入践行展未来

教师活动：

1.展示28个省区市GDP增长情况，以及彝族山村建设、西藏班等时事新闻。

2.思考党和国家采取了哪些措施促进民族地区的发展？

学生活动：

1.了解新闻背后的故事。

2.思考党和国家采取了哪些促进民族地区发展的举措以及现实意义。

设计意图：帮助学生感受促进民族地区经济、教育等方面发展的举措和取得的成就，增强学生的民族自尊心和自豪感。让同学们了解国家对少数民族的关心和帮扶，我们各民族相互尊重、相互帮助、和谐相处、共同成长，我们56个民族是一家人。

（二）课堂小结

通过这节课的学习，学生知道我国是统一的多民族国家，了解我国民族分布的特点，对处理民族关系的原则有了更深刻的理解，学习加快民族地区经济社会文化发展的原因和措施，知道维护和促进民族团结是每一个公民的神圣职责和光荣义务。只有各族人民团结一致、守望相助、齐心奋斗，伟大的祖国才能繁荣发展！

（三）作业设计

1.办一期关于民族团结的手抄报。

2.请以“中华民族大家庭”为题写一篇小作文。

（四）参考资料

[1]中华人民共和国教育部：《义务教育道德与法治课程标准（2022年版）》，北京师范大学出版社，2022年。

[2]视频《中华民族唱起来》，CCTV15。

[3]《中华人民共和国宪法》中关于民族关系的规定。

八、教学总结与反思

本节课运用讲授法、合作探究法、启发式教学法等教学方法，尽可能地从学生生活入手，晓之以理，动之以情，尽可能地与学生产生心灵的碰撞，调动学生的兴趣与主动性。本节课的教学设计中，无论是问题的设置，还是方法的确立，都尽可能地去引起学生共鸣，让学生有话可说，充分尊重学生的主体地位。当然，本节课的教学设计中，仍然存在很多不足，由于本节课涉及的知识点较多，在教学过程中没有很好地把握时间，导致有些内容讲解得不够深入。在教学过程中，没有充分考虑到学生的知识水平和接受能力的差异，导致一些学生在理解某些知识点时存在困难。

在今后的教学中，我将不断改进自己的教学方法，提高自己的教学水平，为培养更多具有民族团结意识的学生贡献自己的力量。

石榴花开别样红　中华民族一家亲

大连市中山区东港第一中学　唐佳宇

一、课程基本信息

主讲课程：道德与法治

使用教材版本：人民教育出版社（2021版）

教材章节出处：《道德与法治》九年级上册第四单元《文明与家园》第七课《中华一家亲》

二、教学设计概述

（一）设计思路

本课以议题为线索，情境为载体，设置总议题：石榴花开别样红 中华民族一家亲；下设三个子议题：画好民族团结同心圆、绘就民族繁荣新画卷、筑牢民族团结生命线；以课前大连市民族情况小调查导入新课，结合时政热点话题日本核污染水排放、新疆海鲜养殖的发展等案例，帮助学生在体验式教学过程中，更好了解我国民族情况、民族政策，为维护民族团结贡献青春力量。

（二）理论依据

本课所依据的课程标准的相应部分有“我与国家和社会”中的“积极适应社会的发展”“认识国情，爱我中华”“法律与秩序”。具体对应的内容标准是：“感受个人成长与民族文化和国家命运之间的联系，提高文化认同感、民族自豪感，以及构建社会主义和谐社会的责任意识”；“知道我国是一个统一的多民族国家，各民族人民平等互助、团结合作、艰苦创业、共同发展”；“懂得维护国家统一，维护各民族的团结，维护国家安全、荣誉和利益是每个公民的义务”。本课所依据的《青少年法治教育大纲》的相应部分是“青少年法治教育的内容”中初中阶段的内容与要求。具体对应的内容与要求是：“加深对公民基本权利和义务的认识”；“初步形成依法参与社会公共事务的意识”；“加深对社会生活中常见违法行为的认知，强化法律责任意识，巩固守法观念”。

（三）设计特色

课前设置实践性作业，请学生了解自己生活地区的民族情况，了解各民族特色，激发学生学习兴趣。课堂中采用体验式教学方法，设置新疆海鲜养殖、研学旅行等情境，让学生在情境中以主人公的角色发现问题、解决问题，在实践体验中认识具体而丰富的现实世界，最大限度拓展学生的学习空间，增进课本知识与社会生活的密切联系，培养学生的社会责任感。

三、学情分析

九年级的学生，处于世界观、人生观、价值观形成的关键时期。根据之前学习的知识与生活的见闻，学生对本课内容有一定的了解，知道我国是一个统一的多民族国家，各民族有着不同的生活习惯和习俗。总体来看，九年级的学生对国家的民族政策、处理民族关系的基本原则、民族区域自治制度等知识的掌握不够系统，对铸牢中华民族共同体意识的认识与理解还不够深入。教师应结合学生已有的感性认识帮助学生全面、系统地理解党对少数民族和不同地区的方针、政策，维护国家统一与安全、民族团结，增强爱国主义意识，增强国家认同感。

四、教学目标

（一）政治认同

通过课前调查家乡民族情况，学生能够在生活和学习中自觉维护国家主权、尊严和利益，理解社会主义核心价值观的内涵及其重要意义，在日常生活和社会活动中自觉践行。

（二）道德修养

通过“聚焦春天的盛会”议学情境，让学生树立民族平等团结意识，铸牢中华民族共同体意识。

（三）法治观念

通过讲述各民族团结一心、奋起抵抗的故事，反对民族分裂，自觉履行维护民族团结的义务。

（四）责任意识

通过去新疆研学旅行的议学情境，学生懂得维护民族团结和国家统一是每个公民义不容辞的责任，能够以实际行动维护民族团结，捍卫国家主权。

五、教学重点难点

（一）教学重点

理解社会主义民族关系，加强和巩固民族团结的意义。

（二）教学难点

加快民族地区发展的意义和措施。

六、教学设计总体思路

课前设置实践性作业：调查家乡的民族分布情况

总议题：石榴花开别样红 中华民族一家亲

子议题一：画好民族团结同心圆

设置议学任务：聚焦“春天的盛会”，讲述各民族团结一心、奋起抵抗的故事，了解我国民族政策。

子议题二：绘就民族繁荣新画卷

议学情境：请你来做经济振兴规划师，通过解读新疆成为“水产大省”的“成功密码”，为其他地区的经济发展提供经验。学习国家是如何促进各民族共同繁荣的。

子议题三：筑牢民族团结生命线

议学情境：暑期学校要组织新疆研学旅行，如果你是班长，你将提醒大家应该准备哪些东西？还需要提醒同学们注意哪些方面的问题？明确维护和促进民族团结，是每个公民的神圣职责和光荣义务，青少年要从我做起，为维护民族团结贡献青春力量。

七、教学过程

（一）教学流程设计

环节一：新课导入——民俗小调查

教师活动：课前发放民俗小调查问卷，上课时邀请学生分享民俗调查结果。

学生活动：课前以小组为单位调查所生活的社区、身边同学的民族情况，组内分工明确。课堂上派代表分享调查结果。

设计意图：激发学习兴趣，学生通过自己调查，了解家乡的民族分布情况、各民族风俗习惯，充分调动学生积极性，激发学生在实践中了解中华民族大家庭。

环节二：画好民族团结同心圆

教师活动：

1.对学生的调查结果进行总结，并进一步追问：刚刚大家都提到了哪些民族？除此以外，我国还有哪些民族？这些民族的共同名字叫作？

2.展示我国民族分布地图，请学生思考：我国有多少个民族？请说说我国民族的分布特点是什么？

学生活动：

1.回答问题，思考我国还有哪些少数民族。

2.观察“中国民族分布地图”，了解我国民族分布情况，概括我国民族分布格局。

教师活动：

1.设置议学任务一：聚焦“春天的盛会”。展示视频资源《两会好声音》、文字材料《第十四届全国人民代表大会少数民族代表名额分配方案》，请学生思考这体现出我国处理民族关系上坚持什么方针？

2.设置议学任务二：讲述各民族并肩作战的故事。

学生活动：

1.完成议学任务一，观看视频及材料，小组讨论我国处理民族关系的方针。

2.完成议学任务二，讲述从过去到现在各民族并肩作战的事例。

设计意图：以地图形式呈现我国民族分布格局，有效与地理知识联动，引导学生多角度思考问题；聚焦两会热点话题，有效与所学知识相结合，增强学生的责任感和使命感；通过情景教学营造轻松的课堂氛围，通过搜集并分享从过去到现在各族人民并肩御敌的故事及感悟，帮助学生真正明白加强和巩固民族团结是中华民族的最高利益，明确我国相关民族政策。

环节三：绘就民族繁荣新画卷

教师活动：设置议学任务三：展示时政热点话题——新疆海鲜，发布学习资料，请学生来做经济振兴规划师，通过解读新疆成为“水产大省”的“成功密码”，为其他地区的经济发展提供经验。

学生活动：以小组为单位，分别从经济、民生、文化等方面分析国家对新疆地区的政策支持及预期目标，思考国家是如何促进各民族共同繁荣发展的。

设计意图：用真实的生活案例进行教学，引导学生走进自己的生活进行体验、感悟，让课堂充满生活气息。并通过自主学习开发学生的思维扩散潜能，培养学生自主学习的能力，了解我国促进民族地区经济社会发展的措施。

环节四：筑牢民族团结生命线

教师活动：设置议学任务四：暑期学校要组织新疆研学旅行，如果你是班长，你将提醒大家应该准备哪些东西？还需要提醒同学们注意哪些方面的问题？

学生活动：学生思考问题，进行情景问答。

设计意图：设置议学任务，让学生在体验中把获得的知识和经验应用于生活实践，在这一过程中认识到维护和促进民族团结不仅仅是党和国家的责任，更是每个公民的神圣职责和光荣义务。

（二）课堂小结

通过这节课的学习，我们知道了我国是统一的多民族国家，了解了我国民族分布的特点，对处理民族关系的原则有了更深刻的理解，学习了加快民族地区经济社会文化发展的原因和措施，知道了维护和促进民族团结是每一个公民的神圣职责和光荣义务。只有各族人民团结一致、守望相助、齐心奋斗，伟大的祖国才能繁荣发展。正如习近平总书记所说："各民族要相互了解、相互尊重、相互包容、相互欣赏、相互学习、相互帮助，像石榴籽那样紧紧抱在一起。"

（三）板书设计

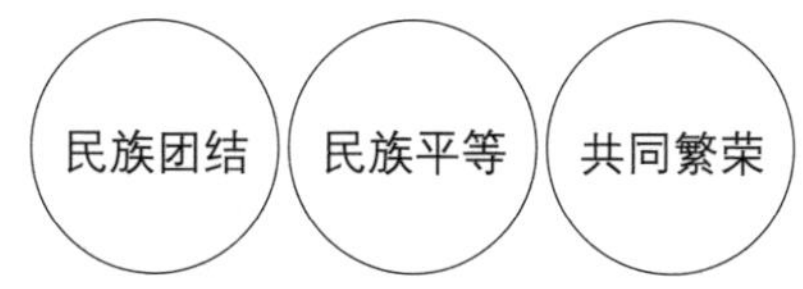

（四）作业设计

课前实践性作业：调查家乡的民族情况

（五）参考资料

[1]《像石榴籽一样紧紧抱在一起——铸牢中华民族共同体意识述评》，新华社，2024年。

[2]《新疆赛湖"海鲜"丰收背后的"税密码"》，国家税务总局博尔塔拉蒙古自治州税务局，2023年。

[3]视频《两会好声音》，https://baijiahao.baidu.com/s?id=1789054424786519130&wfr=spider&for=pc&searchword=%E4%B8%A4%E4%BC%9A%E5%A5%BD%E5%A3%B0%E9%9F%B3%E5%B0%91%E6%95%B0%E6%B0%91%E6%97%8F&source=ucbrowser.

八、教学总结与反思

民族团结是党和国家处理民族关系的一个重要原则。实现民族团结至关重要，与国家的生存、统一和发展息息相关。但是作为汉族聚居地区的学生对此可能感受不深，兴趣不大。因此，在课堂上要有意识地添加一些相关的历史故事和时政热点话题，帮助学生扩大知识面，加深理解能力，提高分析能力等。学生在共同合作学习中，增强统一的多民族国家观念，树立维护民族团结的意识，培养热爱祖国、热爱中华民族的情感。

民族团结一家亲，同心共筑中国梦

沈阳市南昌中学沈抚示范区分校（沈抚改革创新示范区文华路中学） 王钧谊

一、课程基本信息

主讲课程：道德与法治

使用教材版本：人民教育出版社（2021版）

教材章节出处：《道德与法治》九年级上册第四单元《和谐与梦想》第七课《中华一家亲》

二、教学设计概述

根据《义务教育道德与法治课程标准（2022年版）》，初中学段是小学高年级的延续，与高中阶段相衔接，是培育道德品德，形成世界观、人生观、价值观的重要时期。通过与国情教育的关联，从真实的社会情景的角度进行教育教学，强化学生的民族团结意识，增强学生的社会责任感和担当意识，做社会主义的建设者和接班人。

注重案例教学，选择、设计和运用贴合学生生活情景的典型案例，鼓励学生探究、讨论，提高学生的价值辨析能力。

积极探索议题式教学，引导学生参与体验，积极讨论，将知识灵活运用。采取热点分析、情景体验等方式，引导学生开展自主探究和合作探究，让学生认识民族团结的重要性，并在生活中践行。具体思路如下：

1.设置总议题：从辽宁对口支援新疆，助力民族发展，看中华民族一家亲

辽宁是学生的家乡，通过寻迹辽宁，了解家乡的民族分布能够激起学生

的研究兴趣，从而有助于开展本次学习活动。辽宁作为共和国长子，能够发挥自身的优势，对口支援新疆，体现出各民族共筑美好未来。最后在党和国家的积极民族举措下，看中华民族一家亲取得进一步的成就，铸牢中华民族共同体意识。

2.设置子议题，创设议学情景

①寻迹辽宁，民族有何多样?

环节一：分享辽宁民族特色，了解民族多样性

环节二：我国处理民族关系的方针

通过地图上的56各民族分布、新疆“一地两师”考察团来辽开展民族交往交流交融活动、56个民族的人大代表每年都齐聚北京共商国是、学生共讲民族团结故事、宪法知识学习等议学材料，学生能够充分了解我国的民族多样性和我国处理民族问题的方针。

②加速各民族地区发展，如何共筑未来?

环节三：加快民族地区发展的原因

环节四：党和国家加快民族地区发展的重要举措

通过图片“新疆的过去和现在”、视频《让援疆合作之花在边疆盛放》赏析和2024年春节联欢晚会新疆分会场节目，了解党和国家加快民族地区发展的重要举措。

③铸牢中华民族共同体意识，青年一代显担当

环节五：习语进课堂

作业设计：民族团结宣传手抄报、《青少年维护民族团结倡议书》

三、学情分析

本阶段的学生处于世界观、人生观、价值观形成的关键时期。从知识层面看，通过之前的学习，学生已经掌握了较多我国国情的知识，有了较为扎实的知识基础，从个人能力看，学生具备了一定的合作探究、辩证分析能力。根据之前学习的知识与生活的见闻，学生对我国的民族情况内容有一定的了解，知道我国是一个统一的多民族国家，各民族有着不同的生活习惯和

习俗。总体来看，学生对国家的民族政策、处理民族关系的基本原则、民族区域自治制度等知识的掌握不够系统，对如何处理民族关系、树立怎样的社会责任感等问题认识不够。因此我在执教本课时根据学生的理解能力，尽量多采用些图片、文字等通俗易懂的材料深入浅出、形象生动的讲授方法进行因势利导，不断地引导学生去突破本课的重点和难点。

四、教学目标

结合《道德与法治课程标准（2022年版）》，本课的核心素养目标定位如下：

1.通过观看视频《中华民族唱起来》，参加辽宁代表性民族分享活动，地图上的民族分布，让学生了解我国的民族概况，培养学生政治认同的核心素养。

2.通过展示宪法条例和辽宁对口支援新疆、西藏等视频和文字资料，帮助学生掌握我国的民族关系和处理民族关系的方针，懂得维护民族团结是宪法规定的基本义务，培养学生的政治认同、法治观念的核心素养。

3.通过课前小组搜集维护民族团结故事活动，帮助学生认识各族人民为了维护民族团结所作出的努力，培养学生的政治认同、道德修养、责任意识的核心素养。

4.通过了解我国是统一的多民族国家，理解我国的新型民族关系和处理民族关系的方针；通过了解国家加快民族地区发展的政策措施，增强对中华民族、伟大祖国、中国特色社会主义、中国共产党的认同，学生具备国家利益高于一切的观念，能够以实际行动维护民族团结，有以实现中华民族伟大复兴为己任的使命感，培养学生的政治认同和责任意识的核心素养。

5.通过习语进课堂和青少年维护民族团结的倡议活动，帮助学生了解公民为什么要维护民族团结，掌握在生活中维护民族团结的具体做法，自觉铸牢中华民族共同体意识，培养责任意识的核心素养。

五、教学重点难点

（一）教学重点

1.民族平等是指各民族不论人口多少、经济社会发展程度高低、风俗习惯和宗教信仰异同，都是中华民族大家庭中平等的一员，具有同等的地位，在国家和社会生活的一切方面，依法享有平等的权利，承担相同的法定义务。

2.维护民族团结就是在统一的祖国大家庭里，在一律平等的基础上，各民族相互尊重、相互信任、相互学习、相互合作，同呼吸、共命运、心连心，推动各民族和睦相处、和衷共济、和谐发展，不断巩固和发展平等团结互助和谐的民族关系，共同致力于社会主义现代化建设，实现国家富强、民族振兴、人民幸福。

3.促进民族地区经济社会发展，促进各民族的共同繁荣，需要民族地区发扬自力更生、艰苦奋斗精神，发挥自己的创造性、积极性，充分利用民族地区的优势，同时需要国家在人力、物力、财力等方面的大力支持和帮助，对少数民族地区的发展给予法律保障，还需要发达地区在人力、技术方面的支援，先富帮后富，共同发展，共同繁荣。

（二）教学难点

1.党和国家在人力、物力、财力等方面大力支持民族地区的经济社会发展。

2.国家支持民族地区发展教育，实施积极的就业政策，建立健全基本养老、基本医疗保险制度。

3.国家大力扶持少数民族文化的保护、继承、创新和发展工作，积极促进各民族之间的文化交流。

六、教学设计总体思路

1.本阶段的学生对民族团结有一定的认识和了解，采用议题式教学的方式，充分调动学生学习的积极性，能够让学生积极参与到课堂的环节中，主动思考、合作学习，并完成探究与分享，提升学生的思考深度，充分体现学生的主体地位，将被动的教师教转化为学生自主学的过程。

2.议题式教学、小组合作学习、案例分析法、情景学习法，帮助学生更积极地融入课堂中，并通过课前调研、课上演讲等环节，体现出以学生为主体的地位。

3.运用信息化手段，通过视频、新闻、高清图文介绍等方式精心制作PPT内容，将信息化教育教学运用到课堂的教育教学过程中，让课程不再枯燥，通过真实事例的展示，明确党和国家加快民族地区发展的原因和做法，使学生自觉热爱中华民族，铸牢中华民族共同体意识。

七、教学过程

（一）教学流程设计

环节一：总议题——从辽宁对口支援新疆，助力民族发展，看中华民族一家亲

教师活动：

1.播放歌曲《中华民族唱起来》。

2.教师提问：①你在歌曲中都听到了哪些民族？②我国一共有多少个民族？

3.通过刚才的学习，知道了中华民族大家庭中有哪些家庭成员。在这个大家庭中，各民族之间的关系如何？国家处理民族关系坚持的方针是什么？国家是如何帮助民族地区发展的？带着这些问题，我们开启《中华民族一家亲，同心共筑中国梦》的学习。

学生活动：

1.学生欣赏视频歌曲。

2.回答教师问题。

3.提前准备自己民族的特点内容，进行分享。

设计意图：通过欣赏歌曲的活动导入新课，让学生了解我国是由哪些民族构成的，激发学生学习的兴趣。

环节二：子议题①寻迹辽宁，民族有何多样？

教师活动：

1.结合班级学生情况，将学生分组，选择辽宁省比较有代表性的民族，分享辽宁民族分布的特点。

2.请同学从概况、分布、情谊三个方面概括一下我国的民族大家庭。

3.我国是统一的多民族国家。五十六个民族宛如璀璨的明珠点缀着祖国的壮丽河山，组成了一个其乐融融的中华民族大家庭。

学生活动：

1.课前小组进行相关材料收集，小组代表进行分享，展示民族多样性概况。

2.结合地图，畅所欲言，分析各民族分布情况。

3.概况：我国是统一的多民族国家。五十六个民族组成了中华民族大家庭。

分布：大杂居、小聚居、交错居住。

情谊：各族人民相互依存、休戚与共，手足相亲、守望相助，共同捍卫民族团结和祖国统一，结成了牢不可破的血肉纽带和兄弟情谊。

设计意图：通过小组合作学习对材料进行分析并进行课前调查活动，一方面调动学生学习的积极性，另一方面在活动中从辽宁民族情况到全国民族发展情况递进，贴合学生生活，便于帮助学生学习到民族知识，增强对中华民族的认同和对伟大祖国的认同。

教师活动：在辽期间，考察团先后到沈阳、大连、丹东市，参观爱国主义教育基地、民族团结进步示范社区、民族特色村寨、民族学校、铸牢中华民族共同体意识体验馆等，广泛开展各类联谊活动。通过此次考察交流学习，有效促进了各民族交往交流交融，增强了各民族手足相亲、守望互助的认识，深化辽疆两地各族人民的情谊，在两地各族干部群众中进一步铸牢中华民族共同体意识。这说明我国处理民族关系的方针是什么？能体现这一方针的基本政治制度是什么？这反映了我国已经形成了什么样的民族关系？

学生活动：结合问题，阅读材料并回答，理解我国民族区域自治制度以及社会主义民族关系。

①方针：民族平等、民族团结和各民族共同繁荣。

②基本政治制度：民族区域自治制度。

③社会主义民族关系：平等团结互助和谐。

教师活动：在2977名第十四届全国人大代表中，少数民族代表442名，占代表总数的14.85%。全国55个少数民族都有代表，56个民族的人大代表每年都齐聚北京，共商国是，共谋发展。这说明民族平等有何表现？

学生活动：运用具体事例，学生通过数据分析，得出民族平等的表现。

①在我国，各民族具有同等的社会地位。

②各民族在国家和社会生活各领域享有平等的权利，承担相同的法定义务。

教师活动：

1.举行民族团结故事分享会，要求学生分享课前搜集到辽宁援助新疆时发生过的民族团结故事。

2.我国各民族在数千年的迁徙、贸易、婚嫁等交往中，孕育了团结友爱的宝贵传统。特别是近代以来，国家积贫积弱，人民饱受欺凌，但中国人民没有屈服，而是挺起脊梁、奋起抗争，以百折不挠的精神，打败了侵略者，赢得了民族独立。

学生活动：学生代表上台分享收集的故事，总结为什么要加强和巩固民族团结。加强和巩固民族团结，维护祖国统一，是中华民族的最高利益。

教师活动：

1.辽宁省·西藏自治区对口支援工作座谈会在拉萨举行，辽宁对口支援的除新疆以外，还有西藏。同时帮扶新疆的还有北京、天津、河北、吉林、黑龙江、山西等，这说明我国如何体现各民族共同繁荣？

2.各族人民始终同呼吸、共命运、心连心，克服种种困难和艰险，顶住压力，直面挑战，追求共同发展、共同富裕、共同繁荣。

学生活动：分析新闻内容，锻炼分析材料的综合能力。

教师活动：宪法第二章第五十二条指出：中华人民共和国公民有维护国

家统一和全国各民族团结的义务。这说明了什么？

学生活动：结合宪法知识回答“不维护民族团结行不行”这一问题。

教师活动：维护和促进民族团结，是每个公民的神圣职责和光荣义务。

设计意图：通过材料案例、学生搜集讲述感人的民族团结故事，了解和掌握社会主义新型民族关系是什么、处理民族关系的原则以及维护民族团结的原因，增强对中华民族、伟大祖国、中国特色社会主义的认同，增强学生维护民族团结的使命。

环节三：子议题②加速各民族地区发展，如何共筑未来？

教师活动：

1.以材料及图片展示新疆的过去和现在，以乌鲁木齐为例。

2.为什么要加快民族地区发展、促进共同繁荣？

学生活动：认真阅读图文资料并回答问题。

教师活动：播放视频《让援疆合作之花在边疆盛放》。辽宁在促进新疆地区的繁荣发展方面提供哪些可借鉴的经验？

学生活动：认真观看视频并回答问题。

教师活动：加快民族地区经济社会文化发展，逐步缩小发展差距，促进民族地区共同繁荣，是增进民族团结、发展社会主义民族关系的必由之路。

设计意图：此环节以新疆的过去和现在，辽宁等地对新疆地区的援助，体现中华民族一家亲和各民族之间的手足相亲、守望相助，让学生增强对中华民族、伟大祖国的认同。

教师活动：视频展示2024年春节联欢晚会新疆分会场节目。

学生活动：通过视频感受国家对新疆发展的重视。

教师活动：资料展示党和国家在加快民族地区经济发展、社会民生、民族文化方面发展采取的措施。

学生活动：概括党和国家在经济、民生、文化方面对新疆做出的一系列帮助。

教师活动：党和国家在人力、物力、财力等方面大力支持民族地区的经济社会发展。国家支持民族地区发展教育，实施积极的就业政策，建立健全基本养老、基本医疗保险制度。国家大力扶持对少数民族文化的保护、继承、创新和发展工作，积极促进各民族之间的文化交流。

设计意图：让学生了解国家为了促进民族地区共同繁荣采取了一系列的举措，而这些举措进一步增进了民族团结、发展社会主义民族关系。

环节四：子议题③铸牢中华民族共同体意识，青年一代显担当

教师活动：2014年5月28日，习近平总书记在第二次中央新疆工作座谈会上强调，各民族要相互了解、相互尊重、相互包容、相互欣赏、相互学习、相互帮助，像石榴籽那样紧紧抱在一起。

学生活动：齐读习近平总书记语录；分享在生活中如何做，能够铸牢中华民族共同体意识，促进民族团结。

设计意图：通过习近平总书记的话语，学生认识到维护民族团结是每一个公民的神圣职责，以自己实际行动维护民族团结，增强对中华民族和伟大祖国的认同，自觉铸牢中华民族共同体意识。

（二）课堂小结

中华民族是一个大家庭，一家人都要过上好日子，各民族儿女在中华民族大家庭中，情同手足，守望相助。绘就“中华民族一家亲”的美好图景，需促进各民族的共同繁荣发展，凝聚起中华民族伟大复兴的磅礴力量。只有我们像石榴籽一样紧紧抱在一起，我们民族平等团结互助和谐的石榴之花才会盛开在祖国的四面八方，不断推动中华民族共同体繁荣富强。

（三）板书设计

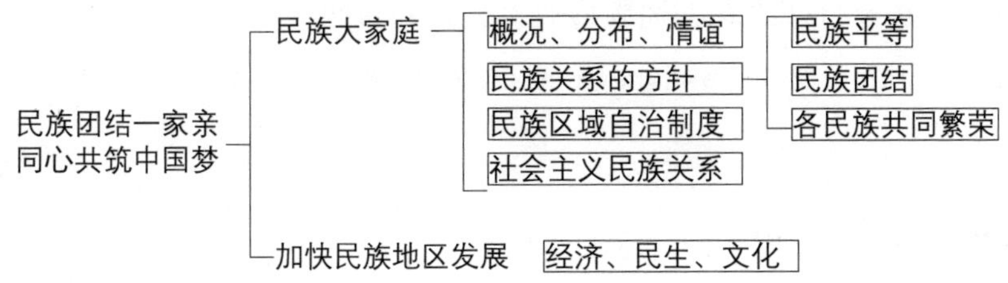

（四）作业设计

1.民族团结宣传手抄报

要求：

①主题明确，内容导向正确，图文并茂，能够体现出民族团结这一主题。

②精心绘制，有思想性、知识性，文章篇幅小（不要过长的文章）。

2.《青少年维护民族团结倡议书》

要求：

①增强维护民族团结意识，积极宣传，自觉拥护党和国家的民族政策。

②自觉履行维护民族团结的义务，坚决同破坏民族团结的言行作斗争。

③尊重各民族的宗教信仰、风俗习惯和语言文字，关心少数民族同学。

根据实际情况，进行自主选择。

（五）参考资料

[1]中华人民共和国教育部：《义务教育道德与法治课程标准（2022年版）》，北京师范大学出版社，2022年。

[2]戢广南：《中华民族大团结（供初中使用）》，人民出版社，2022年。

[3]《新疆“一地两师”考察团来辽开展民族交往交流交融活动》，辽宁省民族宗教事务委员会网站，2023年。

[4]《辽宁省·西藏自治区对口支援工作座谈会在拉萨举行》，央视网，2023年。

[5]《让援疆合作之花在边疆盛放》，东北新闻网，http://liaoning.nen.com.cn/network/liaoningnews/lnnewsliaoshi/2023/05/22/515261730599736680.shtml.

八、教学总结与反思

在课前，我认真研究了课标和教材，同时了解了学生的认知水平。从总体上看，我的教学目标得到了充分的落实，下面我对教学情况进行总结。

教学目标全面落实，在教学过程中我重新整合了教材，运用近期社会热点案例和准确到位的列举方法使得教学效果良好。

课程内容上，在学生进行调研、合作探究讲民族故事的部分，在充分调动学生自主学习的过程中，也要对学生调研情况的准确性、民族故事的内容上进行适当的把控，保障学生在正规渠道查阅相关消息。

手足相亲、守望相助，促进民族团结

大连瓦房店市第十三初级中学　王　维

一、课程基本信息

主讲课程：道德与法治

使用教材版本：人民教育出版社（2021版）

教材章节出处：《道德与法治》九年级上册第四单元《和谐与梦想》第七课《中华一家亲》第一框题《促进民族团结》

二、教学设计概述

《促进民族团结》首先帮助学生了解我国是统一的多民族国家，介绍民族分布的特点、处理民族关系的方针和基本政治制度，引导学生认识“加强和巩固民族团结是中华民族的最高利益”。然后介绍了加快民族地区经济社会文化发展，逐步缩小发展差距，促进民族地区共同繁荣的原因和各种举措，旨在帮助学生认识我国能建立和形成平等团结互助和谐的社会主义民族关系的奥妙。最终引导学生认识“维护和促进民族团结是每一个公民的神圣职责和光荣义务”。

因此我将本节课设计成五个环节，分别是“中华民族唱起来”“民族知识小调查”“命运与共同远航”“同心掬得满庭芳”和“共传民族接力棒”。

中华民族唱起来：以歌曲的形式呈现56个民族的名字，吸引学生的注意力，激发学生的学习兴趣，引导学生认识到中华民族是一个大家庭，是一个相互依存的共同体。既是对学生已有知识的唤醒，也引出本课主题——促进民族团结。

民族知识小调查：既能调动学生已有的知识，同时也能检验学生的预习成果，增强学生主动学习的意识，得出民族大家庭的相关基础知识。

命运与共同远航：通过图片对比，引导学生明白民族分裂，人民流离失所，无家可归，国家将走向灭亡，因此，加强和巩固民族团结，维护祖国统一是中华民族的最高利益。通过观看视频，学生感受到我国各族人民同呼吸、共命运、心连心，克服种种困难和艰险，顶住压力，直面挑战，追求共同发展、共同富裕、共同繁荣，引导学生树立中华民族共同体意识。

同心掬得满庭芳：通过呈现一个彝族山村的变迁和阿克苏苹果成为当地农村致富途径的事例，帮助学生认识到依靠政府的优惠扶持政策，依靠民族地区的发展优势，依靠人民群众的勤劳和智慧，民族地区必定能获得更大的发展。同时强调没有农村的小康就不可能有全国的小康，全面实现小康，各民族一个都不能少。

共传民族团结棒：学生通过畅聊“共传民族团结棒”，懂得青少年也能为民族团结做出自己小小的贡献，进而懂得维护和促进民族团结，是每个公民的神圣职责和光荣义务。各族人民只有铸牢中华民族共同体意识，像石榴籽一样紧紧抱在一起，手足相亲、守望相助、齐心奋斗，伟大的祖国才能繁荣发展。

中华文化崇尚和谐，中华民族一直追求和传承着和平、和睦、和谐的坚定理念；国家富强、民族振兴、人民幸福，都要求积极推进和谐社会建设。实现社会和谐，必须处理好民族关系，坚持民族平等、民族团结和各民族共同繁荣。中华一家亲，共圆民族复兴梦；圆梦路上，与祖国和时代共成长，做自信中国人。

三、学情分析

九年级的学生，处于世界观、人生观、价值观形成的重要时期。从知识层面看，通过小学五年级及初中八年级的学习，学生对我国是统一的多民族国家、维护和促进民族团结等问题已经具备一定的积累，有了较为扎实的

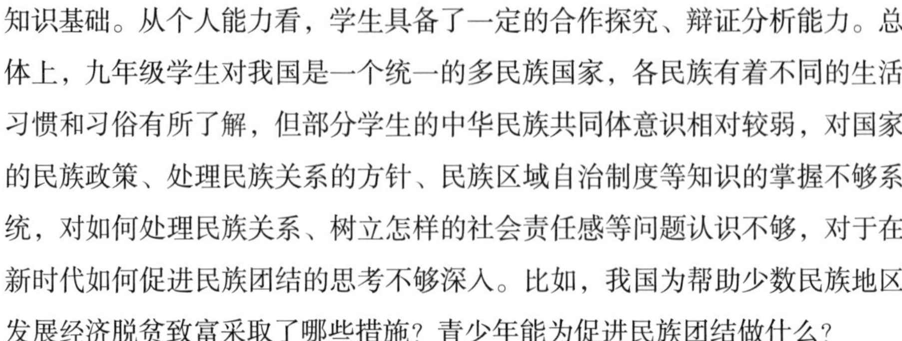

知识基础。从个人能力看，学生具备了一定的合作探究、辩证分析能力。总体上，九年级学生对我国是一个统一的多民族国家，各民族有着不同的生活习惯和习俗有所了解，但部分学生的中华民族共同体意识相对较弱，对国家的民族政策、处理民族关系的方针、民族区域自治制度等知识的掌握不够系统，对如何处理民族关系、树立怎样的社会责任感等问题认识不够，对于在新时代如何促进民族团结的思考不够深入。比如，我国为帮助少数民族地区发展经济脱贫致富采取了哪些措施？青少年能为促进民族团结做什么？

四、教学目标

（一）政治认同

通过“快问快答小调查”调动学生已有的知识，检验学生的预习成果，学生了解我国民族分布的格局、我国处理民族关系的方针和制度，理解社会主义民族关系、维护民族团结的基本知识，增强对国家民族政策的认同。

（二）道德修养

通过畅聊“共传民族团结棒”，懂得青少年也能为民族团结做出自己小小的贡献，进而明确树立中华民族共同体意识，知道维护民族团结是公民的神圣职责和光荣义务。

（三）法治观念

通过“命运与共同远航”，学生明白民族分裂，人民流离失所，无家可归，国家将走向灭亡，因此，加强和巩固民族团结，维护祖国统一是中华民族的最高利益。反对民族分裂，绝不做对民族团结和发展不利的事情，自觉履行维护民族团结的义务。

（四）责任意识

增强自觉热爱各民族人民的情感，以自己的实际行动维护和促进民族团结，增强责任感和使命感。

五、教学重点难点

（一）教学重点

1.我国是统一的多民族国家、民族分布的格局、处理民族关系的方针和民族区域自治制度这一项基本政治制度。

2.加强和巩固民族团结，维护祖国统一，是中华民族的最高利益。

（二）教学难点

1.加快民族地区经济社会文化发展，逐步缩小发展差距，促进民族地区共同发展、共同富裕、共同繁荣的各种举措。

2.认识我国建立和形成平等团结互助和谐的社会主义新型民族关系的奥妙，维护和促进民族团结是每一个公民的神圣职责和光荣义务。

六、教学设计总体思路

本节课一共有两目，第一目为民族大家庭，我们要学习关于民族大家庭的基础知识。第二目为家和万事兴，我们要了解国家加快民族地区经济社会文化发展的原因和措施。因此我将本节课设计成五个环节，分别是“中华民族唱起来”“民族知识小调查”“命运与共同远航”“同心掬得满庭芳”和“共传民族团结棒”。

“中华民族唱起来”中，使用音乐和视频，激发学生的学习兴趣，导入本节课。

“民族知识小调查”中，对学生进行预习成果的检验，同时得出民族大家庭的相关基础知识。

“命运与共同远航”中，使用探究式教学法，学生明白加强和巩固民族团结，维护祖国统一是中华民族的最高利益。

“同心掬得满庭芳”中，通过呈现一个彝族山村的变迁和阿克苏苹果成为当地农村致富途径的事例，学习国家促进民族地区经济社会文化发展的原因和措施。

“共传民族团结棒”环节，使用情境教学法，学生思考青少年能为民族团结做什么，懂得维护和促进民族团结是每个公民的神圣职责和光荣义务。

七、教学过程

（一）教学流程设计

环节一：中华民族唱起来

教师活动：

1.与学生共唱歌曲《中华民族唱起来》。

2.试一试，你能从这首歌中找到哪些民族？

3.你能列举几个你熟悉的民族风俗习惯吗？

学生活动：

1.欣赏歌曲，观看视频，学生回答。

2.从这首歌中找到一些民族名称，试着说一说。

3.列举几个熟悉的民族风俗习惯。

设计意图：以歌曲的形式呈现56个民族的名字，吸引学生的注意力，激发学生的学习兴趣，引导学生认识到中华民族是一个大家庭，是一个相互依存的共同体。既是对学生已有知识的唤醒，也引出本课主题——促进民族团结。

环节二：民族知识小调查

教师活动：

1.我国各民族的分布格局是？

2.我国处理民族关系坚持的方针是？

3.我国有多少个少数民族自治区？分别是？

4.我国实行怎样的民族制度？形成了怎样的民族关系？

学生活动：

1.民族分布格局：大杂居、小聚居、交错居住。

2.处理民族关系方针：民族平等、民族团结和各民族共同繁荣。

3.民族制度（基本政治制度）：民族区域自治制度。

4.社会主义民族关系：平等团结互助和谐。

设计意图：“快问快答小调查”既能调动学生已有的知识，同时也检验学生的预习成果，增强学生主动学习的意识，得出民族大家庭的相关基础知识。

环节三：命运与共同远航

教师活动：

1.展示“巴以冲突”前、后对比照片，播放《江孜保卫战》视频片段。

2.饱受战争的苦难，成千上万的人民流离失所。对此，你有何感想？

3.国家经受的战争灾难给了我们哪些警示？

4.从江孜保卫战的历史故事中，你感受到了什么？

5.你还知道哪些我国各族人民并肩抵御外侮的故事？

学生活动：仔细观看视频材料，分析归纳，思考问题，小组内交流分享。

设计意图：通过图片对比，引导学生明白民族分裂，人民将流离失所，无家可归，国家将走向灭亡，因此，加强和巩固民族团结，维护祖国统一是中华民族的最高利益。通过观看视频，学生感受到我国各族人民同呼吸、共命运、心连心，克服种种困难和艰险，顶住压力，直面挑战，追求共同发展、共同富裕、共同繁荣，引导学生树立中华民族共同体意识。

环节四：同心掬得满庭芳

教师活动：

1.展示百草坪、阿克苏苹果相关图片。用讲故事的方式讲述百草坪和阿克苏苹果的事例，讲述当地发展所遇到的难题。

2.怎样解决这些难题？

3.两地为发展经济采取了哪些措施？

4.这些措施对于其他民族地区发展有什么借鉴意义？

学生活动：认真听取老师的讲述，结合教材第94页探究与分享，以小组为单位讨论分析如何解决难题。

设计意图：通过呈现一个彝族山村的变迁和阿克苏苹果成为当地农村致富途径的事例，帮助学生认识到依靠政府的优惠扶持政策，依靠民族地区的发展优势，依靠人民群众的勤劳和智慧，民族地区必定能获得更大的发展。同时强调没有农村的小康就不可能有全国的小康，全面实现小康，少数民族一个都不能少。

环节五：共传民族团结棒

教师活动：新学期班级里新转来一名维吾尔族同学，如果你是班长，你将提醒同学们注意些什么或会做些什么？

学生活动：畅聊感悟，谈谈自己的做法。

设计意图：通过畅聊“共传民族团结棒”，懂得青少年也能为民族团结做出自己小小的贡献，进而懂得维护和促进民族团结，是每个公民的神圣职责和光荣义务。各族人民只有铸牢中华民族共同体意识，像石榴籽一样紧紧抱在一起，手足相亲、守望相助、齐心奋斗，伟大的祖国才能繁荣发展。

（二）课堂小结

通过本节课的学习，我们认识到我国各民族在历史演进中逐步形成你中有我、我中有你、谁也离不开谁的大格局，中华民族要像石榴籽一样紧紧抱在一起，坚持和完善民族区域自治制度，坚持各民族共同团结奋斗、共同繁荣发展，加强各民族交往交流交融。各族人民要铸牢中华民族共同体意识，巩固和发展平等团结互助和谐的社会主义民族关系，实现中华民族伟大复兴。

（三）板书设计

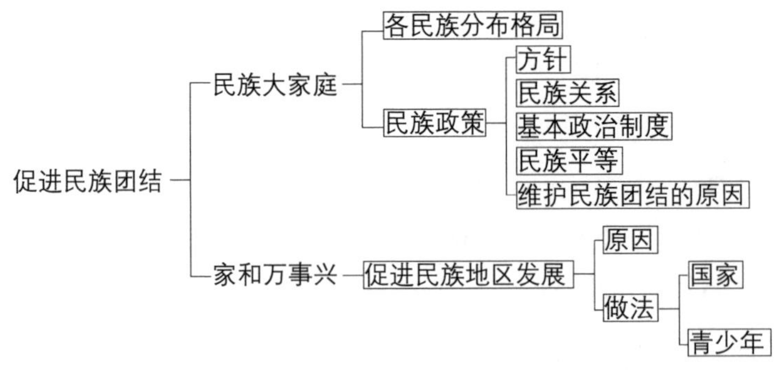

（四）作业设计

查找资料，讲述“齐心协力建包钢”和“三千孤儿入内蒙”的故事，思考为什么我国各民族团结互助的优良传统能跨越时空、历久弥新。

（五）参考资料

[1]《中华民族唱起来》视频，http://tv.cctv.com/2020/05/16/VIDE3DWwusa3HXTMt1mv0yvM200516.shtml.

[2]《“巴以冲突”前后对比》照片，https://www.163.com/dy/article/IHODFK3P0552Z7SS.html.

[3]《江孜保卫战》视频，https://www.ixigua.com/6613546343371637256.

[4]《威宁——百草坪巨变》，http://www.gzweining.gov.cn/xwzx/zwyw/202011/t20201102_64824598.html.

[5]《阿克苏特色林果成农民“绿色银行”》，https://www.akss.gov.cn/qwfb/zwdt/20191014/i464436.html.

[6]中华人民共和国教育部：《义务教育道德与法治课程标准（2022年版）》，北京师范大学出版社，2022年。

八、教学总结与反思

民族团结是党和国家处理民族关系的一个重要方针。实现民族团结至关重要，与国家的生存、统一和发展息息相关。但是汉族聚居地区的学生对此可能感受不深，兴趣不大。因此，在课堂上有意识地添加一些相关的历史故事和现代事例，帮助学生扩大知识面、加深理解能力、提高分析能力等。学生在共同合作学习中，增强统一的多民族国家观念，树立维护民族团结的意识，增强热爱祖国、热爱中华民族的情感。

心手相连，同心筑梦

大连市西岗教师进修学校附属学校　肖丽新

一、课程基本信息

主讲课程：道德与法治

使用教材版本：人民教育出版社（2021版）

教材章节出处：《道德与法治》九年级上册第四单元《和谐与梦想》第七课《中华民族一家亲》

二、教学设计概述

本课内容出自教材第四单元《和谐与梦想》主题中的第一课时“中华一家亲”，内容包含“民族大家庭”和“家和万事兴”两个板块。本课对应的课程内容：第一板块“民族大家庭”帮助学生了解我国作为统一的多民族国家，各民族休戚与共、相互依存，一荣俱荣，一损俱损，在长期的发展中，不断沟通交流、共同抵御侵略，成为不可分割的整体，形成了平等团结互助和谐的新型民族关系；介绍了我国多民族的基本国情和我国的民族政策，重点在于引导学生认识到“加强和巩固民族团结，维护祖国统一，是中华民族的最高利益”。第二板块“家和万事兴”通过事实描述、原因分析、阐述民族地区经济社会文化建设取得重大成就、人民生活水平不断提高的事实，引导学生分析取得这些成就的原因，了解党和政府在人力、物力、财力等方面大力支持民族地区经济发展、改善民生、繁荣民族文化，重点落在“维护和促进民族团结，是每个公民的神圣职责和光荣义务”。

中国梦是中华民族团结奋斗的最大公约数和最大同心圆。本单元将“建设和谐中国”作为社会主义核心价值观教育的主题，指出国家统一和各民族团结是国家富强、民族振兴、人民幸福的重要保证，追求和谐价值是中国梦的应有之义，做自信中国人是对实现中国梦的主体的要求。本框题从我国多民族的国情以及民族地区经济、社会和文化发展的角度谈民族团结的重要意义，为下一框讲述“维护祖国统一”打下基础。

三、学情分析

根据小学阶段的知识与生活的见闻，学生知道我国是一个统一的多民族国家，各民族有着不同的生活习惯和习俗。学生在八年级下册学习中了解到，我国各民族聚居的地方实行民族区域自治制度，我国各民族共同确立了平等团结互助和谐的社会主义民族关系。因此，九年级学生对我国是个多民族国家、中华民族大家庭、维护和促进民族团结等问题已经具备一定的知识储备。但总体来看，九年级的学生对国家的民族政策、处理民族关系的方针、民族区域自治制度等知识的掌握不够系统，对如何处理民族关系、树立怎样的社会责任感等问题认识不够。

从学生的思维特点来看，九年级的学生，处于世界观、人生观、价值观形成的关键时期。从知识层面看，通过之前的学习，学生已经掌握了较多有关我国国情的知识，有了较为扎实的知识基础。从个人能力看，学生具备了一定的合作探究、辩证分析能力。但是，部分学生的中华民族共同体意识相对较薄弱，对于在新时代如何促进民族团结思考不深。

本单元从和谐与梦想的内在联系出发，明确实现人与人、人与社会、人与自然的和谐是实现中国梦的客观要求；促进民族团结、维护祖国统一是实现中国梦的应有之义；新时代新征程是实现中国梦的历史机遇和现实行动。中华一家亲，圆梦路上，我们与祖国和时代共成长。

四、教学目标

（一）政治认同

热爱祖国，热爱中华民族大家庭，拥护国家的民族政策。

（二）道德修养

树立中华民族共同体意识，知道维护民族团结是公民的神圣职责和光荣义务。

（三）法治观念

反对民族分裂，绝不做对民族团结和发展不利的事情，自觉履行维护民族团结的义务。

（四）健全人格

通过感受个人成长与民族文化和国家命运之间的联系，提高文化认同感、民族自豪感。

（五）责任意识

增强自觉热爱各民族人民的情感，以自己的实际行动维护和促进民族团结，增强责任感和使命感。

五、教学重点难点

（一）教学重点

1.学生通过了解我国多民族的基本国情和我国的民族政策，进一步理解新型社会主义民族关系，加强和巩固民族团结的意义："加强和巩固民族团结，维护祖国统一，是中华民族的最高利益"。

2.通过事实描述、原因分析，阐述民族地区经济社会文化建设取得重大成就、人民生活不断改善的事实，引导学生分析取得这些成就的原因，从而认识到"维护和促进民族团结，是每个公民的神圣职责和光荣义务"。

（二）教学难点

1.理解国家加快民族地区发展的意义和措施。

2.引导学生铸牢中华民族共同体意识，以实际行动维护民族团结。

六、教学设计总体思路

1.根据九年级学生的思维特点，立足培养学生的核心价值观，充分落实道德与法治课立德树人的育人功能。本课旨在引导学生通过本课学习，了解我国多民族的基本国情和我国的民族政策，进一步理解新型社会主义民族关系，加强和巩固民族团结的意义；以及我国为加快民族地区发展采取的措施，使学生树立正确的民族观、国家观、文化观，铸牢中华民族共同体意识，激发学生自觉热爱各民族人民和国家的情感，以自己的实际行动维护和促进民族团结，增强责任感和使命感。

2.采用多样化的教学方式，将现代信息技术与道德与法治教学深度融合。本课第一部分“民族大家庭”采用议题式教学，通过学生观察分析我国少数民族的居住特点，了解我国民族国情，提出与我国民族政策相关的系列议题，引导学生通过自主探究得出结论，充分发挥学生的主体地位；本课第二部分“家和万事兴”采用体验式教学，通过创设情境——学生“网游新疆”，学生主要通过网上查找资料的方式，了解我国民族地区经济文化各方面建设所取得的重大成就，帮助学生营造身临其境的学习氛围，有助于加深学生的情感体验。学生把搜集的资料在课前上传到C30平台，并通过学生的交流分享，教师与学生充分互动，引导学生感悟各民族共同繁荣，维护和促进民族团结的重要意义，促进学生对国家民族政策的高度认同。

3.课堂引入多种评价机制，充分调动学生学习的主观能动性。本课设计中包括学生的课前活动及课堂上的小组交流汇报，在学生的学习过程中给予及时适当的评价，激发学生的学习积极性。学生也会在探究学习过程中产生成就感和自信心，有助于鼓励学生积极投入到学习中来。

4.关注实践应用。学生在学习本课内容的基础上，延伸拓展到我们在实际生活中，应怎样维护和促进民族团结，从而达成学生学习的“知行合一”。

七、教学过程

（一）教学流程设计

环节一：导入：新闻速递

教师活动：

1.播放中央广播电视总台2024年春节联欢晚会新疆喀什分会场《舞乐新

疆》节目视频片段。

2.介绍新疆喀什的城市建筑特点和当地的民俗风情：喀什分会场选址世界上规模最大的生土建筑群之一——喀什古城，这里汉唐风韵、民俗风情等特色融汇交织，形成了独特的喀什风韵。在光影与音乐配合下，在历史与现代的交融和鸣中，喀什古城流光溢彩。演员们用欢腾精湛的表演，向全国人民乃至全世界的华人展示了幸福、和谐的大美新疆。

3.引导学生思考观看春晚这个节目的感受，以及对我国各民族的了解。

学生活动：

1.交流分享观看这个节目的感受。

2.交流讨论对我国的民族国情的了解。

教师活动：我国是一个统一的多民族国家，五十六个民族组成了一个其乐融融的大家庭。各民族在长期的发展中和睦相处，手足相亲，守望相助，共同开拓了祖国的大好河山，共同创造了灿烂的中华文化，共同推动了我国社会的发展和进步。

设计意图：激发学生学习兴趣，引导学生谈论我国的民族国情，引出本课主题——民族团结。

环节二：民族大家庭①中华民族大家庭

教师活动：

1.展示有关我国各民族人口分布图片和各民族共同生活的国情图片。

2.展示两则材料：

材料一：第十四届全国人民代表大会第二次会议于2024年3月5日在北京召开，55个少数民族都有自己的代表，56个民族代表齐聚北京，共商国是，共谋发展。

材料二：我国宪法规定："中华人民共和国各民族一律平等。国家保障各少数民族的合法的权利和利益，维护和发展各民族的平等团结互助和谐关系。禁止对任何民族的歧视和压迫，禁止破坏民族团结和制造民族分裂的行为。"

3.引导学生结合我国民族国情的图片和2024年全国人民代表大会少数民

族代表参会情况，提出有关我国民族国情的相关议题：

（1）我国各民族人口分布的特点是什么？

（2）我国处理民族关系的方针是什么？

（3）我国的社会主义民族关系是什么？

（4）我国少数民族聚居的地区实行的基本政治制度是什么？这个制度有什么优势？

（5）我国是如何坚持民族平等的？

学生活动：

1.通过观看图片和材料，以小组为单位讨论探究，并交流分享我国对于民族地区的方针政策和制度。

2.学生以小组形式讨论我国民族区域自治制度的优势。

3.学生结合材料讨论探究民族平等的表现。

教师活动：在我国，各民族不论人口多少、经济社会发展程度高低、风俗习惯和宗教信仰有多大差异，都是社会主义大家庭中平等的一员，具有同等的社会地位。各民族在国家和社会生活各领域享有平等的权利，承担相同的法定义务。

设计意图：通过图片材料和学生对议题的探究，培养学生分析、解答问题的能力，引导学生学习了解我国各民族分布特点，我国处理各民族关系的方针及我国的民族区域自治制度。

环节三：民族大家庭②心连心，共命运

教师活动：

1.播放历史故事视频“江孜保卫战”。

2.展示各民族群众积极参与玉树抗震救灾的资料。

3.引导学生通过交流这两个故事的感受，思考加强和巩固民族团结、维护祖国统一的重要意义。

学生活动：

1.讨论我国西藏人民英勇抗击外敌侵略的重要作用，以及各民族合力抗震救灾对国家发展的意义。

2.以小组的形式探究我国各族人民在维护国家统一和追求共同发展、共同繁荣方面所作的贡献。

3.以小组为单位讨论为什么要加强和巩固民族团结。

教师活动：

1.加强和巩固民族团结，维护祖国统一是中华民族的最高利益。

2.加快民族地区经济社会文化发展，逐步缩小发展差距，促进民族地区共同繁荣，是增强民族团结、发展社会主义民族关系的必由之路。

设计意图：培养学生关注时事，关爱国家，维护祖国统一和各民族团结的意识。

环节四：家和万事兴①

教师活动：

1.组织班级各小组开展“网游新疆”学习活动。新疆面积占我国国土的六分之一，是国家发展中的重中之重。这不仅源于新疆独特的地理位置，更在于其丰富的自然资源及人文底蕴。为了解新疆地区如今各方面的发展现状，全班以小组为单位开展“网游新疆”探究活动。

2.指导各小组学生根据新疆各方面的发展情况搜集材料并整理到C30平台。

学生活动：

1.各个小组选取有关新疆的一个方面，如经济发展、文化教育、民生事业、自然环境等，上网搜集资料（也可以根据组员自己的生活经历），以文字说明、图片、视频等方式展示新疆近年来的发展现状，并分析民族地区各方面发展迅速的原因。示例：

（1）2023年新疆GDP总量达到了19125.91亿元，位居全国第23位，实际增速6.8%，排名全国第四。

（2）新疆不断完善文旅基础建设，2023年新疆冬季旅游业蓬勃发展。

（3）如今的新疆大学综合办学实力跨入西部高校前10名，培育了许多优秀的人才。

（4）新疆过去的沙丘变成如今的百万亩防风固沙生态林基地。

2.整理材料并上传到C30平台。

3.课堂上各小组根据自主探究内容进行交流汇报。

教师活动：

1.评价各小组的汇报情况，并引导学生进行小组互评。

2.根据学生交流汇报的内容总结新疆近几年来的发展变化：新疆自古以来就是多民族聚居地区，新疆各民族是中华民族血脉相连的家庭成员。近些年来，新疆在党和政府的统一领导和支持下，新疆的经济发展、文化事业、民生事业等各方面都进入高质量发展的新阶段，实现了新疆的繁荣发展和人民群众生活的幸福安宁。

设计意图：通过学生自主探究，了解新疆地区近些年来的发展变化，引导学生认识到民族地区经济社会、文化建设及民生事业等方面取得的重大成就，引发学生思考民族地区各方面事业发展迅速的原因。

环节五：家和万事兴②

教师活动：

1.请同学们根据新疆近年来经济社会各方面的发展状况，并结合视频资料——格库铁路的开通，分析我国为加快民族地区发展采取了哪些措施.

2.播放视频资料《大国工程在新疆，格库铁路——“大漠新丝路”》。2023年12月9日，格库铁路开通已有三周年，三年来，格库铁路货物发送量累计超3972万吨。2020年12月9日，格库铁路实现全线贯通，拉近了新疆南部地区和内地之间的距离，为沿线百姓出行，旅游发展和经贸往来提供新的机遇和便利。

3.总结我国民族地区各方面事业快速发展的原因：党和国家大力支持民族地区经济社会的发展，并归纳国家为加快民族地区经济社会、文化建设、民生事业等方面的发展采取了哪些措施。

学生活动：

1.观看视频资料并讨论探究国家为加快民族地区发展采取了哪些措施。

2.总结新疆地区经济社会发展的原因。

设计意图：通过学生对民族地区的快速发展原因的分析，理解党和国家为加快民族区域发展所提供的支持和采取的各项措施，引导学生领悟我国民族区域政策的优势，认识到各民族团结、共同繁荣是实现国家繁荣富强的必要保障。

环节六：家和万事兴③

教师活动：

1.本学期我们班新转学来一名回族学生，为了和这名新同学相处融洽，我们在平时的学习和生活中应该怎样做？请大家提出自己的建议。

2.指导学生以小组为单位展开讨论，在平时的学习和生活中我们应怎样和这名同学融洽相处。

3.指导学生结合教材第96页的探究与分享活动材料，从公民的职责和义务角度谈谈我们可以为促进民族团结做些什么。

学生活动：以小组为单位展开讨论，并把组员的意见进行汇总，课堂上展示。

生1：尊重各民族的风俗习惯、语言文字、宗教信仰。

生2：在日常生活中，同少数民族同学友好相处、互帮互助。

生3：积极宣传党和国家的民族政策，为民族地区的发展建言献策。

生4：积极履行维护和促进民族团结的神圣职责和光荣义务。

设计意图：通过创设情境，使学生认识到维护和促进民族团结是每个公民的神圣职责和光荣义务，引导学生进一步思考在实际生活中我们应怎样为加强民族团结作贡献。

（二）课堂小结

中华民族一直追求和传承着和平、和睦、和谐的坚定理念。血浓于水，中华一家亲。五十六个民族和谐相处，同呼吸、共命运、心连心。通过这节课的学习，我们了解了我国民族分布的特点，对处理民族关系的原则有了更深刻的理解，学习了加快民族地区经济社会文化发展的原因和措施，知道了维护和促进民族团结是每一个公民的神圣职责和光荣义务。“同心掬得满庭芳”，只有各族人民铸牢中华民族共同体意识，团结一致、守望相助、齐心奋斗，伟大的祖国才能繁荣发展。

（三）板书设计

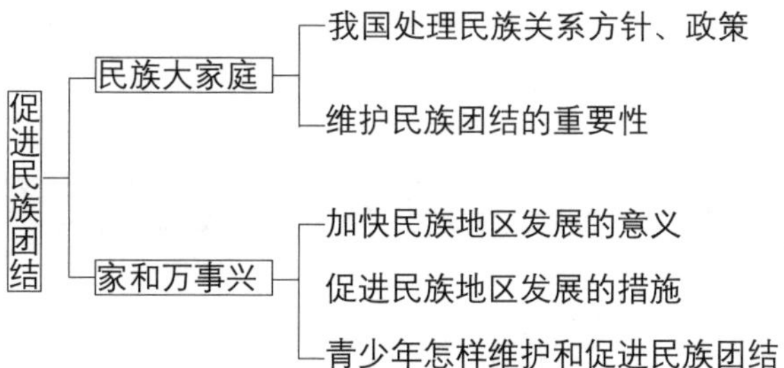

（四）作业设计

1.结合本课学习内容制作主题为“中华一家亲”的手绘。

2.结合我国少数民族地区发展现状制作美篇。

（五）参考资料

[1]中华人民共和国教育部：《道德与法治课程标准（2022年4月第1版）》，北京师范大学出版社，2022年。

[2]〔美〕凯·彼得森（Kay Peterson）,〔美〕戴维·库伯（David A Kolb）：《体验式学习》，中信出版集团有限公司，2020年。

[3]孟祥萍：《追寻智慧——思想政治课智慧教学探索与实践》，复旦大学出版社，2014年。

八、教学总结与反思

本课内容设计依据九年级学生已有的知识储备和思维发展特点，围绕我国多民族的基本国情和我国的民族政策展开，通过议题式教学及体验式教学，引导学生学习了解了我国处理民族关系的方针和社会主义民族关系，重点学习了我国各民族共同繁荣的意义及党和国家为此采取的各方面措施，引导学生铸牢中华民族共同体意识，以实际行动维护民族团结。由于学生缺乏对民族地区发展情况的了解，很难有机会身临其境地体会到民族地区的各方面发展状况，因此，课前设置了有助于解决这个问题的学习活动。本课运用了议题式教学、体验式教学，加深了学生的情感体验，有助于学生增强中华民族共同体意识和家国情怀，自觉承担起发展社会主义民族关系，维护各民族团结的历史使命。

民族区域自治下的中国梦实现

大连金石高级中学　崔子元

一、课程基本信息

主讲课程： 政治与法治

使用教材版本： 人民教育出版社（2024版）

教材章节出处： 高中思想政治必修三《政治与法治》第二单元《人民当家作主》第六课《我国基本政治制度》第二框《民族区域自治制度》

二、教学设计概述

《民族区域自治制度》是部编版普通高中思想政治必修三第六课第二框的内容。本框题主要讲了以下内容：我国是统一的多民族国家，多元一体是我国民族格局的重要特点；民族区域自治制度的有关内容；我国实行的宗教政策和法律。民族区域自治制度是我国的基本政治制度之一，是中国特色社会主义民主政治的重要组成部分，是中国特色社会主义政治制度优越性的重要体现。

根据《普通高中思想政治课程标准》，本课要阐述民族区域自治制度是符合我国国情的基本政治制度，铸牢中华民族共同体意识；解释公民享有宗教信仰自由的含义。

通过本课教学加强学生对中华民族的政治认同感，更要让学生从对民族区域自治制度的学习中体会到中国共产党的性质、宗旨和指导思想，明确党的执政地位是历史和人民的选择；清楚中国特色社会主义政治制度的基本内容、鲜明特点和主要优势；懂得走中国特色社会主义政治发展道路，必须坚持党的领导、人民当家作主、依法治国有机统一，理解推进国家治理体系和治理能力现代化的重要性；具备有序参与国家政治生活和社会公共生活的能力。这个教学设计强调举一反三，要把具体知识运用到整本教材之中，使学生在头脑中形成对整本必修三教材的知识体系，最终达到能随时灵活运用的效果。高考中材料题的考察并不会拘泥于哪一本教材哪一章哪一节的具体知识，而是综合考察，如此一来，让学生形成知识体系就更显重要。

三、学情分析

我国是一个多民族国家，少数民族聚居地区在我国占重要地位，对于本节课的内容特别是民族区域自治制度的内容，学生理解起来有一定的难度，这需要教师加强引导。依据学情分析，在教学过程设计时力求贴近学生的现实生活和思想，贴近当前的政治形势，从而引导学生正确地思考、理解。教师在教学过程中通过多媒体播放视频这种方式，加强课堂活动的生动性和感染力，从而提高课堂教学的趣味性。

学情较差的学生对本课内容可能会提不起兴趣，教师可以从班级学生入手，询问学生当中有没有少数民族的同学，请学生自己介绍下自己民族的习俗特点，这样可以最大程度调动班级学生的积极性，有利于新课的讲授。

四、教学目标

（一）核心素养目标

1.政治认同：坚持中国共产党的领导，实行符合我国国情的民族区域自治制度，体现了社会主义制度的优越性。

2.科学精神：宗教是唯心主义的世界观，它的存在有其历史原因和自身发展规律，我们要正确对待宗教发展，引导宗教与社会主义社会相适应。

3.法治意识：我国实行宗教信仰自由政策，依法管理宗教事务，坚持自主自办原则。

4.公共参与：我们作为新时代的有为青年，要积极履行维护民族团结统一的义务。

（二）知识目标

明确多元一体是我国民族的最重要特点，汉族与少数民族是统一的命运共同体。

识记社会主义新型民族关系、处理民族关系的方针，民族区域自治的含义。

理解我国实行民族区域自治制度的原因以及制度的优越性，继续坚持和完善民族区域自治制度。

理解我国的宗教政策，宗教问题往往与民族问题相互交织在一起。

通过视频资料明确我国是统一的多民族国家，多元一体是我国民族格局的重要特点；民族区域自治制度的有关内容；我国实行的宗教政策和法律。民族区域自治制度是我国的基本政治制度之一，是中国特色社会主义民主政治的重要组成部分，是中国特色社会主义政治制度的优越性的重要体现。增强对民族的自豪感和认同感。

五、教学重点难点

（一）教学重点

1.新型民族关系：中国共产党把马克思主义民族理论与中国的具体实际相结合，创造性地进行了中国特色民族理论和实践的探索。在经历新民主主义革命时期和新中国成立后逐步形成了平等、团结、互助、和谐的新型民族关系。

2.我国的宗教政策：宗教信仰自由政策。

（二）教学难点

民族区域自治的相关内容：①我国新型民族关系。②比较我国处理民族关系的方针。③实行民族区域自治制度的原因。④民族区域自治制度的内容。

六、教学设计总体思路

要注重运用“大单元教学法”以及“三段八学”教学法，从国家的时政新闻入手，提高学生对我国民族和宗教问题的兴趣，以“我国各族人民怎样和睦相处”为议题， 探究我国处理民族关系基本原则的意义，认同我国是统一的多民族国家。可组织学生参观民族区域自治地方的建设成就展览，搜集有关材料，制作反映民族平等、民族团结和各民族共同繁荣的展板；阅读民族文学作品，组织观赏民族歌舞，领略各民族文化的魅力；可查阅相关资料，了解各民族杰出人物的故事。讲练结合，通过电教及时给学生展示相应习题。

七、教学过程

（一）教学流程设计

环节一：导入新课

教师活动：

1.播放视频《朝闻天下》。

2.让学生围绕新疆棉花事件，结合我国的具体国情，思考作为高中生，如何对西方国家的肆意抹黑言行进行反驳？如何宣传民族政策？

学生活动：边看边思考，小组合作，交流发言。

设计意图：通过时政新闻，展示热点的民族问题，激发学生的求知欲。

环节二：展示本节课的议题

教师活动：

1.展示本节课总议题：感受民族制度，铸牢民族共同体意识。

2.展示本节课议题一：我国是统一的多民族国家。

3.展示本节课议题二：适合国情的民族区域自治制度。

4.展示本节课议题三：我国的宗教政策和法律。

学生活动：

1.思考民族区域自治制度是什么？

2.思考为什么要实行民族区域自治制度？

3.思考怎样坚持民族区域自治制度？

设计意图：让学生了解本课主要知识点有哪些。

环节三：我国是统一的多民族国家

教师活动：

1.展示我国少数民族的图片。

2.我国主要有哪些少数民族？我们国家民族格局的特点是什么？

3.我国宪法规定："中华人民共和国是全国各族人民共同缔造的统一的多民族国家。"

4.你了解中国的行政区域划分吗？

5.你如何理解主权不可侵犯、内政不容干涉。

6.新中国成立70多年来，我们党始终坚持准确把握我国统一的多民族国家的基本国情，把维护团结统一作为治国理政的重要原则，推动民族团结进步事业胜利前进。"中华民族和各民族的关系，形象地说，是一个大家庭和家庭成员的关系，各民族的关系是一个大家庭里不同成员间的关系"。

学生活动：

1.通过查阅课本书籍，了解中国多民族聚居情况。

2.我们国家民族格局的特点是多元一体。多元指的是各民族都有自己的历史和文化；一体指的是各民族都凝聚在一个统一的命运共同体中。所以说中华民族是我国所有民族凝聚形成的命运共同体。

3.回答我国的行政区域类型。

4.国家主权是指一个国家在所辖领土范围内独立处理内政、外交事务而不受他国控制和干涉的最高权力。国家主权由中央政府统一行使。主权有两个基本特征：对外独立性和对内最高性。中国的主权统一和领土完整不可分割。中华人民共和国只有一部宪法、一个中央政府。一般行政地方、民族自治地方和特别行政区都必须接受中央政府统辖。

设计意图：通过三个活动让学生感悟中国自古以来就是统一的多民族国家；理解我国是各民族共同缔造的；了解我国的行政区域。主权神圣不可侵犯；明确我国是统一的多民族国家。

环节四：适合国情的民族区域自治制度

教师活动：

1.展示少数民族图片与两种观点。①这什么民族呀，他们的衣服好好看！我想成为他们那的人大代表，这样就可以直接制定政策，把他们那的传统习俗传承下去！②当不了人大代表，因为侗族人口太少，周围生活的民族都比他们多，更不能成为人口最多的汉族人的人大代表。

这两种观点正确吗?这说明我国在处理民族关系时坚持什么方针?

2.展示材料：①青藏高原被喻为“地球第三极”，青藏铁路建设要努力攻克高寒缺氧、多年冻土和生态脆弱“三大难题”。②2019年，中央和各省市积极做好支援西藏工作，坚持精准援藏，确保80%以上的援藏资金用于民生领域、基层和农牧区，推动了西藏经济社会快速发展。

这说明我国在处理民族关系时坚持了什么方针?

3.播放视频《民族区域自治制度》。

民族区域自治制度的前提和基础是什么？新时代，我们如何坚持和完善民族区域自治制度?

4.坚持和完善民族区域自治制度，既是新中国成立以来我国民族工作的宝贵经验，也是中国特色解决民族问题的正确道路。我国的民族区域自治，是在国家统一领导下的自治，各民族自治地方都是国家不可分离的部分，各民族自治地方的自治机关都必须服从中央的领导。团结统一是实行民族区域自治的前提和基础，没有国家的团结统一，就没有民族区域自治。

学生活动：

1.分析材料回答问题。

2.根据视频，结合课本，在小组交流的基础上总结：以国家统一为前提和基础，是国家集中统一领导与民族区域自治的有机结合。第一，要充分保证民族自治地方依法行使自治权，切实尊重和保障少数民族的合法权益，因地制宜采取措施，积极推动民族自治地方的经济社会文化发展。第二，必须坚定不移地维护国家尊严，依法妥善处理影响民族关系的各种矛盾和问题，依法打击民族分裂势力及其活动，坚决反对和有力回击境内外敌对势力利用民族问题进行的渗透、破坏活动。第三，必须深化民族团结进步教育，加强各民族交往交流交融，不断增进各族群众对伟大祖国、中华民族、中华文化、中国共产党、中国特色社会主义的认同，铸牢中华民族共同体意识，促进各民族像石榴籽一样紧紧抱在一起，共同团结奋斗、共同繁荣发展。

设计意图：让学生明确民族区域自治制度的相关内容：①我国新型民族关系，②我国处理民族关系的方针，③实行民族区域自治制度的原因，④民族区域自治制度的内容；知道如何坚持和完善民族区域自治制度，民族区域自治制度是符合我国国情的基本政治制度。

环节五：我国的宗教政策和法律

教师活动：

1.国外一些国家和地区不同的宗教或者同一宗教不同派别之间时常爆发流血冲突。在我国，各种宗教能够和谐相处的原因是什么？我国实行什么样的宗教政策？

2.习近平总书记指出，做好党的宗教工作，把党的宗教工作基本方针坚持好，关键是要在“导”上想得深、看得透、把得准，做到“导”之有方、“导”之有力、“导”之有效，牢牢掌握宗教工作主动权。

宗教作为一种复杂的社会现象，既有积极作用，也有消极作用，积极性与消极性共生共存。习近平总书记强调指出，必须辩证看待宗教的社会作用。这一重要论述，对我们最大限度发挥宗教的积极作用，最大限度抑制宗教的消极作用，积极引导宗教与社会主义社会相适应，具有重要指导意义。

学生活动：我国全面贯彻党的宗教工作基本方针，实行宗教信仰自由政策，依法管理宗教事务，坚持独立自主自办的原则，积极引导宗教与社会主义社会相适应。

设计意图：让学生了解我国的宗教政策和法律，帮助学生树立正确对待宗教的价值观。

（二）课堂小结

实践证明，实行民族区域自治既符合历史的发展，又符合现实情况，有很大的优越性。近年来，我国各少数民族的面貌、民族地区的面貌、民族关系的面貌、中华民族的面貌都发生了翻天覆地的变化。正是由于中国共产党的正确领导，我们才能团结统一，在社会主义道路上走向繁荣富强；正是由于坚持中国特色解决民族问题的正确道路，我国的民族工作才能取得举世瞩目的巨大成就。

（三）板书设计

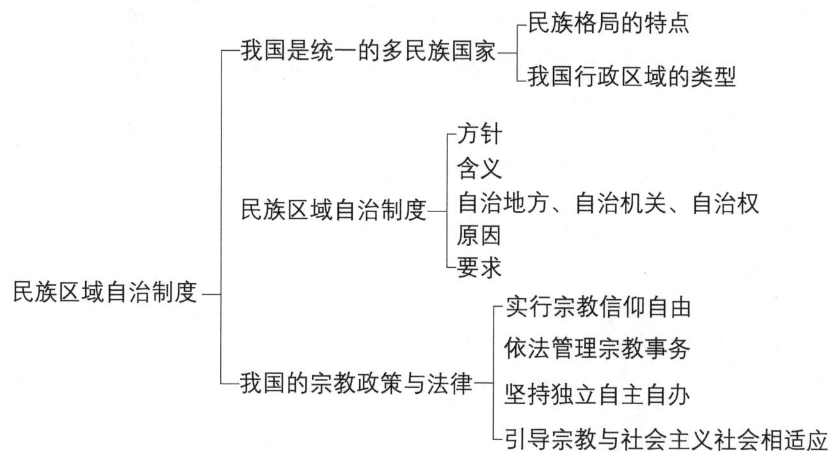

（四）作业设计

1.整理第二单元知识体系。

2.完成配套练习题。

（五）参考资料

[1]《[朝闻天下]“新疆是个好地方”视频交流会在堪培拉举办展示新疆发展成就批驳西方谬论》，https://tv.cctv.com/2021/04/09/VIDENGyst8LIOxHX1DE2k5JI210409.shtml.

[2]《中国新疆 反恐前沿》,https://tv.cctv.com/2019/12/06/VIDEiSChHr5zt8YLTzfj0fVP191206.shtml?spm=C55.

[3]中华人民共和国教育部：《普通高中思想政治课程标准（2017年版2020年修订）》，人民教育出版社，2020年。

[4]中华人民共和国教育部：《习近平新时代中国特色社会主义思想学生读本-高中》，人民出版社，2021年。

八、教学总结与反思

本课《民族区域自治制度》是部编版普通高中思想政治必修三第六课第二框的内容。课上，教师能做到教学思路清晰，知识传授准确，教学环节时间安排合理；充分利用多媒体辅助教学，使学生融入教学情境之中，为学习知识做了很好的铺垫。符合“三段八学”以及“大单元教学”的要求。

但应注意板书设计以及书写内容，体现“关键词”的作用。力争字迹工整，条理清晰。注意语言优美风趣，要有激情，有助于课堂气氛活跃，要有精气神；要逐步提高驾驭教材的能力，能抓住重点，突破难点，突出关键；师生互动环节要加强，体现学生是主体、教师是主导的地位及作用。

和谐友爱一家亲，滨城二十在行动

大连市第二十高级中学　杨冬剑

一、课程基本信息

主讲课程：政治与法治

使用教材版本：人民教育出版社（2019版）

教材章节出处：高中思想政治必修三第二单元《人民当家作主》第六课《民族区域自治制度》

二、教学设计概述

（一）整体思路

本节课以习近平总书记在中央民族工作会议上重要讲话和指示精神为指导，以思政课《课标》和《大纲》为基本遵循，以“民族团结一家亲，滨城二十在行动”为主题，围绕中华民族共同体这一主线，充分利用我校承办内地新疆高中班这个校本资源，结合学校实际，采用多媒体教学手段，以影视、图片、文字等资料从平等、团结、互助、和谐四个方面阐述我国的民族关系，引导学生理解“民族平等、民族团结、各民族共同繁荣”的民族方针。促进学生牢固树立中华民族共同体意识。并在学校生活的具体实践中自觉贯彻落实党的民族方针政策，用自己的实际行动维护祖国统一和民族团结，引导学生拥护中国共产党的领导，热爱祖国，热爱中国特色社会主义。

（二）主要内容简介

本节课以我校内地新疆高中班的具体实践为切入点，设立四个部分，从平等、团结、互助、和谐四个方面阐述我国的社会主义民族关系，对应四个话题，即民族平等做主人、民族团结有力量、互帮互助共繁荣、和谐共筑中国梦。各部分之间相互关联，层层递进。在平等的基础上各民族像石榴籽一样紧密团结在党中央周围。各民族亲如一家，互帮互助，共同致力于脱贫攻坚的伟大斗争，展现了浓浓的民族情谊。在平等、团结、互助的基础上，各民族实现了政治稳定、人民幸福的和谐关系，在党的领导下，各民族拧成一股绳，为下一个百年奋斗目标和实现中华民族伟大复兴共同奋斗。教师通过这四个方面的内容和我校的具体实际，引导同学们实现情感升华，牢固树立中华民族共同体意识，自觉拥护中国共产党的领导，热爱祖国，热爱社会主义，维护祖国统一和民族团结，让中华民族共同体牢不可破。

（三）设计特色

本节课充分利用了我校承办新疆内地高中班这一校本资源，利用我校汉族班和新疆班共同生活在一个校园中的具体实际，从学生身边的具体实例出发，各项活动素材的选取充分结合新疆和我校的实际，拉近与学生的距离，引发学生的共鸣。并且促进全校同学在学校的大环境中具体贯彻党的民族方针和政策，真正做到理论联系实际，促进学生知行合一。本节课思政性特别突出，各个环节的设计都凸显了鲜明的思政性，让学生从身边实例中感受二十高中为党和国家民族进步事业所做的贡献，激发爱校情怀，进而上升为家国情怀，增强政治认同。

三、学情分析

本课教学活动面对的是我校全体高一学生，他们对政治学科的基本概念和理论了解有限，缺乏对政治制度和政治过程的全面认识，难以将所学内容与日常生活联系起来。不过我校又有比较特殊的实际情况，我校新疆班学生初中政治课学习非常扎实，对党和国家民族方面的方针政策了解得更加深刻，这部分学生的知识储备更加丰富。

其次高一学生具有强烈的求知欲望和探索精神。他们对新知识、新事物充满好奇，他们的思想逐渐成熟，具备了基本的分析问题和解决问题的能力，为本课的学习做了一定的能力方面的铺垫。

我校拥有独特的承办内地新疆高中班的这个资源优势，这为本节课的学习提供了非常有效的教学资源和学习情境，有利于学生发挥积极性、主动性，加深对中华民族一家亲的认知和构筑中华民族共同体的参与感。

四、教学目标

通过分享我校举办的各项活动中的细节和体会，获得对平等、团结、互助、和谐的认识，并深刻理解中华人民共和国各族人民一律平等，理解民族大团结和凝聚力是经济发展和社会进步的保证，是国家统一的基础，理解在民族平等、民族团结的前提下，各民族共同发展共同繁荣是中华民族实现伟大复兴的必然要求，从而增强对党的坚持民族平等、民族团结和各民族共同繁荣的方针的理解。同时在积极参与学校组织的民族一家亲主题教育活动中，通过亲身实践贯彻落实民族方针政策，巩固平等、团结、互助、和谐的民族关系，并从中学会知行合一，提高理论联系实际的能力；通过分析和应对“新疆棉花事件”，积极与抹黑中国民族关系的言论和行为作斗争，从而铸牢中华民族共同体意识，激发爱国热情，树立正确的国家观、历史观、民族观、文化观和宗教观，增强对伟大祖国、中华民族、中华文化、中国共产党、中国特色社会主义的认同。

五、教学重点难点

（一）教学重点

让学生理解并认同我国平等、团结、互助、和谐的民族关系，理解我国坚持民族平等、民族团结、各民族共同繁荣的民族方针。让学生懂得巩固和发展民族关系要从我做起，尊重不同民族风俗习惯，与不同民族的同学团结友爱、和睦相处、自觉地承担起巩固和发展我国民族关系的使命。

（二）教学难点

培养学生学会用辩证唯物主义的观点观察、处理问题。培养学生理论联系实际能力、知行合一的品质。

六、教学设计总体思路

一粒沙里见世界，半瓣花上说人情，承办内地新疆高中班的二十高中，就是我国平等、团结、互助、和谐的民族关系和民族平等、民族团结、各民族共同繁荣的民族方针的缩影，本课从二十高中具体实际出发，再结合国家实际，从小到大，让学生真切感受和理解我国的民族关系。

本节课以习近平总书记在中央民族工作会议上重要讲话和指示精神为指导，以思政课《课标》和《大纲》为基本遵循，以发展学生思想政治学科核心素养为目标，体现教学与评价的一致性。

本节课落实立德树人根本任务，厚植学生家国情怀。校园文化、人民币图案、新疆班办学成果展示等素材，既贴近学生生活又反映社会的发展和进步，充分地发挥学生的主体作用；以脱贫攻坚真实案例的视频图片，培养学生的爱国情怀，引导学生自觉投身铸牢中华民族共同体的实践中去。

七、教学过程

（一）教学流程设计

环节一：新课导入

教师活动：展示校园文化节我校多民族学生照片，我们二十高中正是因为有了这些天山学子才有了这道美丽而独特的风景线。调动学生从学生装扮和服饰等方面猜猜他们分别来自哪个民族。

学生活动：观看照片猜民族。

设计意图：校园里的少数民族同学就在学生的身边，非常贴近学生实际，更易激发学生兴趣。引入本课内容：作为统一的多民族国家，我们拥有怎样的民族关系和处理民族关系的方针，我校又是如何做的。

环节二：探究新知①民族平等做主人

教师活动：

1.展示我校新疆班师生共庆古尔邦节的照片，同时展示日常生活中我校为新疆班同学准备的专门食堂、餐具等照片，引导学生分析学校为何这样做。

2.出示人民币百元大钞，让学生观察背面的图案和文字。

3.展示我国十三届全国人大代表组成。各个少数民族都有本民族的代表，而且少数民族代表占代表总数的14.70%，而根据第七次全国人口普查结果，我国少数民族占全国总人口的比重为8.89%。可见少数民族代表占代表总数的比例，明显高于同期少数民族人口占全国人口的比例。引导学生分析国家这么做的意义。

学生活动：我国各民族拥有使用和传承本民族语言文字的权利，国家政治上保障少数民族平等地享有当家作主的权利。

设计意图：培养学生分析探究的意识，提高其分析问题、论证问题的能力。让学生真正体会民族平等体现在政治、文化、风俗习惯等各个方面，理解我国一直坚持并贯彻落实坚持民族平等这一民族方针。

环节三：探究新知②民族团结有力量

教师活动：

1.在民族平等基础上，我国形成了各族人民和睦相处、友好往来的大团结局面，然而我们稳定的民族关系引起了一些敌对势力的忌恨，他们总是想尽办法试图破坏我们的稳定与团结。如前段时间的“新疆棉花”事件中敌对势力利用所谓的新疆人权问题大肆攻击中国。

2.简介新疆棉花事件，观看新疆人民的回应视频，特别强调主持人尼格买提的话“我们像石榴籽一样紧紧抱在一起，未来会越来越美好”引导学生使用模拟微博发表看法。

学生活动：使用模拟微博发表观点和评论。

设计意图：模拟微博贴近学生生活，充分以学生为主体，发挥学生的主动性、参与性与创造性，自主生成对民族团结的认识，并引发共鸣，理解国家坚持民族团结的方针。同时激发学生爱国情怀，明辨是非，自觉抵制敌对势力企图破坏民族团结、抹黑中国的言论和行为。

环节四：探究新知③互帮互助共繁荣

教师活动：

1.展示习近平总书记的话：“各民族都是中华民族大家庭的一分子，脱贫、全面小康、现代化，一个民族也不能少。”

2.播放脱贫攻坚故事视频：玛丽卡木巴海一家在兵团领导和结亲姐姐的帮助下生活越来越好了，她们又给别人提供帮助，把爱心传递下去。

引导学生分析为什么脱贫、全面小康、现代化，一个民族也不能少，如何才能让每个民族都富起来。

3.我校是2000年首批承办内地新疆高中班13所办班学校之一，展示我校二十多年来新疆内地高中班优秀毕业生，引导学生分析：①内高班的毕业生能为新疆的发展带去什么？②新疆的发展又能为国家带来哪些影响？

学生活动：观看视频，分析总结我国互助、和谐的民族关系，从国家发展和我校贡献角度分析总结我国坚持各民族共同繁荣的原则是由社会主义的本质决定的，是国家实现现代化和中华民族实现伟大复兴的必然要求。

设计意图：通过学生自主分析，让学生感悟我国平等、团结、互助、和谐的民族关系，并深刻体会在平等的基础上各民族像石榴籽一样紧密团结在党中央周围。在各民族亲如一家的关系中，各民族互帮互助，共同致力于脱贫攻坚的伟大斗争中，从中展现了浓浓的民族情谊。在平等、团结、互助的基础上，各民族实现了政治稳定、人民幸福的和谐关系，从而深刻理解我国坚持民族平等、民族团结和各民族共同繁荣的民族方针的意义，进一步理解国家支援新疆等民族地区的深层次意义并认同国家的民族方针政策。同时感受二十高中为党和国家民族进步事业所做的贡献，激发爱校情怀。

环节五：探究新知④和谐共筑中国梦

教师活动：播放视频《同心共筑中国梦》节选，引导学生说说各民族如何共筑中国梦。

学生活动：观看视频，畅所欲言。

设计意图：通过这个环节，让学生意识到中华民族共同体意识在全国各族人民心中深深扎根，唇齿相依、水乳交融、谁也离不开谁的和谐民族关系，成为祖国大地最美的风景，汇聚起共筑中国梦的磅礴力量。共同感受各族人民在党的领导下，不断铸牢中华民族共同体意识，共同谱写新时代中国特色社会主义的壮丽篇章。

环节六：知行合一

教师活动：将来许多的少数民族学生可能会和你考入同一所大学。遇到下列情景你该怎么做？

①同寝室少数民族同学的风俗习惯和你大不相同……

②发现有人联系少数民族同学宣传民族分裂言论……

③毕业时，国家发出号召对某个民族自治地方进行对口支援……

学生活动：任选一个角度，分享自己可能采取的做法。

设计意图：理论联系实际，培养学生爱国意识，树立尊重不同民族风俗习惯，与不同民族团结友爱、和睦相处的观念。让学生从自我做起，自觉地承担起巩固和发展社会主义民族关系的使命。

环节七：课堂小结

教师活动：引导学生构建知识体系，说说本节课学习到了什么，领悟到了什么？

学生活动：构建知识体系，发表感悟。

设计意图：通过小结环节，引导学生宏观把握所学内容，并且进行情感升华，感悟到作为二十高中的一分子，要在学校的小家庭内牢固民族关系，为学校的发展贡献自己的一份力量，身为中华民族的一分子，要发展平等、团结、互助、和谐的社会主义民族关系，珍惜今天中华民族一家亲的美好局面。

（二）板书设计

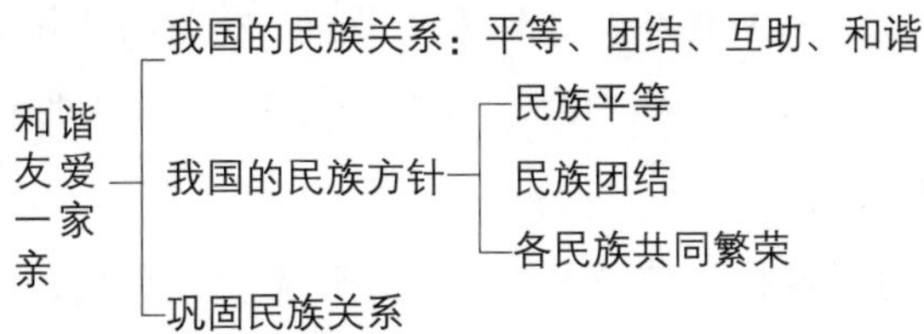

（三）作业设计

自2000年以来，每年的初秋季节，一批批天山学子就会肩负着祖国民族的希望，承载着父母乡亲的嘱托，怀揣着扬帆远航的梦想，来到大连市第二十高级中学。学校不仅给这些学生选拔了一批富有爱心、耐心细致的班主任教师，还配备了一支责任心强、业务素质高的任课教师队伍，为这些远离家乡的孩子倾注了大量的心血，各位教师不仅要做大家知识上的授予者，更要做大家生活上的贴心人。根据本课所学设计一篇《中华民族一家亲 滨城二十在行动》宣讲稿，向你的家乡、亲人、朋友宣传我校的内地高中班办学特色和实践，用你的语言和行动激发更多人对我国民族方针的理解和认同。

（四）参考资料

[1]新华社：习近平出席中央民族工作会议并发表重要讲话，https://www.gov.cn/xinwen/2021-08/28/content_5633940.htm.

[2]中央宣传部、中央统战部、国家民委、中央广播电视总台：《同心共筑中国梦》，http://news.cnr.cn/native/gd/20210827/t20210827_525581961.shtml.

八、教学总结与反思

本节课坚持立德树人，素养立意，价值引领，能力为重，知识为基，调动学生学习的积极性和主动性。满意之处如下：

1.以学生为中心的理念贯彻十分到位，各个环节都充分发挥了学生的主体作用，真正做到了老师搭台、学生表演。

2.本节课充分利用我校承办内地新疆高中班这个校本资源，实践证明，这更加容易激发学生的学习兴趣和表达欲望，增加了学生的参与度。结合学校实际，让学生真正感受到二十高中为党和国家民族进步事业所做的贡献，真正培养了学生热爱学校的情怀。

3.本节课特别凸显思政性，情感共鸣和升华效果特别突出，每一个环节的设计都能激发学生的家国情怀，引导学生理解和认同党和国家的民族方针，进而铸牢中华民族共同体意识。

当然还有需改进的地方，本节课的知识点还要再丰富一些，学生的分析能力和表达能力还需进一步培养和提高。

伟大创举铸辉煌

——民族区域自治铸就新疆十年巨变

大连市信息高级中学　李艳玲

一、课程基本信息

主讲课程：政治与法治

使用教材版本：人民教育出版社（2019版）

教材章节出处：高中思想政治必修三《政治与法治》第六课第二框《民族区域自治制度》

二、教学设计概述

（一）教材理论依据

本框内容主要依据习近平新时代中国特色社会主义思想，讲述我国民族区域自治制度和宗教政策。习近平总书记强调，要坚定不移坚持党的民族政策、坚持民族区域自治制度。

我国实行民族区域自治制度，是把马克思列宁主义基本理论与我国民族问题的实际相结合的产物。党的十八届三中全会明确要求，发展社会主义民主政治，必须坚持和完善包括民族区域自治制度在内的各项制度，充分发挥我国社会主义政治制度优越性。

通过学习本框内容，帮助学生了解我国的民族区域自治制度和我国的宗教政策，有利于增强学生制度自信和法治意识。

（二）课标依据

本框对应的是《普通高中思想政治课程标准（2017年版2020年修订）》

必修课程模块3“政治与法治”的内容要求：“2.3阐述民族区域自治制度是符合我国国情的基本政治制度，铸牢中华民族共同体意识；解释公民享有宗教信仰自由的含义。”

（三）教学设计思路

依据课程标准，结合教材内容和学情，本课议题设计为“民族区域自治制度如何造就新疆巨变”，共设置三个子议题。在教学中借助官方媒体的新闻材料创设一定的情境，通过情境传递教学信息、承载教学内容。设计悬念和障碍，让学生在面对复杂的社会情境时运用学科知识分析问题、解决问题。教师引导学生在情境体验和情境分析中，获取相关的知识和技能，体会学习过程和方法。促进学生“在真实情境中解决真实问题，促进学生真实地发展”。

三、学情分析

本课的内容与学生生活密切相关，学生对社会政治现象有较大兴趣，但在日常生活中对我国具体的民族政策和宗教政策的关注和了解不多。

高一年级的学生在以往的社会生活和学习生活中对于“我国是一个统一的多民族国家”“我国有56个民族”等本框的基础知识较为熟悉，但“民族区域自治制度”和“我国的宗教政策”等这些知识性概念和内容对于学生而言是比较生疏的，所以在教学中要调动学生学习的积极性和主动性，结合学生已经具备的基础知识，加深学生对于社会主义新型民族关系及其处理方针、民族区域自治制度的内涵和重要性、我国宗教政策中的四个主要主张等知识的全面认识和理解。

高一年级的学生已基本具备自主学习、合作学习、探究学习的能力，但在论证知识的深度和总结知识的广度等方面仍有待进一步提高。由于本框理论性、综合性较强等客观条件的限制，尚不能迅速将我国的民族区域自治制度和宗教政策等知识学深悟透，对其认知还较为模糊，因此需要教师及时地进行启发、引导和点拨，从现实生活出发以加强他们对我国政治制度的基本认识，提高学生辨别是非的能力，增强热爱党和国家的情感。

四、教学目标

本课教学目标根据三个相互关联的参照维度（核心素养、学科核心素养和三维目标）确定如下：

1.通过议题一“守望相助——对口援疆共发展”的探究活动，了解我国多元一体的民族格局特点，培养学生的集体主义精神，并引导他们积极地在社会实践中感悟各民族间平等团结互助和谐的社会主义新型民族关系。

2.通过议题二“日新月异——见证制度优越性”的探究活动，学生通过自主学习、合作学习、探究学习的方法，分析我国民族区域自治制度存在的必要性及其优越性，相信其是中国共产党团结带领各族人民建设中国特色社会主义、实现中华民族伟大复兴的重要保证，有其独特优势，从而树立起制度自信。

3.通过议题三“以正视听——驳斥谎言列方针”的探究活动，知道我国的民族政策和宗教政策，培养学生描述与类比、辨析与评价的能力，引导学生运用科学的世界观和方法论分析我国宗教工作的基本方针，对宗教和邪教能做出正确的价值判断。

五、教学重点难点

（一）教学重点

民族自治地方的自治机关的性质和地位；宗教信仰自由。

突破策略：收集有关资料，引用案例，教师深度讲解，引导学生理解民族自治地方的自治机关的性质和地位。列举保障宗教信仰自由的案例，引导学生理解我国的宗教信仰自由政策是一项全面的政策，是尊重和保障人权的重要政策。

（二）教学难点

民族自治地方自治机关的自治权；积极引导宗教与社会主义社会相适应。

突破策略：教师深度讲解，引导学生理解并掌握民族区域自治的核心是自治权。借助新闻材料，通过教师讲解，引导学生正确理解什么是引导宗教与社会主义社会相适应。

六、教学设计总体思路

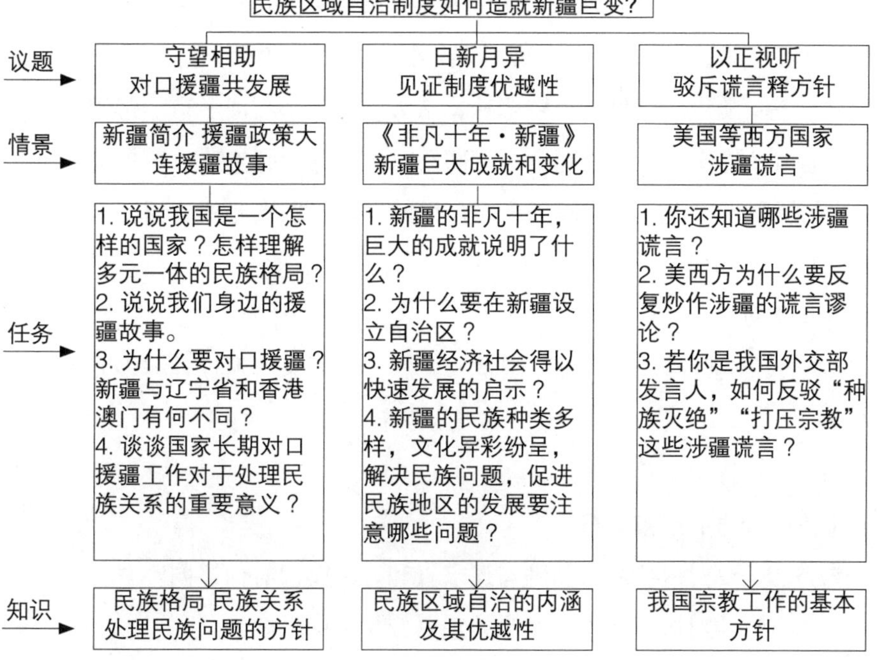

七、教学过程

（一）教学流程设计

环节一：守望相助——对口援疆共发展

教师活动：

1.导入新课：在《花儿与少年·丝路季》11月30日播出的克罗地亚站节目中，演员迪丽热巴一段热烈明媚的新疆民族舞跳出了圈，还获得我国外交部新媒体多个账号的转发。2月9日的央视春晚中，迪丽热巴在新疆喀什分会场身穿民族服饰，跳起动人舞蹈，展现了新疆的热情与美丽，节目大受好评。本节课我们就以新疆为主题，看看民族区域自治制度是如何造就新疆巨变的?

2.展示图片和文字材料：

材料一：新疆维吾尔自治区主要居住有汉族、维吾尔族、哈萨克族、回族、蒙古族、柯尔克孜族、锡伯族、塔吉克族、乌孜别克族、满族、达斡尔族、塔塔尔族、俄罗斯族等民族。

材料二：党的十八大以来，19个援疆省市及中央各有关单位认真贯彻落实党中央决策部署，坚持全面援疆、精准援疆、长期援疆，对口援疆。

材料三：从海滨之城到戈壁明珠，从大连到八师石河子市，跨越万水千山，两地情义相连。完整准确全面贯彻新时代党的治疆方略，一批批来自辽宁大连的援疆干部人才，相隔四千多公里的奔赴，以真心换真情，以创新促发展。

学生活动：

1.结合议学材料一，说说我国是一个怎样的国家？怎样理解多元一体的民族格局？

2.结合议学材料二和三，说说：

①我们身边的援疆故事。

②为什么要对口援疆？新疆与辽宁省和香港澳门有何不同？

③国家长期对口援疆工作对于处理民族关系的重要意义。

设计意图：以新疆的少数民族分布情况为素材，通过直观的图片展示，让学生认同我国是统一的多民族国家。以对口援疆政策与实践，设计层层递进的序列化活动任务，侧重培养学生阅读材料、提取信息和解决问题的能力。议题讨论和活动探究的方式，符合学生的认知规律，也有利于调动学生的学习兴趣，比单纯的教师讲解要鲜活生动。

环节二：日新月异——见证制度优越性

教师活动：

1.播放视频《非凡十年·新疆》。1955年10月1日，新疆维吾尔自治区正式成立。68年来，自治区全面贯彻落实民族区域自治制度和党的民族政策，使新疆经济、政治、文化等各项事业取得了长足发展。自1984年中国颁布实施民族区域自治法以来，新疆先后颁布实施了民族教育、经济管理等方面地方性法规和政府规章100多件，全面保障了各族群众在各领域当家作主、管理本民族本地区内部事务的权利。党的十八大以来，新疆经济综合实力显著提升，科技创新能力显著增强，社会事业全面发展，民生福祉持续改善。

2.新疆的非凡十年，巨大的成就和变化说明了什么？

3.为什么要在新疆设立自治区？

4.新疆经济社会得以快速发展的启示？

5.新疆的民族种类多样，文化异彩纷呈，解决民族问题，促进民族地区的发展要注意哪些问题？

学生活动：观看视频，回答问题。

设计意图：基于议题一的探究，学生已经掌握了我国是统一的多民族国家，多元一体是民族格局最重要的特点。本议题通过真实的材料，以新疆十年的巨变为背景，分析民族区域自治的基本内容，感受民族区域自治制度的优越性，认识到民族区域自治制度是我国的一项基本政治制度，是中国特色解决民族问题正确道路的一个重要制度保障。民族区域自治制度既保证了国家团结统一，又实现了各民族共同当家作主。明确坚持和完善民族区域自治制度，要坚定不移走中国特色解决民族问题的正确道路。

环节三：以正视听——驳斥谎言释方针

教师活动：

1.展示图片和文字材料：

材料一：2023年5月15日，美国国务卿布林肯就“2022年国际宗教自由报告”发表演讲称，中国在新疆对穆斯林维吾尔族实施种族灭绝。

材料二：新疆维吾尔自治区成立60多年来，地区经济总量增长了160倍，维吾尔族人口从220万增长到约1200万，人均预期寿命从30岁提高到74.7岁……目前中国各类信教群众近2亿人，宗教教职人员38万余人，宗教团体约5500个，依法登记的宗教活动场所14万多处，仅在中国新疆就有2.4万多座清真寺。

2.你还知道哪些涉疆谎言？

3.西方为什么要反复炒作涉疆的谎言谬论？

4.若你是我国外交部发言人，如何反驳“种族灭绝”“打压宗教”这些涉疆谎言？

学生活动：

1.阅读课本，了解我国的宗教政策。

2.阅读材料，回答问题。

设计意图：本议题以西方势力的涉疆谎言为素材，以新疆宗教人权发展现状和外交部发言人的回应为材料，采取研究性学习方式，设置系列问题，鼓励学生独立思考、合作探究，为学生提供足够的选择空间和交流机会，发表富有个性化的见解，有利于培养学生的独立思考能力和创新能力。引导学生在自主学习课本、合作交流的过程中加深对我国宗教政策和法律等方面的理解。

（二）课堂小结

同学们通过本节课的学习，有哪些收获呢？

新疆是一个多民族聚居、多语言文字并用、多宗教信仰的地区。当前，新疆发展正处于一个新的历史发展时期，民族、宗教与国家、社会之间的关系发生着深刻的变化。我们必须站在维护国家安全的战略高度，维护新疆社会的稳步发展和长治久安，加强对新疆民族、宗教问题全方位、多角度的研究，尤其要认识到伊斯兰教在新疆的特殊地位和影响，充分认识该问题的复杂性和重要性。同时，依法管理宗教事务，坚决依法遏制和打击宗教极端主义。

（三）板书设计

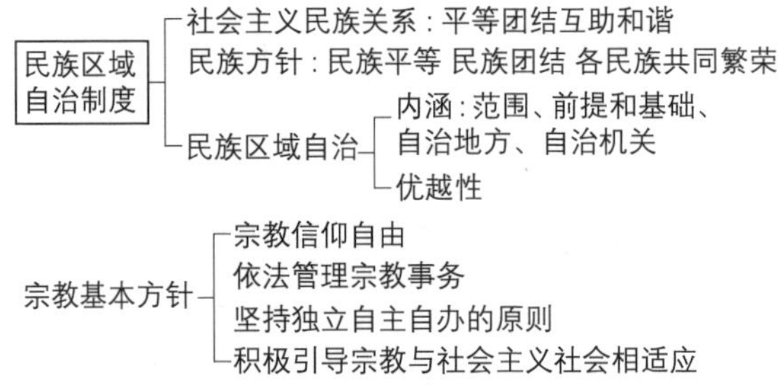

（四）作业设计

1.阅读民族文学作品，观赏民族歌舞，领略各民族文化的魅力。

2.查阅相关资料，了解各民族杰出人物的故事。

（五）参考资料

[1]中华人民共和国教育部:《普通高中思想政治课程标准（2017年版2020年修订）》，人民教育出版社，2020年。

[2]人民教育出版社课程教材研究所中学德育课程教材研究开发中心：《普通高中教科书教师教学用书.思想政治.必修3.政治与法治》，人民教育出版社，2019年。

八、教学总结与反思

成功之处：本课以“民族区域自治制度如何造就新疆巨变？”为总议题，创设“新疆巨变”的大情境，开展丰富的课堂活动。创设挑战性任务，强调我国民族区域自治制度的优越性，驳斥西方涉疆谎言，实现知识的活化与迁移，解决实际问题，遵循从简单到复杂、从抽象到具体的逻辑，在循序渐进的过程中深化学生对民族和宗教问题的认识，培育核心素养。

不足之处：在课堂教学中，学生参与面窄；合作学习对于一些小组来说只流于形式，达不到合作的效果。

探索中国式现代化之“新”，提高创新思维意识

大连市第十三中学　王丽华

一、课程基本信息

主讲课程：逻辑与思维

使用教材版本：人民教育出版社（2023版）

教材章节出处：高中思想政治选择性必修三《逻辑与思维》第四单元《提高创新思维能力》第十一课第一框《创新思维的含义与特征》

二、教学设计概述

（一）教材理论依据

创新思维是习近平总书记关于科学思维论述中的重要内容。党的二十大报告强调“从现在起，中国共产党的中心任务就是团结带领全国各族人民全面建成社会主义现代化强国、实现第二个百年奋斗目标，以中国式现代化全面推进中华民族伟大复兴”。中国式现代化是中华民族共同体的现代化，实现现代化各族人民就要始终坚持“创新”在我国现代化建设全局中的核心地位，不断增强创新思维意识、掌握创新思维方法，在实践中提高创新思维能力。

（二）单元课标依据

依据《普通高中思想政治课程标准（2017年版2020年修订）》以及《普通高中教科书教师教学用书.思想政治.选择性必修3：逻辑与思维》第四单元相关内容，确定单元目标要求。

教材第四单元《提高创新思维能力》是落实科学思维的重要一环，是建立在第二、三单元逻辑思维和辩证思维的基础之上，对多种科学思维方法的综合运用，同时也是对必修四《哲学与文化》中马克思主义唯物观和实践观的深化与运用。

通过本单元探究性学习，学生将深化对马克思主义哲学理论，特别是对习近平新时代中国特色社会主义思想关于创新思维的认同；学习逻辑与思维的目的在于创新性地解决实践问题，本单元通过多角度提升学生的创新思维能力而提高其科学精神；在社会实践的创新活动中勇于创新、善于创新、不断提升创新能力，更好服务于我们的国家与人民，提高社会公共参与意识。

三、学情分析

（一）知识承接

小学阶段《道德与法治》五年级下第三单元《百年追梦，复兴中华》，从中华民族伟大复兴的中国梦来说明创新发展的重要。

初中阶段《道德与法治》七年级下《成长的不仅仅是身体》、九年级上《创新驱动发展》，重在说明创新对于个人成长、国家发展的重要性。

高中阶段《思想政治》重在从理论、经济、政治制度、法治、哲学、文化、对外开放、思维等方面说明创新的重要性及措施。

（二）高中生创新思维能力培养的现状

本课属于新授课，授课对象是高二年级学生。学生具有一定的创新意识和创新能力，对于新事物有很强的兴趣，从创新思维能力而言，缺乏系统性的培养和训练，需要课程支撑和实践场所；文献搜集意识和能力都有了较大提高，小组合作团队相对成熟稳定，同时基本具备借助电子设备展示合作成果的能力。

学生借助单元任务清单，完成了对本课相关教材知识的初步梳理，对创新思维的概念和特征、意义等初步了解，但是对创新思维之于我国现代化、企业高质量发展、个人成长的深层价值还认识不够。本课通过课前学生借助书籍、电脑等搜集的文献资料，课中的视频解读辩论，以及课后的实践反思，深化学生对“中国式现代化新道路”发展历程和深层内涵的解读，从而使其初步具备创新的责任意识和使命担当，为后期深入学习创新思维的途径等打下知识和情感基础。

四、教学目标

本课教学目标围绕总议题“探索中国式现代化之‘新’，提高创新思维意识”，根据三个相互关联的参照维度（核心素养、学科核心素养和三维目标）确定如下：

1.通过议题一“忆‘新道路’形成，理解创新思维的含义”的探究活动，学史增信。学生通过小组文献搜集、整理与分享，在了解中国共产党的百年历史就是一部创新史的过程中，理解创新思维的含义和产生的条件，增强学生对我党不断与时俱进，强化各领域理论与实践创新的认同，并引导他们在社会实践中提高创新意识，自觉宣传和落实党的各项新政策。

2.通过议题二“析‘新理论’内涵，把握创新思维特征”的探究活动，明理促思。学生通过自主学习、合作学习、探究学习的方法，在深入解析中国式现代化新道路的内涵中，归纳创新思维的特征以及创新思维“新”的表现，理解创新思维是落实科学思维的重要一环。教师引导学生相信中国共产党是团结带领各族人民建成中国式现代化强国、实现中华民族伟大复兴的重要保证，强化道路自信。

3.通过议题三“展‘新科技’未来，提高创新勇气和担当”的探究活动，知责笃行。学生通过观看“新质生产力”视频，激发对增强创新思维的兴趣；进而通过讨论辨析，明确提高创新思维要坚定正确的立场、重视实践调研、敢于打破常规、还要掌握科学的方法，为下节课的学习做好铺垫；最后学生通过“运用创新思维相关知识，试为我市沙河口区交大夜市附近的交通拥堵提出可行性建议”增强运用创新思维解决实际问题的意识和能力，深刻体会“建成现代化强国，我们在行动”。

五、教学重点难点

（一）教学重点

理解创新思维的含义，明确科学思维中的创新思维是多种思维方式的综合运用；把握创新思维的特征和领会思维创新的“新”；理解创新思维与实践的关系。

策略突破：注重引导学生深入分析马克思主义哲学唯物论和认识论与创新思维的内在联系，加深学生对创新思维的理解；培养学生搜集和整理文献的能力，在搜集“中国式现代化新道路”相关内容中理解创新思维的特征和“新”的表现。

（二）教学难点

把握创新思维的特征，能够举例说明；在实践中积极培养创新意识、提高创新能力。

策略突破：搜集案例，帮助学生多角度理解创新思维的特征，带领学生运用所学创新思维知识解决生活中的实际问题，逐步提高创新的意识和能力。

六、教学设计总体思路

<table>
<tr><td colspan="5">总议题：提高创新思维能力，在中国式现代化建设中挺膺担当</td></tr>
<tr><td colspan="2">单元学习任务单</td><td rowspan="2">课时教学内容</td><td rowspan="2">课时安排</td><td rowspan="2">设计意图</td></tr>
<tr><td>活动情境</td><td>活动内容</td></tr>
<tr><td>文献梳理（一）探索中国式现代化之“新”提高创新思维意识</td><td>1. 结合党的二十大报告，梳理“中国式现代化”的历史演进，了解创新思维产生条件。
2. 对比分析中西方“现代化”内涵，理解创新思维特征。
3. 为“交大夜市拥堵提可行性建议”理解创新思维与实践关系。</td><td>11.1 创新思维的含义与特征</td><td>1 课时</td><td rowspan="4">结合社会实践，勇于开拓创新。在实践中理解创新是引领发展的第一动力。学会把知识创新和实践创新紧密结合，以实践问题为导向开展创新，提高创新思维的意识和能力。</td></tr>
<tr><td rowspan="3">实践调研（二）解锁中车大连机车“新”密码，探究创新思维方法</td><td rowspan="3">各小组围绕“大连机车的现代化发展之路”进行实践调研，探究该国有企业在自主创新发展中是如何体现创新思维方法的。</td><td>11.2 联想思维的含义与方法</td><td>1 课时</td></tr>
<tr><td>12.1 发散思维与聚合思维的方法</td><td>1 课时</td></tr>
<tr><td>12.2 逆向思维的含义与作用</td><td>1 课时</td></tr>
</table>

续表

主题演讲（三）完善个人职业规划，理解超前思维的意义	运用超前思维解释我国分两阶段实现现代化强国的深远影响。结合强国梦完善自己的人生规划表，开展主题演讲。	13.1 超前思维的含义与特征	1 课时	
		13.2 超前思维的方法与意义	1 课时	

七、教学过程

（一）教学流程设计

环节一：导入新课

教师活动：故事分享，一位先生收了两个学生。一天傍晚，先生给每个学生一个铜钱，说：“你们立刻买样东西来，把这个黑暗的房间完全装满。”学生甲买了许多干草，满满地塞了一屋子。先生摇摇头，叹了口气。学生乙买了一支蜡烛，点燃蜡烛，整个屋子一片光明。先生笑着说：“这是装满屋子最好的方法。”

学生活动：思考为什么对同一个问题会有不同的解决方法？（答：思维方法不同）学生乙的做法体现了什么样的思维方法？（答：创新思维）

教师活动：同学们，对于在黑暗中苦苦求索的中国各族人民而言，1921年中国共产党的出现，就是那一束打破黑暗照亮前途的光，从此开启了全新的中国式探索光明之路。今天让我们一起探索中国式现代化之“新”，提高创新思维意识。

设计意图：故事分享更容易激发学生主动参与探究的兴趣，为后续学习作好铺垫。以形象化比喻导入新课，可以更好调动学生的情绪，营造良好的课堂氛围。

环节二：忆“新道路”形成，理解创新思维含义

教师活动：以表格、文字、图片形式展示“中国式现代化”的历史演进。

学生活动：

1.分小组展示我党探索中国式现代化发展历程中“创新”案例。

2.回顾《哲学与文化》知识，思考创新思维产生的唯物论依据是什么。

3.中国共产党的百年历史就是一部创新史，要创新就离不开创新思维，什么是创新思维？

4.“中国式现代化新道路”这一重大理论的提出有何特色？试阐述其体现的创新思维道理。

教师活动：总结“中国式现代化新道路”产生条件。

（1）立足于中国特色社会主义伟大实践，根植于中国现实国情的“中国式”现代化。

（2）是我党百年奋斗经验的积淀，吸收借鉴中西方各种现代化模式特点优点的“现代化”。

（3）既遵循了现代化之一般性规律，又打破西方现代化基本逻辑束缚，体现新时代中国特色社会主义本质要求的现代化“新”道路。

设计意图：学生借助图表初步了解“中国式现代化” 形成的历史逻辑和实践逻辑。教师一方面要用好“党史教科书”，使党史融入思政课；另一方面要让学生初步感悟“创新思维”的价值。通过学生自主分享搜集的图片和历史材料，让学生更加形象直观理解创新思维对于我党重要作用，在交流中深入理解创新思维产生的重要条件。

环节三：析“新理论”内涵，把握创新思维特征

教师活动：

1.中国式现代化，既有各国现代化的共同特征，更有基于自己国情的中国特色。它是人口规模巨大的现代化，是全体人民共同富裕的现代化，是物质文明和精神文明相协调的现代化，是人与自然和谐共生的现代化，是走和平发展道路的现代化。

2.习近平总书记从世界现代化的多样性出发，创造性地提出了“并联式”与“串联式”这对概念，鲜明指出中国式现代化呈现出中国独有的“并联式”而非西方发达国家“串联式”的发展特征，凸显了中国式现代化发展的道路特色。

3.中国式现代化，是党的二十大的一个重大理论创新，是科学社会主义的最新重大成果，打破了“现代化=西方化”的迷信，展现了现代化的另一幅图景，开辟了一条属于中国但又具有世界意义的现代化道路，创造了全新的人类文明形态。

学生活动：

1.试分析“中国式现代化新内涵”的提出体现了我党什么样的思维方法?

2.结合“中国式现代化”的内涵，对比分析中西方“现代化”，概括创新思维的特征。

3.结合案例说明材料体现创新思维哪个特征及“新”的表现。

教师活动：

1.“五位一体”协同发展，思路具有多向性。（案例：蔡伦造纸）

2.从“串联式”到“并联式”发展，步骤具有跨越性。（案例：爱迪生测灯泡容积）

3.创造了人类文明新形态，结果具有独特性。（案例：“凤尾裙”的由来）

设计意图：学生通过自主学习、团队合作共同解读时政材料，培养团队精神。教师在创新思维特征的总结过程中，引导学生深入、全面认识中国式现代化，引导学生珍惜自己所处的时代机遇期，努力锤炼自己；鼓励和帮助学生掌握创新思维的本质特征，大胆开拓思路，在生活学习中敢于创新善于创新，做有见解、善于思考的年轻人。

环节四：展“新科技”未来，提高创新勇气和担当

教师活动：

1.播放视频：《新质生产力》。

2.展示材料：2023年9月7日，在新时代推动东北全面振兴座谈会上，习近平总书记提出，积极培育新能源、新材料、先进制造、电子信息等战略性新兴产业，积极培育未来产业，并首次提出“加快形成新质生产力”，增强发展新动能。

3.展示材料：实践体验——实现“现代化强国”，我们在行动。位于沙河口区的交大夜市是大连著名的小吃一条街，夜市不仅活跃了地区经济，也方便了周边市民和学生的生活。但是每天晚上8点到10点钟，随意停放的私家车会导致长时间的交通堵塞，同时穿梭的人群也存在较多的交通安全隐患。为此，西山社区组织派出所、楼长、社区党员代表、政协委员等针对夜市的这些问题进行调研。

学生活动：

1.结合视频畅想未来新科技会在我们社会生活哪些领域产生影响。

2.创新与我们生活密切相关，但创新并不是一蹴而就的。思考我们如何才能提高创新思维能力?

3.运用创新思维，为我市交大夜市交通拥堵提可行性建议。

设计意图：通过“新质生产力”视频，激发学生对增强创新思维的兴趣。进而让学生通过讨论辨析，明确提高创新思维要坚定正确的立场、重视实践调研、敢于打破常规、还要掌握科学的方法，为下节课的学习做好铺垫。最后学生通过为我市沙河口区交大夜市附近的交通拥堵提出可行性建议，增强运用创新思维解决实际问题的意识和能力，深刻体会“建成现代化强国，我们在行动”。

（二）课堂小结

同学们，本节课我们通过解析中国式现代化之“新”，学习了创新思维的含义和产生条件，创新思维的特征和“新”的表现，理解了创新思维之于党和国家的重大意义。最后老师想把习近平总书记的一段话分享给大家：“生活从不眷顾因循守旧、满足现状者，从不等待不思进取、坐享其成者，而是将更多机遇留给善于和勇于创新的人们。”中国式现代化是中华民族共同体的现代化，让我们齐心协力大胆创新，在中国式现代化建设中挺膺担当。

（三）板书设计

创新思维的可能性　唯物论依据

含义和产生条件　创新思维　特征和“新”的表现

认识论依据　创新思维的检验

（四）作业设计

1.课时作业：完成《创新思维的含义与特征》学习任务单上习题部分。

2.拓展作业：以小组为单位，请运用创新思维相关知识，试为交大夜市附近的交通拥堵提出可行性建议，形成文字材料，条理清晰，不少于500字。

（五）参考资料

[1]中华人民共和国教育部：《普通高中思想政治课程标准（2017年版2020年修订）》，人民教育出版社，2020年。

[2]人民教育出版社课程教材研究所中学德育课程教材研究开发中心：《普通高中教科书教师教学用书.思想政治.选择性必修3：逻辑与思维》，人民教育出版社，2020年。

八、教学总结与反思

优点：在设定总议题时，围绕“大概念”选择合适的“大情境”，二者有深层次的一致性。依据《课程标准》设计的分议题有内在的逻辑性，分议题的设计根据学生的认知规律逐层递进，着眼于学生的未来发展。

不足：在议题设计过程中，针对不同学生问题设计的层次性还有待提高，部分学生小组合作的意识和能力还有待进一步培养。

民族团结永相助　紧密相连谱新篇

大连医科大学中山学院　丛　娜

一、课程基本信息

主讲课程：马克思主义基本原理

使用教材版本：高等教育出版社（2023版）

教材章节出处：《马克思主义基本原理》第一章《世界的物质性及发展规律》第二节《事物的普遍联系和变化发展》

二、教学设计概述

“事物的普遍联系”是唯物辩证法的重要特征，掌握联系的定义、特点以及方法论意义，才能进一步了解物质世界的变化发展，进而以整体性、系统性思维去分析问题、解决问题。本章节的讲授以案例导入为主，采用问题链式教学，通过对案例分析和总结引出相关知识点，达到由浅入深、循序渐进的效果。案例选取涉及自然界、人类社会等相关内容，引导学生认识世界是一个相互联系的有机整体。

三、学情分析

本课程开设对象为大一年级，由于各地高考政策不同，学生高中阶段对于马克思主义基本原理相关内容的掌握程度存在差异，授课时应注重学生的差异性。

本课程开课前，学生已经完成《中国近现代史纲要》和《思想道德与法治》课程的学习，对中华民族近代以来所走过的艰辛历程以及中华民族在长

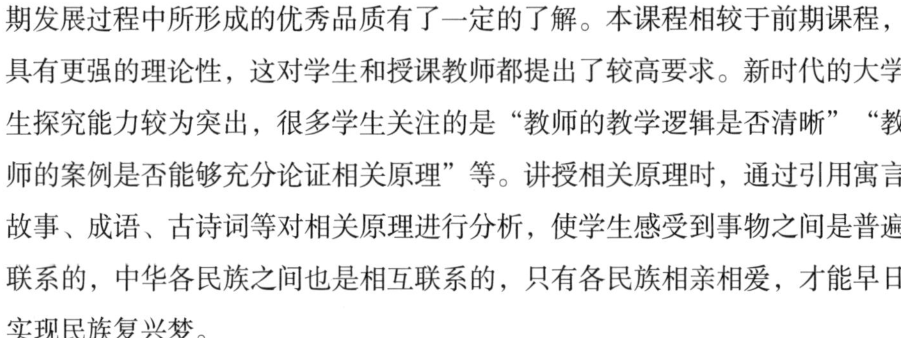
期发展过程中所形成的优秀品质有了一定的了解。本课程相较于前期课程，具有更强的理论性，这对学生和授课教师都提出了较高要求。新时代的大学生探究能力较为突出，很多学生关注的是“教师的教学逻辑是否清晰”“教师的案例是否能够充分论证相关原理”等。讲授相关原理时，通过引用寓言故事、成语、古诗词等对相关原理进行分析，使学生感受到事物之间是普遍联系的，中华各民族之间也是相互联系的，只有各民族相亲相爱，才能早日实现民族复兴梦。

四、教学目标

1.通过对案例的分析，了解世界是相互联系的整体，掌握联系的定义，特点及方法论意义。

2.学会运用马克思主义相关原理和方法论分析问题、解决问题，进而培养分析社会现实问题的能力、不断提高政治素养。

3.具有宽广的视野、开阔的胸襟和远大的理想，从而更加坚定“四个自信”，强化责任担当意识，自觉将个人理想与共产主义远大理想相结合，善于将相关理论运用于实现中华民族伟大复兴的具体实践当中。

4.学会分析事物的具体联系，确立整体性、开放性的观念，运用系统思维方法，从动态中考察事物的普遍联系。

5.增强对中华民族共同体意识的认同。坚定理想信念、练就过硬本领、厚植爱党爱国爱社会主义的情感，将个人理想与国家的前途命运相联系，以自己青年之责任，践行中华民族复兴之担当。

五、教学重点难点

（一）教学重点

联系的观点是唯物辩证法的总特征，联系具有客观性、普遍性、多样性、条件性等特点。

（二）教学难点

事物的普遍联系的方法论意义：从事物本身固有的联系出发去认识事

物，善于分析事物的具体联系，确立整体性、开放性的观念，运用系统思维方法，从动态中考察事物的普遍联系。

六、教学设计总体思路

1.以图片、视频导入新课，提高学生关注度。讲授新课时以自然界中犀牛与犀牛鸟之间的互利共生关系导入，通过图片、视频等提高学生注意力，使学生首先感受到自然界中的事物之间具有一定的联系。

2.问题链式教学，注重师生互动，循序渐进引出知识点。介绍了动物界之间的联系之后，通过提问的方式引导学生思考：人类社会是否也存在着联系？在对学生的回答进行点评之后，列举网上购物的案例，使学生认识到人类社会也存在着一定的联系，进而引出联系的定义和特点。在讲授联系的定义和特点时通过列举古诗词、寓言故事、成语以及人们日常生活当中所熟知的内容进行授课，使学生加深对相关原理的理解。

3.注重理论与实践相结合。对相关原理内容讲授清楚之后，重点引入方法论意义，在此过程中，将党的二十大精神、习近平总书记系列重要讲话、中国共产党带领中国人民所取得的一系列成就、中华民族互帮互助等融入其中，使学生切实感受到马克思主义所具有的强大生命力和感召力。

4.以思维导图形式进行课堂小结，注重课上与课下相结合。全部课程内容讲授结束后，通过思维导图的形式对所学内容进行总结，并布置课后练习题、推荐参考书目。希望通过对本课程的讲授，使学生能够培养辩证思维能力，不断提高运用辩证唯物主义世界观和方法论分析问题和解决问题的能力。

七、教学过程

（一）教学流程设计

环节一：案例导入——犀牛与犀牛鸟

教师活动：

1.播放图片和视频。

2.犀牛的后背上有许多小鸟，小鸟为什么会站在犀牛的背上呢？原来犀牛的皮很厚，但是皮肤的褶皱之间很嫩很薄，许多寄生虫就隐藏于此去吸食犀牛的血液，犀牛又疼又痒，但是又没有办法去驱逐这些寄生虫。犀牛鸟是捕捉虫子的能手，它可以去啄食犀牛身上的这些虫子，这样犀牛会觉得很舒服，犀牛鸟也能因此而饱餐一顿，可以说，犀牛与犀牛鸟之间存在一种互利共生的关系。自然界当中不仅犀牛和犀牛鸟之间存在着这样的联系，比如小丑鱼和海葵之间也存在着这样互利共生的关系。

学生活动：了解犀牛和犀牛鸟之间的关系，进而思考世界上还有哪些事物之间存在着互利共生的关系。

设计意图：提高学生注意力，引发学生思考。

环节二：人类社会是否也存在着一定的联系？

教师活动：动物界存在着这样的联系，那么人类社会是否也存在着联系呢？随着互联网的发展，我们都喜欢网上购物，卖家通过出售自己的商品而获得利润，买家通过购买商品来满足生活、学习等各方面的需要，在网上进行这样的商品交换，也许我们不知道对方叫什么名字、长什么样子，但是通过网络能够形成一种联系，我们也可以称之为买卖关系。人类社会的联系其实还有很多，中东的枪声可能触发整个世界的神经、新冠暴发后全球经济都受到影响，这种世界范围的“蝴蝶效应”都说明我们的世界是一个统一联系的整体，事物也是在不断变化发展的。联系和发展的观点是唯物辩证法的总观点。唯物辩证法认为，世界上的万事万物都处于普遍联系之中，普遍联系引起运动和发展。今天的学习内容包括以下三个方面：联系的定义、联系的特点以及方法论意义。

学生活动：思考并回答老师提出的问题。

设计意图：引导学生理解不仅自然界的事物存在一定的联系，人类社会也存在着联系。

环节三：引入“联系”的定义和特点

教师活动：

1.联系是指事物内部各要素之间以及事物之间相互影响、相互制约、相互作用的关系。通过联系的定义，我们可以知道，联系既有事物内部的联系，也有事物与事物之间的联系，而且产生联系的事物之间是相互影响、相互制约、相互作用。比如，犀牛与犀牛鸟，犀牛身上的虫子给犀牛鸟提供了食物来源，与此同时，犀牛也不必因为虫子吸食自己的血液而感到又疼又痒，其实，这就体现了相互影响、相互制约、相互作用。

2.犀牛与犀牛鸟之间这种互利共生的关系，是动物在长期进化的过程中自然而然形成的，是客观存在的、不以人的意志为转移的，其实这体现了联系的一个特点——客观性。接下来我们就来学习第二个内容——联系的特点。联系具有客观性。所谓联系的客观性，是指世界上没有孤立存在的事物，每一种事物都是在与其他事物的联系之中存在的，事物的联系是事物本身所固有的，不是主观臆想的，这就是联系的客观性。

3.通过联系的定义可以知道，事物之间以及事物内部各要素之间存在着联系。比如动物界存在着类似于犀牛与犀牛鸟、海葵与小丑鱼这样的联系，那么世界上的其他事物之间的联系又是怎样的呢？比如，洋葱和胡萝卜是好朋友，它们发出的气味可以相互驱逐害虫；而卷心菜和荠菜是一对势不两立的仇敌，生长在一起会两败俱伤；庄稼里有田鼠和蛇，田鼠吃庄稼，蛇吃田鼠，由此构成了一个食物链……事物之间的“爱”与“恨”，相生与相克是普遍存在的、是多种多样的，其实这也体现出了联系的另外两个特点——普遍性、多样性。

4.联系的普遍性，我们可以概括为八个字：无时不有、无处不在。任何事物内部的不同部分和要素之间都是相互联系的，也就是说，任何事物都具有内在的结构性。比如，蛇、田鼠、庄稼所形成的食物链就是自然界整个食物链内部当中的联系。任何事物都不是孤立存在，都同其他事物处于一定的联系之中，比如，鱼离不开水、羊离不开草等等。整个世界是一个相互联系的整体，比如，随着网络技术的发展，我们迎来的是一个万物互联的时代，整个世界成为一个相互联系的整体。

5.联系的多样性，是指世界上的事物是多种多样的，事物之间的联系也是多种多样的，有直接联系与间接联系、本质联系与非本质联系、内部联系与外部联系、必然联系与偶然联系等等。其实，我们中国传统文化当中的许多寓言故事、成语都体现出了联系的多样性。比如，“城门失火，殃及池鱼”反映的是一种间接联系、“唇亡齿寒”反映的就是内部联系与外部联系、“种瓜得瓜、种豆得豆”反映的是一种必然联系、资本家与剥削之间体现的是一种本质联系……

6.既然事物之间的联系是客观存在，是不以人的意志为转移的，那是否就意味着任何事物之间都存在着一定的联系呢？面对事物之间的不良联系我们是否就无能为力了呢？洋葱和胡萝卜发出的气味可以相互驱逐害虫，这是一种互利共生的关系，但是如果失去了充足的阳光和水分，它们也不能良好生长，阳光、水分为它们的生长提供了一定的条件，其实这也体现出了联系的第四个特点——条件性。条件是对事物存在和发展发生作用的诸要素的总和，世界上除了整体的物质世界是无条件的以外，凡是具体的事物都是有条件的。条件对事物的发展和人的活动具有支持或制约作用，有利的条件会起到支持作用，不利的条件则会起到阻碍作用。比如，新冠疫情期间，学校不能正常开展线下教学，这就是疫情带给我们的不利影响，为了消除这些不利影响，我们转为线上教学，其实这一过程就是我们在发挥主观能动性把不利的条件进行转化。线上教学需要借助于网络，还需要有电脑、手机等设备，在使用互联网和这些通信设备的过程中，我们需要掌握一定的技术、还需要借助于网络上各种电子资源，其实这就是在掌握和运用规律。这也说明面对不利的条件，我们并不是无能为力，我们可以发挥主观能动性去创造和改变条件，但改变和创造条件不是任意的，必须尊重事物发展的客观规律，不能强行去改变事物存在和发展的条件。这就与我们上节课所学习的“物质与意识的辩证关系原理”是相通的。

学生活动：思考并回答老师提出的问题。

设计意图：通过问题链式教学，引导学生掌握联系的定义和特点。

环节四：引入事物的普遍联系的方法论意义

教师活动：

1.引用党的二十大报告：必须坚持系统观念。万事万物是相互联系、相互依存的。只有用普遍联系的、全面系统的、发展变化的观点观察事物，才能把握事物发展规律。

2.中华民族有着悠久的历史，形成了宝贵的精神品质，中华各族儿女顾全大局、团结一心、互帮互助，共同谱写出中华民族一家亲的华美乐章。近代以来，中华民族历经磨难，但中华各民族勠力同心，实现了一次又一次飞跃。

3.1935年5月，长征途中的中央红军总参谋长刘伯承与彝族果基部落首领小叶丹在彝海边歃血为盟，彝海结盟使得红军顺利通过彝族地区，彻底粉碎了蒋介石将红军围歼于大渡河南岸的企图，成为革命战争年代党和红军重视民族团结的生动写照，谱写了一曲动人的民族团结之歌。

4.党的十八大以来，以习近平同志为核心的党中央着眼新时代民族工作面临的新形势新特点，创造性提出“铸牢中华民族共同体意识”这一重大论断，推动我国民族团结进步事业取得了新的历史性成就。这充分体现出我们的党善于运用马克思主义关于事物的普遍联系的原理去分析问题、解决问题。

设计意图：使学生切实感受到马克思主义所具有的强大生命力和感召力以及对于实践的重要指导意义。

（二）板书设计

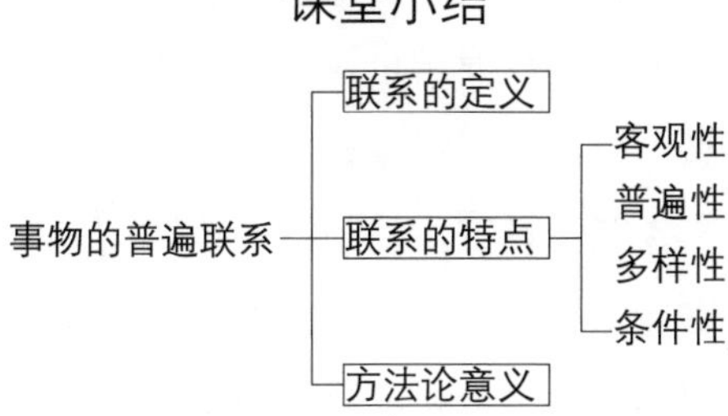

（三）作业设计

请结合所学内容思考如何铸牢中华民族共同体意识。

（四）参考资料

[1]恩格斯：《反杜林论》第一编《哲学》，《马克思恩格斯选集》第

三卷，人民出版社，2012年。

[2]列宁：《谈谈辩证法问题》，《列宁选集》第二卷，人民出版社，2012年。

[3]习近平：《辩证唯物主义是中国共产党人的世界观和方法论》，《求是》，2019年第1期。

[4]习近平：《高举中国特色社会主义伟大旗帜 为全面建设社会主义现代化国家而团结奋斗——在中国共产党第二十次全国代表大会上的报告》，人民出版社，2022年。

[5]刘建军等：《〈马克思主义基本原理概论〉辅导用书》，高等教育出版社，2020年。

[6]罗聘：《〈马克思主义基本原理概论〉案例选编》，武汉大学出版社，2014年。

[7]《彝海结盟纪念碑：红色的记忆，不朽的丰碑》，“学习强国”学习平台，https://www.xuexi.cn/lgpage/detail/index.html?id=10677236264404848776&item_id=10677236264404848776.

八、教学总结与反思

“事物的普遍联系”是马克思主义哲学的重要内容，该课程的理论性较强，学生在高中阶段对知识的掌握程度也有所不同。在具体授课过程中，要选取代表性案例，结合案例进行原理讲授，使学生更加直观理解相关原理内容。例如，通过引用寓言故事、成语、古诗词等对相关原理进行分析，使学生感受到哲学并非空中楼阁，日常生活当中对事物的分析和解决都会使用到相关的哲学原理。在讲授基本原理的同时，要注重对学生的价值引领，提高学生运用科学的世界观和方法论分析问题、解决问题的能力。在进行课堂讲授的同时，注重课后学习效果追踪，并使用“雨课堂”等网络形式实现线上与线下、课前课中课后相结合。

在扎实推进共同富裕中
铸牢中华民族共同体意识

大连民族大学　李海鹰

一、课程基本信息

主讲课程：毛泽东思想和中国特色社会主义理论体系概论

使用教材版本：高等教育出版社（2023版）

教材章节出处：《毛泽东思想和中国特色社会主义理论体系概论》第六章《邓小平理论》第一节《邓小平理论首要的基本的理论问题和精髓》第一目《邓小平理论首要的基本的理论问题》

二、教学设计概述

在设计本节课的教学方案时，教师需要综合考虑教学目标、学生特点、教学资源等多方面因素，以确保教学活动的有效性和针对性。

（一）教学设计理论依据

1.社会主义本质理论：共同富裕是社会主义的本质要求，是中国式现代化的重要特征。

2.习近平新时代中国特色社会主义思想关于中华民族共同体理念的论述，如五个共同、四个与共、五个认同等。

3.教育心理学原理：依据教育心理学原理，如认知发展理论、动机理论等，设计符合学生认知特点的教学活动。

（二）教学设计特色

1.贴近实际：关注时事热点，以实际案例引导学生了解共同富裕的现状和路径。

2.注重思辨：通过讨论与交流，培养学生的思辨能力和分析解决问题的能力。

3.突出认同：强调共同富裕在铸牢中华民族共同体意识中的重要作用，引导学生树立五个认同。

4.寓教于乐：采用多元化的教学手段，如视频、图片、案例等，使学生在轻松愉快的氛围中学习。

三、学情分析

（一）思想特点

民族高校的学生来自五湖四海，拥有不同的民族文化背景和生活经历，这使得他们在思想上展现出多样性与包容性。一方面，他们对自己的民族文化有着深厚的认同感和自豪感，渴望在保持本民族文化特色的同时，融入国家现代化进程。另一方面，在多元文化的交融中，民族高校的学生通常更加开放和包容。这种多元化的思想基础是学生比较关注民族团结和民族发展的问题，为本节课的学习提供了丰富的土壤，但也要求教学内容与方法更加贴近学生实际，注重文化多样性的融合与尊重。

（二）知识储备

本学期授课的对象是理工科学生，虽然他们在中小学阶段，已经通过一系列思想政治理论课程建立了初步的知识储备，但是更多的是基本理论和基本概念的学习，且主要是为了应试而学。就本节课而言，关于社会主义本质理论，学生在高中的时候就已经学过，自认为已经掌握，故而会轻视这个问题。这需要教师在教学设计中要老题新解，答疑解惑，体现思想深度和理论高度。

（三）能力水平

民族高校的学生通常具备较强的人文关怀和社会责任感，体现为良好的团队合作能力和社会实践能力。然而，面对快速变化的社会和经济环境，如何提升创新思维能力、批判性思维能力，以及跨文化交流能力，成为民族高校学生面临的共同挑战，这也是本节课需要引导和培养的重点。

四、教学目标

（一）知识目标

通过本节课学习，能够准确掌握社会主义本质理论的核心内容和中华民族共同体的基本理念，特别是共同富裕的基本内涵，及其对于国家统一、民族团结、社会稳定的重要性；深刻认识铸牢中华民族共同体意识的极端重要性和现实针对性；深入了解当前我国各民族发展的实际情况，以及在推进共同富裕过程中面临的机遇与挑战。

（二）能力目标

通过本节课学习，能够积极参加小组讨论和头脑风暴等教学活动，提高自主学习的能力和团队协作的能力；学会搜集、整理和评估关于民族地区发展及共同富裕相关信息的能力；培养批判性思维能力，能够对实现各民族共同富裕过程中的问题进行深入思考，并运用所学知识分析问题，提出合理的解决方案。

（三）情感目标

通过本节课学习，能够加大对少数民族地区和弱势群体的深切关怀，树立公平正义的价值观念，促进民族间的相互尊重与理解；牢固树立各族人民休戚与共、荣辱与共、生死与共、命运与共的共同体理念；坚定对伟大祖国、中华民族、中华文化、中国共产党和中国特色社会主义的高度认同；将各民族共同发展和共同富裕作为自己的人生目标和价值追求。

五、教学重点难点

（一）教学重点

1.阐述社会主义本质理论提出的过程、科学内涵和重要意义，并批判对社会主义本质理论的一些错误认识。

2.强调共同富裕是社会主义的根本目标，也是中国特色社会主义的本质要求。讲解在多民族国家背景下，促进各民族共同富裕对于增强民族团结、维护社会稳定、推动国家整体发展的战略意义。

3.结合当前国家实施的精准扶贫、乡村振兴、区域协调发展等战略，讨论在推进各民族共同富裕过程中的机遇与挑战。

（二）教学难点

1.如何将社会主义本质理论与现实中各民族地区的实际情况紧密结合，让学生理解理论的实践价值，并能批判性思考存在的问题和解决方案。

2.如何选取恰当的数据和实例来支撑教学内容，确保信息的准确性和时效性，帮助学生理解政策的实际效果，同时培养他们分析问题和评估政策的能力。

3.如何让学生在教学中积极参与讨论和思考，引导他们思考在推动各民族共同富裕的进程中可以扮演的角色，激发他们的社会责任感和参与意识，鼓励他们为构建和谐社会贡献自己的力量。

六、教学设计总体思路

本节课教学采用线上自学与线下讲授相结合的混合式智慧教学模式，通过课前环节、课中环节和课后环节的教学活动，帮助学生深刻理解和掌握共同富裕与中华民族共同体意识的核心要义，激发学生的爱国情怀和社会责任感，为培养具有时代责任感和历史使命感的新时代青年奠定坚实的基础。

1.在教学分析的基础上确立清晰的教学目标和教学重难点。首先要进行学情分析，即以学生为中心，关注学生的思想特点、知识储备和能力水平，了解他们的学习需求和困惑。其次要进行教材分析，即深入理解所教授内容的核心概念、重点难点、知识结构，以及它在学科体系中的位置和与其他内容的关联。在教学分析的基础上设定教学目标，确定教学的重点和难点问题。

2.选择适宜的教学方法与资源设计教学过程。根据教学内容和学生特点，选择合适的教学方法、教学资源以及相应的教学策略来优化学习过程。在此基础上，规划课堂活动的序列，包括课前自学、导入新课、新知讲授、练习巩固、总结提升、布置作业等环节，确保教学活动逻辑清晰、衔接自然。

3.实施教学评价与教学反思。设计形成性和总结性评价方案，包括课堂提问、小组讨论、测试、作业反馈等，以监测学生的学习进展，及时调整教学策略。教学结束后，对教学过程和学生学习成效进行反思，收集反馈，为后续教学提供改进依据。

七、教学过程

（一）教学流程设计

环节一：课前自主学习

教师活动：

1.布置学生自主学习任务：教师通过“学习通”向学生发布预习引导、背景调研和问题征集等课前自主学习任务。

2.准备相关的教学资料：准备教学PPT、视频资料、教学案例、思考讨论题等相关的教学资料，增加教学内容的丰富性和多样性，确保教学目标的达成。

学生活动：

1.预习引导：在学习通平台阅读相关的理论资料和案例，为课堂学习做准备。

2.背景调研：以学习小组为单位，通过调查、访谈等方式，了解不同民族地区在共同富裕进程中的现状和挑战。

3.问题征集：思考本节课的相关疑问和兴趣点，以便在课堂上有针对性地提问和讨论。

设计意图：激发学生的学习兴趣，鼓励他们主动探索，形成初步认知；征集问题可以提高教学的针对性，确保教学内容贴近学生实际；促进学生之间的合作学习，培养团队协作能力。

环节二：课中互动学习

教师活动：

1.播放视频资料《我们是一家人》。

2.我国是统一的多民族国家。自古以来，我国各族人民共同创造了璀璨夺目的中华文明，铸就了伟大的中华民族。我们党自成立之日起，就高度重视民族问题、民族工作，正确处理民族关系。新中国成立后，党确立了以民族平等、民族团结、民族区域自治、各民族共同繁荣为主要内容的民族理论和民族工作方针政策，各民族在社会主义制度下实现了真正意义上的平等团结进步。改革开放新时期，我们党坚持各民族共同团结奋斗、共同繁荣发展，采取一系列重大措施支持民族地区经济社会发展，取得显著成就。党的十八大以来，以习近平同志为核心的党中央强调中华民族大家庭、中华民族共同体、铸牢中华民族共同体意识、推进中华民族共同体建设等理念，鲜明地提出把铸牢中华民族共同体意识作为新时代党的民族工作的主线和民族地区各项工作的主线，进一步拓展了中国特色解决民族问题的正确道路。在新的时代条件下铸牢中华民族共同体意识，必须在扎实推进共同富裕中持续发展经济、改善民生、增进认同，推动各民族共同走向社会主义现代化。

3.“什么是社会主义，怎样建设社会主义”是邓小平在改革开放新时期长期思考的首要的基本的理论问题。“什么是社会主义”问题的核心是要科学认识社会主义的本质。这个问题解决了，才能正确把握怎样建设社会主义。

4.怎样理解社会主义本质理论的科学内涵?

邓小平对社会主义本质的概括是：“社会主义的本质，是解放生产力，发展生产力，消灭剥削，消除两极分化，最终达到共同富裕”。邓小平对社会主义本质的概括，既包括了社会主义社会的生产力问题，又包括了社会主义社会的生产关系问题，是一个有机的整体。

“消灭剥削”“消除两极分化”只能以公有制和按劳分配为前提；达到“共同富裕”这个最终目的只能产生于公有制和按劳分配这种社会主义生产关系，而不能依靠私有制和与之相适应的分配方式去实现。所以，我们坚持社会主义公有制主体地位就是为了消灭剥削，坚持按劳分配主体地位就是为了消除两极分化。

5.铸牢中华民族共同体意识是习近平总书记关于加强和改进民族工作的

重要思想的核心要义。这一重要思想集中体现为“十二个必须”，即必须从中华民族伟大复兴战略高度把握新时代党的民族工作的历史方位；必须把推动各民族为全面建设社会主义现代化国家共同奋斗作为新时代党的民族工作的重要任务；必须以铸牢中华民族共同体意识为新时代党的民族工作的主线；必须坚持正确的中华民族历史观；必须坚持各民族一律平等；必须高举中华民族大团结旗帜；必须坚持和完善民族区域自治制度；必须构筑中华民族共有精神家园；必须促进各民族广泛交往交流交融；必须坚持依法治理民族事务；必须坚决维护国家主权、安全、发展利益；必须坚持党对民族工作的领导。“十二个必须”深刻阐明了新时代党的民族工作的战略地位、总体要求、工作主线、重点任务和重要保障，深刻回答了民族工作举什么旗、走什么路的根本性问题，是党的民族工作的根本遵循。

6.树立正确的国家观、历史观、民族观、文化观、宗教观，是铸牢中华民族共同体意识的思想基础。坚定对伟大祖国、中华民族、中华文化、中国共产党、中国特色社会主义的认同，是铸牢中华民族共同体意识的核心任务。增强国家意识、公民意识、法治意识，是铸牢中华民族共同体意识的重要内容。

7.“五个共同”深刻诠释了正确的中华民族历史观的理论内涵，一部中国史就是一部各民族交融汇聚成多元一体中华民族的历史，就是各民族共同缔造、发展、巩固统一的伟大祖国的历史；深刻揭示出中华民族形成发展的客观事实和中华民族交往交流交融的基本规律，中华民族从多元凝聚成一体，源自各民族文化上的兼收并蓄、经济上的相互依存、情感上的相互亲近，以及中华民族追求团结统一的内生动力；深刻揭示出中华民族是56个民族融聚而成的有机体而不是民族大拼盘；深刻揭示出中华民族是一个实体，而非“想象的共同体”。

“五个共同”的共同体理念，是中华民族生生不息、战胜苦难、化解危机、实现复兴的强大内生动力。树立正确的国家观、历史观、民族观、文化观、宗教观，是铸牢中华民族共同体意识的思想基础。

8.必须重点把握好“四对关系”

一是共同性与差异性的关系，共同性是主导，是方向、前提和根本；差异性不能削弱和危害共同性；增进共同性并不意味着消灭差异性，尊重差异性也不是固化差异。二是中华民族共同体意识与各民族意识的关系，两者可以并存不悖，但并非平行并列，本民族意识要服从和服务于中华民族共同体意识，同时要在实现好中华民族共同体整体利益进程中实现好各民族具体利益。三是中华文化与各民族文化的关系，各民族优秀传统文化都是中华文化的组成部分，中华文化是主干，各民族文化是枝叶，根深干壮才能枝繁叶茂。四是物质与精神的关系，经济的发展、人民生活水平的提高，并不自然而然带来思想认识的提高，并不自然而然带来民族团结，并不自然而然带来中华民族共同体意识。要实现长治久安，经济发展固然重要，但绝不能忽视心灵相通与人心凝聚，因此要赋予所有改革发展以彰显中华民族共同体意识的意义，以维护统一、反对分裂的意义，以改善民生、凝聚人心的意义，让中华民族共同体牢不可破。

9.展示案例：千里姻“援”一线牵，高原绽放“共富花”

2021 年初，一部名为《山海情》的主旋律扶贫剧广受好评，圈粉无数。2021年6月，浙江携手甘孜，再续“山海情”，从东海之滨，到川西高原，一场对口支援的接力赛在雪域甘孜上演。春回绿渐又一载，转眼浙甘对口支援工作开展已两年多。两年来，浙江省驻甘孜工作队紧紧围绕“铸牢中华民族共同体意识”这一主线，锚定“民族团结”和“共同发展”两大目标，聚焦“出成果、出亮点、出模式”三大要求，着力打造“产业合作、数字化转型、消费帮扶、文化交流、援派铁军”五张金名片，用行动和担当，用真情和温暖，不断谱写着对口支援新篇章。

10.共同富裕是社会主义的本质要求，是中国式现代化的重要特征。党的十八大以来，以习近平同志为核心的党中央把握发展阶段新变化，把逐步实现全体人民共同富裕摆在更加重要的位置上，推动区域协调发展，采取有力措施保障和改善民生，打赢脱贫攻坚战，全面建成小康社会，为促进共同富裕创造了良好条件。

浙江省驻甘孜工作队坚持把铸牢中华民族共同体意识贯穿到对口支援工作中，把中央支持政策的推动力和民族地区自身发展潜力有机结合，通过打造对口支援“五张金名片”，促进各民族交往交流交融，奋力画出“民族团结”和“共同富裕”最大同心圆。

11.作为民族大学的学子，要自觉做中华民族共同体的拥护者、建设者和捍卫者。牢固树立各族人民休戚与共、荣辱与共、生死与共、命运与共的共同体理念，坚定对伟大祖国 、中华民族、 中华文化、中国共产党和中国特色社会主义的高度认同。将各民族共同发展和共同富裕作为自己的人生目标和价值追求。

12.从共同富裕的覆盖面看，不是一部分人和一部分地区的富裕，而是全体人民的富裕，使全体人民共享改革发展成果。从共同富裕的含义看，不是简单的物质生活富裕，而是兼顾物质生活和精神生活的富裕，实现人的全面发展。从共同富裕的实现途径看，不是牺牲效率的平均主义，更不能养懒汉，而要鼓励勤劳创新致富。让每个人能够公平享有发展的机会，畅通向上流动的通道。从共同富裕的阶段性看，不是一蹴而就，而是逐步共富。要脚踏实地，久久为功，在实现现代化过程中逐步解决好这个问题。鼓励各地因地制宜探索有效路径，总结经验，逐步推开。

13.最后，师生观看视频《我爱我的国！56个民族同唱这首歌》并同唱一首歌。

学生活动：

1.观看视频《我们是一家人》。

2.观看教学PPT并认真听讲。

3.思考教师提出的问题并做出大拇指投票。

4.通过雨课堂平台选人，3-5名学生发表观点和案例分析。

5.观看教学案例。

6.各学习团队代表在课堂上分享调研到的各民族地区在共同富裕进程中的现状和挑战。例如由独龙族学生介绍本民族整族脱贫的亲身经历和现在乡村振兴建设的现状和挑战等。

7.观看视频并与教师同唱《我爱你，中国》。

设计意图：通过短视频、讲解、讨论、案例分析、小组活动和总结发言等多种教学手段，让学生深入理解共同富裕和中华民族共同体意识的重要性，增强学生的理解和认同感，同时促进学生的批判性思维和创新能力的发展。

环节三：课后延伸学习

教师活动：

1.安排与课程内容相关的作业。

2.通过问卷或讨论收集学生对课程的反馈。

3.对有疑问的学生提供额外的辅导。

4.推荐阅读材料，鼓励学生进行深入学习。

5.鼓励学生参与社会实践，如志愿服务，加深对共同富裕的体验。

学生活动：

1.完成课后作业和反馈问卷。

2.深入学习延伸的资料。

3.积极参加社会实践。

（二）课堂小结

在今天的课程中，我们深入探讨了“在扎实推进共同富裕中铸牢中华民族共同体意识”的重要意义与实践路径；充分认识到共同富裕是社会主义的本质要求，是人民群众的共同期盼，也是实现中华民族伟大复兴的重要基石，更是增强民族凝聚力、促进各民族交往交流交融的重要途径。我们也讨论了作为青年学生，在实现共同富裕和铸牢中华民族共同体意识的进程中应承担的责任与使命。让我们携手并进，树立远大理想，勤奋学习，积极参与社会实践，成为促进各民族共同团结奋斗、共同繁荣富裕的积极力量。

（三）板书设计

1.主板书

一、邓小平理论首要的基本理论问题

二、中华民族共同体的基本理念

三、在扎实推进共同富裕中铸牢中华民族共同体意识

2.副板书

授课过程中的一些核心词语

（四）作业设计

1.在授课的过程中，利用雨课堂平台发布3道客观选择题。

2.在学习通平台发布反馈问卷。

3.在学习通平台发布互动讨论题。

（五）参考资料

[1]邓小平：《在武昌、深圳、珠海、上海等地的谈话要点》，《邓小平文选》第三卷，人民出版社，1993年。

[2]本书编写组：《中华民族共同体概论》，高等教育出版社、民族出版社，2024年。

[3]习近平：《铸牢中华民族共同体意识 推进新时代党的民族工作高质量发展》，《求是》，2024年第3期。

八、教学总结与反思

（一）教学总结

本节课围绕“在扎实推进共同富裕中铸牢中华民族共同体意识”这一主题展开，旨在通过深入浅出的讲解和丰富的案例分析，帮助学生理解共同富裕的深刻内涵及其在促进民族团结、增强中华民族共同体意识中的重要作用。通过学习，大部分学生对共同富裕的概念和重要性有了基本的理解。在互动环节，学生能够积极发言，提出有见地的观点。学生对中华民族共同体意识的认同感有所增强，基本上达成了教学目标。

（二）教学反思

虽然课程整体上达到了预期的教学目的，但在某些环节仍有改进空间。一是理论深度的挖掘可以更加深入，尤其是在解释共同富裕与中华民族共同体建设的内在联系时，应更充分地运用马克思主义基本原理进行剖析，增强说服力。二是互动环节的反馈机制需进一步优化，虽然小组讨论活跃了课堂

气氛，但部分学生可能因时间限制未能充分表达意见，未来可以考虑利用在线平台延续课堂讨论，确保每名学生都有机会分享自己的想法。最后，需持续关注学生的学习效果反馈，及时调整教学策略，确保教学内容既符合时代要求，又贴近学生实际，有效提升学生的理论素养与实践能力，为培养具有强烈中华民族共同体意识的新时代青年贡献力量。

中华民族风俗传承家

——全面推进中华民族共有精神家园建设

辽宁轻工职业学院　董　洋

一、课程基本信息

主讲课程：形势与政策

使用教材版本：中共中央宣传部时事报告杂志社（2023—2024学年度下学期）

教材章节出处：《时事报告（大学生版）》第五讲《铸牢中华民族共同体意识》

二、教学设计概述

本节中华民族共有精神家园建设课程的教学设计依据高校形势与政策课《时事报告（大学生版）》2023—2024学年度下学期教材，旨在引导学生牢固树立正确的中华民族历史观，牢固树立休戚与共、荣辱与共、生死与共、命运与共的共同体理念，切实把思想真正统一到党中央关于新时代党的民族工作的重要决策部署上来。在全面增强学生的“志气、骨气、底气”的同时，为其树立追求中华民族伟大复兴理想的信念、拓宽知识视野和提升实践能力奠定坚实的思想基础。

教学设计理论依据新课标对思想政治理论课的明确要求，将形势与政策课程作为培养时代新人的重要途径。在此框架下，本课程设计重视将道德教育、生命安全与健康教育、法治教育、中华优秀传统文化与革命传统教育、国情教育等内容有机融合，强调其政治性、思想性、综合性、实践性特征。本课程的教学设计聚焦在活化传统文化教育，以学生为中心，通过体验式和探究式学习，激发学生对中华优秀传统文化的兴趣，让学生在亲身参与和体验中理解和感悟节日风俗的深层含义。通过丰富的教学活动，如情景模拟、角色扮演、互动游戏和小组讨论，使学生在参与中学习，在学习中成长，有效提升了学生的政治认同、道德修养、法治意识、公共参与等方面的核心素养。

教学设计的特色在于其创新性与实践性。一方面，将课程内容与信息化教学手段相结合，运用互动白板、多媒体演示和网络资源，使传统文化教育与现代教育技术相融合，提高教学的趣味性和互动性。另一方面，设计了富有启发性的课后小调查任务，引导学生走出课堂，到社区、家庭中去探索和研究本地的传统节日风俗，将课堂学到的知识与现实生活实践相结合，以达到教育的综合性和实践性目标。

三、学情分析

基于“大中小学思政课一体化建设”，在“中华风俗传承家”课程中，学生群体的多学段特点要求我作为教师对他们的思想特点、知识储备、能力水平以及对本课内容的兴趣和接受度有一个综合性的了解。学生普遍具有好奇心和探索传统文化的热情，但在知识储备上存在差异，一些学生对传统节日的了解较为深入，而另一些学生则可能对此知之甚少。学生的能力水平也表现出多样性，有的学生在文化课程中展示出较强的记忆能力和理解力，而有的则在表达和创新方面显得更为突出。对于本课所涉及的内容，大部分学生表现出浓厚的兴趣，但也有学生对于抽象的文化寓意理解存在一定难度。此外，由于地域差异，不同学段的学生对传统节日的认知和接受程度也不尽相同，需在教学中给予特别考虑和差异化指导。

四、教学目标

（一）知识与能力

学生能够初步了解中国的基本国情、中华优秀传统文化的主要代表性成果，了解中国共产党的历史和革命传统、改革开放和中国特色社会主义的伟大成就，汲取党史、新中国史、改革开放史、社会主义发展史所蕴含的精神力量，热爱伟大祖国、中华民族、中华文化、中国共产党和中国特色社会主义，为自己是中国人而自豪；具有维护民族团结的意识，能够把个人发展和国家命运联系起来，维护国家利益和安全；能够理解社会主义核心价值观的内涵及其重要意义， 并在社会生活中自觉践行；能够以实现中华民族伟大复兴为己任，增强做中国人的志气、骨气、底气，不负时代，不负韶华，不负党和人民的殷切期望；关心时事，热爱和平，初步具有国际视野和人类命运共同体意识。

（二）过程与方法

在这堂课上，学生将在探索中国传统节日和地方特色节日的活动中获得对我国丰富多彩节日风俗的基本知识。通过对比不同地区节日风俗的差异，学生能够体会多民族国家文化的多样性，并在此过程中增强自己的民族认同感和文化自豪感。通过小组合作、互动游戏等活动，学生将锻炼团队协作能力、批判性思维以及创新能力，并在交流分享中学会尊重和欣赏不同文化。此外，学生将通过课后的小调查研究，培养自主学习能力，增强分析问题和解决问题的能力。

（三）情感态度与价值观

学生将学会欣赏传统文化，培养对传统节日的兴趣和热爱，通过实践活动体验文化传承的意义，从而达到高度认同中华民族的目标。课程通过具体化活动，增进大中小学段学生的“五个认同”。

五、教学重点难点

（一）教学重点

1.理解和记忆不同传统节日的基本风俗和其背后的文化意义。通过对比学习，重点突出多元文化的内涵和价值以及节日风俗对现代社会的意义。

2.认识到我们的祖国是全国各族人民共同缔造的统一的多民族国家，中华民族的民族关系是平等团结互助和谐的社会主义新型民族关系，各民族谁也离不开谁。认识到中华民族一家亲的重要性，结合我国当前社会发展正确认识新型民族关系。

（二）教学难点

1.准确把握节日风俗与现代生活的联系，在了解具体节日风俗的同时，深入感受到这些风俗的文化寓意和情感价值。

2.教师针对学生个体差异大的现状，保证每个学生都能在自己的水平上有所收获。

六、教学设计总体思路

本课程的总体教学思路是以学生为中心，注重体验式和互动式学习。通过多媒体工具和互动游戏，营造生动有趣的学习环境，提高学生的学习兴趣和参与度。同时，考虑到不同学段学生的特点，力求通过生动的情境设置和具体的例子，使学生易于理解和接受。在活动设计上，注重培养学生的合作与交流能力，以及通过课后调查研究，提高学生的自主学习能力和实践能力。整个教学过程中，信息化教育资源的有效利用，如互动白板和网络资源，将为学生提供更为广阔的学习视角和深化理解的机会。

七、教学过程

（一）教学流程设计

环节一：中华风俗文化之旅

教师活动：

1.导入新课。同学们，欢迎来到中华风俗文化的奇妙世界！今天，我们将一起踏上探索之旅，深入了解与我们生活密切相关的传统风俗。

2.播放PPT动画，展现风俗传承家穿梭在各个节日场景中，介绍节日与风俗的联系。

3.使用互动白板展示中国传统节日的图片，并提问。同学们，你们知道这些节日有什么特别的习俗吗?

4.通过电子投票系统让学生投票选出他们最感兴趣的节日风俗，并简要解释原因。

5.将学生分成小组，每组选择一个节日，利用平板电脑或智能手机查找该节日的风俗习惯，并准备简短的介绍。

6.邀请每个小组通过投影仪展示他们选择的节日风俗，其他同学可以提问或补充。

学生活动：

1.观看动画，跟随风俗传承家了解中华风俗文化的魅力。

2.在互动白板上使用笔触或手势进行标注，分享自己对节日习俗的理解。

3.积极参与提问和补充，使用智能设备进行投票，选出最感兴趣的节日风俗，并简要解释选择的原因。

4.在小组内交流思考，利用智能设备查找信息，准备节日风俗的介绍。

5.展示自己小组准备的节日风俗介绍。

设计意图：本环节通过动画展示、互动白板和智能设备，增加了课堂的信息化元素，使学生在互动中学习中华风俗文化。小组讨论和分享展示的环节不仅增强了学生的合作能力和表达能力，还使学生通过互动加深了对节日习俗背后文化意义的理解。教师通过互动投票环节能够及时了解学生的兴趣点，为后续教学提供参考。整个教学过程寓教于乐，使学生在轻松愉快的氛围中学习传统文化，培养对中华文化的认同感和自豪感。

环节二：特别的端午节文化

教师活动：

1.同学们，端午节是我们中华民族的传统节日，但你们知道吗？在我们浩瀚的祖国，不同的地方会有不同的庆祝方式。今天，我们就来探索一下这些多彩的端午节文化吧！

2.让我们先来了解一下端午节的来历。端午节，又称龙舟节、五月节，是为了纪念伟大的爱国诗人屈原而设立的。屈原以他的高尚品德和深沉的爱国情怀被世人铭记。在这个特别的日子里，我们通过各种活动来表达对他的怀念。

3.播放视频。现在，让我们一起观看一段关于端午节的视频，感受一下节日的氛围和文化魅力。

4.端午节有很多传统习俗，比如赛龙舟。赛龙舟不仅是一项激动人心的体育活动，更是对屈原的一种纪念。每当龙舟在水面上破浪前行时，我们都能感受到那份对历史的尊重和对英雄的怀念。

5.端午节不仅有赛龙舟、吃粽子这些我们熟悉的习俗，还有很多有趣的地方特色。风俗传承家想问问大家，你们那里是怎么庆祝端午节的呢?

6.听起来你们家乡的端午节都有自己的特色啊！谁愿意来分享一下你们那里独特的端午节习俗呢?

学生活动：

1.观看视频，感受端午节的传统氛围和文化魅力。

2.依次分享家乡的端午节风俗习惯：

生1：在我们山东省长岛县，端午节那天，大家都会早起“拉露水”，传说这样可以保持一年的健康呢！

生2：我家在江西修水县，端午节我们会挂艾草和菖蒲，还有给孩子洗“玉兰汤”，大人们说这样可以避邪保平安。

生3：在我们瑞金，端午节大家会自己做香包，里面装满了各种草药，既香又能驱虫，很实用呢！

生4：我来自赣南客家，端午节我们会洒雄黄酒，用来驱蛇避邪，还会在门上挂葛藤，传统又有意义。

生5：我们吉安人端午节会吃“五子宴”，还会挂彩蛋，寓意着健康和吉祥，很有趣呢！

设计意图：本环节通过教师的引导和学生的互动分享，展现了端午节在不同地区的多样化庆祝方式，让学生感受到我国多民族多文化的魅力。同时，通过对端午节传统习俗的讲解和视频播放，增强了学生对这一传统节日文化的认识和理解。整个环节不仅培养了学生对传统文化的兴趣和尊重，还加强了同学之间的交流和了解，营造了一个和谐、互动的学习氛围。

环节三：传统风俗达人大比拼

教师活动：

1.同学们，通过之前的学习，我们已经了解了许多丰富多彩的节日风俗。现在，我要奖励大家，让我们一起来玩个有趣的游戏吧——传统风俗达人竞猜！

2.游戏规则很简单，我会通过互动屏幕展示一些与节日相关的风俗图片，大家需要快速抢答，说出与这些风俗对应的传统节日名称。抢答成功的同学将获得“传统风俗小达人”的称号哦！

3.展示一系列卡片，每张卡片上都有与节日相关的风俗图案。

4.恭喜你们！你们都是传统风俗小达人！希望你们继续保持对传统文化的热爱和探索。

5.其实，除了我们熟悉的传统节日，还有许多地方特有的节日，它们同样承载着丰富的文化和情感。让我们来看看这些独特的地方节日吧！

6.邀请学生分享自己家乡的独特节日风俗。

7.你们当地的节日风俗寄托了家乡人什么样的愿望和情感呢？比如壮族的三月三对唱、蒙古族的那达慕大会，都有它们独特的文化内涵和情感表达。

8.希望你们能继续探索和了解更多的传统风俗，也欢迎大家课后继续学习，分享你们发现的独特节日风俗。让我们一起成为传承和弘扬传统文化的小达人！

学生活动：

1.抢答：

生1：清明节放风筝、吃青团、踏青。

生2：春节贴门神、吃饺子、拜大年。

生3：端午节挂艾草、配香包、吃粽子。

生4：重阳节插茱萸、重阳糕、登高、赏菊。

生5：元宵节赏花灯、猜灯谜。

生6：中秋节赏月、吃月饼。

2.讨论和分享：

生1：我家住在黑龙江省的五大连池，我们这里有饮水节，人们会汇聚到泉水边，喜饮泉水，并开展丰富的庆祝活动。

生2：我家住在福建省的福州市，我们这里有拗九节，也叫孝顺节，节日期间人们要拗九粥送亲朋好友，已出嫁的女子要回娘家孝敬父母。

生3：我家住在西藏自治区的拉萨，我们这里过藏历新年，节日期间人们会进行传统赛马与表演活动。

生4：我家住在广西壮族自治区，每到三月三歌节，家家户户做五色的糯米饭，染彩色蛋，人们聚在一起，歌声此起彼伏，非常热闹。

设计意图：本环节通过互动游戏和学生分享，不仅巩固了学生对传统节日风俗的认识，还拓展了他们对地方特色节日的了解。通过情感探讨，引导学生思考节日风俗背后的文化意义和情感寄托，加深了对传统文化的理解和感悟。整个过程充满乐趣和情感，激发了学生的学习兴趣和探索欲望，营造了积极向上的课堂氛围。

环节四：节日风俗寄托的祝愿

教师活动：

1.同学们，我们通过前面的活动了解了不同节日的风俗活动，那你们知道这些节日风俗背后寄托了家乡人什么样的愿望和情感吗？现在我们一起来挖掘这些寓意。

2.让我们一起来填写这个风俗卡吧。我会提供节日风俗的名称，我们要一起探讨这些风俗的主要活动和寄托的愿望和情感。

3.展示风俗卡模板，提示例子，鼓励学生回答。

4. 写得又快又准的同学，真是我们的“风俗寓意小达人”！希望你们能够继续发扬我们的传统文化，深入了解它们的寓意。

5.课后，请同学们进行一个有关家乡风俗演变的小调查。调查风俗的名称、途径、主要活动，以及它们被淘汰或者发生变革的原因。下次课，我们将分享调查结果。

学生活动：

1.回答问题：

生1：元宵节赏灯、耍龙灯、踩高跷、猜灯谜——对新年的祝福和对一年生活美好的期望。

生2：寒食节祭扫、踏青、荡秋千、蹴鞠、吃青团——禁火而后重新取火，作为新一年生产生活的起点。

生3：重阳节重阳糕、插茱萸、赏秋、赏菊、登高、踏秋——有长久之意，所以常在此日祭祖与推行敬老活动。

2.课后填写风俗调查表：①风俗的名称②调查的途径③风俗的主要活动④淘汰或者变革的理由。

设计意图：环节四是对本节课的总结和深化，通过风俗卡填写，让学生们更加深刻地理解和感受传统节日风俗背后的文化寓意和祝愿。这一环节也培养了学生的研究能力和创新思维，鼓励他们课后继续学习和探索，将所学知识应用于实际调查中，从而更加全面地理解和传承中华优秀传统文化。通过对传统风俗的挖掘和研究，学生能够加深对民族文化的认识，增强民族文化自信。

（二）课堂小结

今天，我们共同开展了一次关于中华传统节日和风俗文化的探索之旅。我们了解了端午节、春节、元宵节等传统节日背后的历史故事，感受了不同地方独特的节日风俗和寓意。在“传统风俗达人竞猜”中，我们以游戏的方式加深了对节日风俗的记忆，而在分享家乡的特色节日时，我们也学习到了各地文化的多样性和丰富性。每个节日的风俗都寄托了人们对生活的美好愿望和深厚情感，这些文化遗产是我们共同的财富，值得我们去珍惜和传承。我们还讨论了节日风俗背后的深层寓意，理解了人们通过这些习俗表达的愿望和情感。最后，我们引导同学们课后进行家乡风俗演变的小调查，希望大家能够通过这次活动，不仅学会了如何学习和了解传统文化，更能激发出对探索祖国文化深处的热情。

（三）板书设计

第五讲：铸牢中华民族共同体意识

第二部分：全面推进中华民族共有精神家园建设

传统节日：春节 元宵节 清明节 端午节 中秋节 重阳节

（四）作业设计

课后，请你们进行一个有关家乡风俗演变的小调查。调查风俗的名称、途径、主要活动，以及它们为何被淘汰或者发生变革的原因。下次课，我们将分享调查结果。

（五）参考资料

[1]央视网：《家乡的年味儿：天南地北年俗大观（上）》，https://tv.cctv.com/2023/01/02/VIDEW1o8kjoNJFiPCuE3N6VP230102.shtml.

[2]央视网：《家乡的年味儿：天南地北年俗大观（下）》，https://tv.cctv.com/2023/01/03/VIDEtI7xjqvsqTKKNT0FpnI7230103.shtml.

[3]习近平：《铸牢中华民族共同体意识 推进新时代党的民族工作高质量发展》，《求是》，2024年第3期。

[4] 中华人民共和国国家民族事务委员会：《贯彻落实中央民族工作会议精神》，https://www.neac.gov.cn/seac/c103654/202405/1173383.shtml.

[5]《图文展丨中华民族–56个民族》，https://mp.weixin.qq.com/s?__biz=MzI0NTU1Nzg1OA==&mid=2247485110&idx=1&sn=56925e1e06d6fc2448bce44e7d1f8d76&chksm=e94df9bbde3a70ad2645e539ecd940b8e9ffc0b9219b197d54a1a8f064343a3bb4e4e94209d5&scene=27.

[6]《中国哪个省汉族比例最高？》，https://view.inews.qq.com/k/20230626A00R4400?no-redirect=1&web_channel=wap&openApp=false.

[7]《传统春节十大习俗都有什么？你的家乡也是这样过年吗？》，https://haokan.baidu.com/v?pd=wisenatural&vid=3822316251146776752.

八、教学总结与反思

在本节课《中华民族风俗传承家》的教学中，我试图通过多样的教学活动，引导学生深入了解中华传统节日和地方特色节日的风俗文化。情境导入、动画展示、互动问答和风俗竞猜等环节，不仅增强了学生对知识的记忆，也让他们感受到了节日文化的丰富和多样性。

在实施过程中，我发现学生对于互动式学习和游戏化学习的热情很高，这种学习方式能够激发他们的学习兴趣，使他们在轻松愉快的氛围中获得知识。特别是在“传统风俗达人竞猜”环节中，学生们积极参与，展现出了很高的学习热情和竞争意识。然而，我也注意到在一些环节中，部分学生的参与度不高，可能是因为活动的设计还不够吸引他们或者是活动难度对某些学生来说稍高。

在教学方法上，虽然利用了多媒体教学工具增加了课堂的互动性，但仍需探索更多能让学生主动学习的方法，以及更有效的学生参与机制，确保每名学生都能在课堂上有所收获。同时，我也认识到了课后作业的重要性，通过布置相关的课后调查任务，能够进一步延伸学生的学习深度，让他们在实践中更好地理解和领会节日风俗的内涵。

总之，这堂课让我认识到，作为教师，我需要不断创新教学方法，寻找更多适合学生的教学策略。未来我将尝试更多元化的教学方式，努力让每个学生都能在课堂上找到学习的乐趣，并从中受益。

铸牢中华民族共同体意识 绘就民族团结进步“同心圆”

鞍山职业技术学院　刘文静

一、课程基本信息

主讲课程：形势与政策

使用教材版本：中共中央宣传部时事报告杂志社（2023—2024学年度下学期）

教材章节出处：《时事报告（大学生版）》第五讲《铸牢中华民族共同体意识》

二、教学设计概述

《铸牢中华民族共同体意识 绘就民族团结进步“同心圆”》是教材第五讲“铸牢中华民族共同体意识”中的内容。

（一）设计思路

1.本课注重学生的价值引领，围绕着落实立德树人的根本任务，采用创新的课程设计理念，力争打造有效、有趣、有实践、有情怀的“四有课堂”。注重“以学生为主体”，通过小组合作、案例讨论等方式充分调动学生自主学习的积极性，积累相关知识，便于其理解所学，让思政课“活”起来。

2.融入课堂教学主渠道。按照《形势与政策》的课程标准，根据其内容特点，结合最新的时事热点新闻，让思政课“近”起来。

3.借力“互联网+”方式。通过学习通平台让学生积极参与师生互动、生生互动。通过开展讲述中华民族故事，包括讲述各民族交往交流交融的历史故事、各族人民共御外侮的历史故事、各民族团结奋斗建设新中国的故事，引导学生铸牢中华民族共同体意识，同心共筑中国梦，让思政课“亲”起来。

（二）理论依据

1.“以学生为主体”，通过丰富多彩的教学内容以及实践活动调动学生参与课堂教学，在活动中积累相关知识，便于学生理解所学。

2.“以小见大”，拉近学生与理论知识的距离，即通过身边生活事例引起学生共鸣，注重事例与理论的联系，通过升华使学生认同理论知识，并能够在生活中运用。

3.“他山之石可以攻玉”，注重教学的实效性，即结合学生专业特点，做到与专业课程思政相融通，令教学内容更为直观易懂，引导学生思考在生活中如何运用所学。

（三）设计特色

1.与时事热点结合，及时了解国内外形势，开阔学生视野，培养学生树立正确的历史观和民族观。

2.让学生深入学习习近平总书记关于铸牢中华民族共同体意识的一系列重要论述，切实把思想真正统一到党中央关于新时代党的民族工作的重要决策部署上来。

3.运用小组合作、案例教学法等充分调动学生的积极性，发挥学生主体地位。

4.结合本校专业特色和课程标准，培养德才兼备的技能人才，积极投身中华民族共同体建设，为中华民族伟大复兴作出贡献。

三、学情分析

1.学生思想特点比较活跃。这学期本门课程的教学对象是大学一年级的学生，他们思维比较活跃，发散思维和创新意识较强，具备师生互动和生生互动的能力，同时也具备一定的信息搜索和团队协作能力，但他们的注意力、专注力相对薄弱，运用知识能力较差。

2.学生知识积累相对薄弱。学生对于中华民族共同体的相关知识积累薄弱，尤其是对习近平总书记关于铸牢中华民族共同体意识的重要论述了解不多，这容易让学生不能理解所学，无法与理论形成共鸣，影响听课效果。

3.课堂缺少吸引力。思政课理论性较强，单纯采用讲授法，无法吸引学生有效参与课堂教学，需采用多种教学方法，比如案例法、合作学习等激发学生兴趣，对其知识进行补充。

4.注重课堂教学的实效性。高等职业院校思政课教学，需更多贴合学生专业实际，与课堂思政相融通，在生活中给学生以实际指引。

四、教学目标

（一）知识目标

了解中华民族共同体是一个包括政治、经济、文化、社会等多个方面的综合体，各民族在这个共同体中相互依存、共同发展。深入理解铸牢中华民族共同体意识的历史必然性、极端重要性、现实针对性和特殊紧迫性，准确把握铸牢中华民族共同体意识的深刻内涵和实践路径，引导学生牢固树立正确的中华民族历史观，牢固树立休戚与共、荣辱与共、生死与共、命运与共的共同体理念，切实把思想真正统一到党中央关于新时代党的民族工作的重要决策部署上来。

（二）情感目标

增强民族自豪感，通过对中华民族历史和中华优秀传统文化的学习，增强对自己民族的自豪感和认同感；培养家国情怀，激发对国家和民族的深厚感情，愿意为投身中华民族共同体建设，为中华民族的繁荣富强贡献自己的力量；培养学生的集体意识，在多元文化的背景下，能够认同并尊重其他民族的文化，增强对中华民族共同体的归属感。

（三）能力目标

培养与少数民族群众进行有效沟通的能力，促进理解和合作，促进中华民族一家亲，能够准确理解和宣传国家的各项民族政策，用实际行动弘扬和培育民族精神，为中华民族政治统一、经济发展和文化繁荣作出贡献。

五、教学重点难点

（一）教学重点

1.讲清楚提出铸牢中华民族共同体意识的时代背景和重大意义。当今世界正经历百年未有之大变局，我国正处于实现中华民族伟大复兴关键时期，推动中华民族成为认同度更高、凝聚力更大的命运共同体至关重要。

2.讲清楚铸牢中华民族共同体意识的深刻内涵。铸牢中华民族共同体意识深刻阐明了新时代党的民族工作的战略地位、总体要求、工作主线、重点任务和重要保障，是党的民族工作的根本遵循。

3.讲清楚铸牢中华民族共同体意识的实践路径。针对“怎样铸牢，怎样才能铸得更牢”这一重大实践命题，习近平总书记强调要解决好五方面重点任务，这实质上就是五条实践路径，是新时代党的民族工作的“路线图”。

（二）教学难点

1.讲准确，既要准确把握党的民族政策大的精神和方向，又要准确把握重要概念、重要表述的具体细节。

2.讲鲜活，要贴近大学生的实际，通过建设中华民族共同体和中华民族现代文明的生动实践，把抽象的理论逻辑转换为形象的生活逻辑。

六、教学设计总体思路

本节课在教学过程中采用了如下的教学环节：课前调研（布置任务，预习新知）→激发兴趣（导入歌曲，渲染气氛）→课上教学（师生互动，内化新知）→课后拓展（素质拓展，知识延伸）。

通过课前调研，让学生认识到我国是各民族广泛交往交流交融的大家庭；通过播放歌曲让学生认识到，我国是一个统一的多民族国家；本节课是一节综合性很强的课，根据学生的阶段特点和思政学科特色，体现以学生为中心的教学理念，让学生们了解到我们各个民族要相互尊重、相互帮助、和谐相处、共同成长，我们56个民族是真正的一家人。

七、教学过程

（一）教学流程设计

环节一：课前调研

教师活动：设置调研问卷并发到学习通平台。调研内容为本班级少数民族学生人数及少数民族名称。

学生活动：参与调研并填写调研问卷情况表。

设计意图：通过调研，了解同学们身边少数民族同学的情况，了解我国是各民族广泛交往交流交融，中华民族一家亲。

环节二：导入新课

教师活动：

1.播放歌曲《中华民族唱起来》。

2.根据班级人数将学生分为六组。

3.请学生谈谈自己小组所了解的我国少数民族情况、辽宁少数民族情况（包括民族历史、生活习俗、民族传统文化等）。

学生活动：

1.观看歌曲视频。

2.查找相关材料，了解我国少数民族情况和辽宁少数民族的情况。

3.小组进行讨论，由小组代表进行回答。

设计意图：通过小组查阅材料和小组讨论，了解我国是一个统一的多民族国家，一部中国史，就是一部各民族交融汇聚成多元一体中华民族的历史，就是各民族共同缔造、发展、巩固统一的伟大祖国的历史。

环节三：铸牢中华民族共同体意识的战略意义

教师活动：

1.请同学们查阅资料。查找习近平总书记关于铸牢中华民族共同体意识的一系列重要论述（习近平总书记在 2021年中央民族工作会议上的讲话，在2023年到内蒙古调研时的讲话、 到广西调研时的讲话，在2023年中共中央政治局第九次集体学习时的讲话）。

2.播放视频资料：

资料一：美国《防止强迫维吾尔人劳动法》2022年6月21日起生效，美国对来自中国新疆地区的商品实施进口禁令。

资料二：2009年乌鲁木齐“7·5”打砸抢烧严重暴力犯罪事件。

3.提问：谁在编造关于新疆的谎言？新疆“强迫劳动”的谎言是怎么编造出来的？

学生活动：

1.观看视频资料并思考回答问题。

2.查阅资料，小组代表发言。

设计意图：通过深入学习习近平总书记的重要论述，通过观看两个视频资料，了解铸牢中华民族共同体意识的战略意义，铸牢中华民族共同体意识是应对各种风险挑战的战略决策，是强国建设、民族复兴的重大举措，是加强和改进民族工作的根本指针，美西方国家肆意利用涉疆、涉藏等议题对我污蔑抹黑，妄图破坏我民族团结局面，削弱中华民族的向心力、凝聚力。

环节四：把握中华民族共同体意识的丰富内涵

教师活动：

1.播放视频资料《极寒巡边路》《年锦》《铸牢中华民族共同体意识文物古籍展》。

2.导入案例：

案例一：西藏短短几十年实现了历史上最广泛最深刻的社会变革；

案例二：云南独龙族在新中国成立后的70多年里可谓“一步跨千年”。

3.提问：通过上面三个视频，两个案例，如何理解增进“五个认同”？

4.教师将学生分为六组，让学生分组合作，小组讨论并由小组代表讲述中华民族一家亲的故事，包括讲述各民族交往交流交融的历史故事、各族人民共御外侮的历史故事、各民族团结奋斗建设新中国的故事。

学生活动：

1.观看三个视频，思考并回答如何理解增进对伟大祖国、中华民族、中华文化的认同。

2.通过西藏、云南独龙族的两个案例，思考并回答如何理解增进对中国共产党、中国特色社会主义的认同。

3.小组合作查找中华民族一家亲的故事资料。

4.小组讨论并由小组代表发言，分别讲述赵武灵王胡服骑射、北魏孝文帝改革、彝海结盟、白沙起义、三千孤儿入内蒙、布茹玛汗·毛勒朵的先进事迹。

5.通过同学们之间分享的故事，深入理解树立“五个共同”、根植“四个与共”、把握“四对关系”。

设计意图：通过案例和视频，增强学生对伟大祖国、中华民族、中华文化、中国共产党、中国特色社会主义的认同。以中华民族故事为载体，引导学生深刻认识各民族交往交流交融是历史趋势，中华民族是一个休戚与共、荣辱与共、生死与共、命运与共的命运共同体，一荣俱荣、一损俱损，充分彰显各民族像石榴籽一样紧紧抱在一起，构成了休戚与共的命运共同体。

环节五：铸牢中华民族共同体意识的实践路径

教师活动：

1.播放视频《同心共筑中国梦》。

2.安排小组讨论作为新时代的大学生可以为各族人民“同心共筑中国梦”的民族团结事业做些什么。

3.通过幻灯片展示事例：

事例一：村里的大事：最近我们村发生一件大喜事，我们村主任被选为全国人大代表去北京参加两会……他将代表苗族同胞与全国其他代表一起商议国家大事，真为他感到自豪和骄傲。

提问：是不是每个民族都有代表参会？第十四届全国人民代表大会少数民族分配方案是怎样的？

事例二：云南省怒江傈僳族自治州98%以上的面积是高山峡谷，交通不便，法官们经常背着国徽到村民家中开庭，为群众提供法律服务。

提问：如何提升民族事务治理体系和治理能力现代化水平？

事例三：2023年8月29日，贵州塔石乡开展民族宗教领域安全隐患大排查大整治。

提问：如何防范民族领域重大风险隐患？

学生活动：

1.观看视频，并思考回答你能为各族人民“同心共筑中国梦”的民族团结事业做些什么。

2.根据事例思考并回答问题。

设计意图：通过一个视频和三个事例，引导学生投入到铸牢中华民族共同体意识工作中来，营造“中华民族一家亲、同心共筑中国梦”的良好氛围，让学生齐心协力、同舟共济，为推动中华民族“复兴号”巨轮乘风破浪、扬帆远航而努力。

（二）课堂小结

一部中国史，就是一部各民族交融汇聚成多元一体中华民族的历史，就是各民族共同缔造、发展、巩固统一的伟大祖国的历史。通过教学，让学生深入理解铸牢中华民族共同体意识的历史必然性、极端重要性、现实针对性和特殊紧迫性，准确把握铸牢中华民族共同体意识的深刻内涵和实践路径，引导学生牢固树立正确的中华民族历史观，牢固树立休戚与共、荣辱与共、生死与共、命运与共的共同体理念，切实把思想真正统一到党中央关于新时代党的民族工作的重要决策部署上来。

（三）板书设计

铸牢中华民族共同体意识

一、铸牢中华民族共同体的战略意义

二、把握中华民族共同体意识的丰富内涵

三、铸牢中华民族共同体意识的实践路径

（四）作业设计

课后开展讲述民族团结故事会。

（五）参考资料

[1]中共国家民族事务委员会党组：《铸牢中华民族共同体意识》，《党委中心组学习》，2023 年第 6 期。

[2]潘岳：《不断构筑中华民族共有精神家园》，《人民日报》2023年12月13日。

[3]《一步跨千年 独龙江七十年巨变》，http://news.cri.cn/20190424/ef57b8be-f8f5-25f4-80f2-a4e0dcb3ee62.html.

八、教学总结与反思

本节课是培养大学生爱国主义情感很好的素材。铸牢中华民族共同体意识、推进新时代党的民族工作高质量发展，是全党全国各族人民的共同任务。大风泱泱，大潮滂滂，团结就是力量，实干成就未来。面向未来，亿万人民在党的旗帜下团结成“一块坚硬的钢铁”，心往一处想、劲往一处使、拧成一股绳，在各自岗位上顽强拼搏、不懈奋斗，就一定能形成同心共圆中国梦的强大合力，推动中国式现代化道路走得好、走得远。

本节课在设计中需要注意的，一是完善评价体系，注重理论教学的同时，不断优化实践课评价体系；二是丰富教学资源储备，不断积累，更新相关案例，与时俱进，使我们的课不过时。最后要调动学生积极性，根据学生情况设置教学环节、选材，使理论贴近学生生活，灵活运用多种教学方法，易于学生参与其中。

铸牢中华民族共同体意识

本文系2024年沈阳市大中小思政一体化研究课题《“三维四化”模式打造“区校”大中小思政课一体化共同体路径研究》（课题编号：SDSZ-2024-207）的阶段性成果。

辽宁生态工程职业学院　刘　颖

一、课程基本信息

主讲课程：形势与政策

使用教材版本：中共中央宣传部时事报告杂志社（2023—2024学年度下学期）

教材章节出处：《时事报告（大学生版）》第五讲《铸牢中华民族共同体意识的重大意义与形势任务》

二、教学设计概述

本章节主要讲授的是铸牢中华民族共同体意识的形势任务、战略意义、丰富内涵和实践路径等几方面内容。从古至今，民族问题一直是影响各国乃至世界格局的一个重要因素或重大问题。基于中华民族伟大复兴进入新时代的历史方位，铸牢中华民族共同体意识的重大理论以鲜明的问题意识和底线思维为先导，为新时代党的民族理论发展举旗定向，纠正了民族领域的一些思想认识问题和实践偏差，有力促进了民族政策法规的调整完善和民族工作的健康发展。铸牢中华民族共同体意识的提出，是应对国内外一切风险挑战的重大决策部署，是维护国家统一、民族团结的必然要求，是强国建设、民族复兴的必由之路。

为此，课程设计上采用多种教学方法：讲授教学法，以声情并茂的讲述、精彩的教学内容呈现便于学生系统地梳理知识；案例启发教学法，通过真实的、贴切生活的案例展示（文字或视频，如：“三千孤儿入内蒙”、文物古籍展、《“脱钩断链”帮不了美国，更挡不住中国》等案例），更好地带动学生情绪，引起情感共鸣，增强课堂教学的说服力、吸引力和感染力；讨论教学法，根据教学实际，设计主题讨论（如：视频连线我校援疆干部，结合专业谈谈大学生如何积极投身中华民族共同体建设）以创设真实的场景，让学生进行信息搜集、问题探究，最后进行总结，在民主、开放的氛围中习得学科知识，利于转变教师教学方式和学习者学习方式，落实立德树人根本任务；课堂体验教学法，从教学需要出发，引入、创造或创设与教学内容相适应的具体场景或氛围（如：学生任务展示环节、民族舞蹈视频环节、合唱《爱我中华》歌曲等环节），不仅利于发挥学生的主动性、积极性，利于培养学生独立思维能力、口头表达能力，更能激发学生的情感，促进学生灵活地运用知识。

通过课前任务布置，培养学生的理论思维，引导学生主动思考，探究新知。课上问题链分析，以同学们关注的热点问题开展案例式、讨论式教学，提高学生的参与度，教师与学生深入互动，共创新知。通过图片、视频、数据以及教师饱满的情绪来激发学生的积极情绪，努力做到情理交融，注重价值引领。

三、学情分析

1.授课对象为高职院校水利水电建筑工程专业一年级的学生，他们青春有活力、创新能力强，具有一定的人文历史知识。课前查阅学生基本信息资料发现，班级中除了有汉族学生，还有少数蒙古族、满族、回族、维吾尔族学生，为此，要引导好学生认识到民族团结的重要性，牢固树立正确的中华民族历史观，帮助他们认识到铸牢中华民族共同体意识的重大意义。

2.课前通过调查问卷数据分析得知，大部分同学有着强烈的爱国情怀，对爱国主义有着清晰的认知；92.5%的学生喜欢通过理实结合的方式进行“有滋有味”的思政课教学；85.3%的学生不清楚铸牢中华民族共同体意识的深刻内涵；78.2%学生认为小的摩擦影响不了民族团结。为此，要帮助学生深入理解铸牢中华民族共同体意识的历史必然性、极端重要性、现实针对性和特殊紧迫性，准确把握铸牢中华民族共同体意识的深刻内涵和实践路径，引导他们发挥专业特长，以水利惠民，牢固树立休戚与共、荣辱与共、生死与共、命运与共的共同体理念。

四、教学目标

（一）知识目标

1.理解铸牢中华民族共同体意识的形势任务和战略意义。通过案例、视频、“连连看”游戏等内容，认识到“西强我弱”格局尚未得到根本扭转，美西方国家仍然把控着传媒霸权和文化霸权，在政治、制度、经济等方面，甚至学术和外交上，都在妄图破坏我民族团结局面。

2.科学把握中华民族共同体意识的丰富内涵。通过师生互动、观看民族舞蹈视频、绘制思维导图等活动认识到中华民族共同体是一个休戚与共、荣辱与共、生死与共、命运与共的民族群体。在漫长的历史演进中，各民族心手相连、守望相助，共同的价值追求使中华民族焕发出无与伦比的强大凝聚力。

3.掌握铸牢中华民族共同体意识的实践路径。通过连线援疆干部、案例分析、主题讨论等环节认识到要促进各民族广泛交流，居安思危防范风险隐患，守好意识形态阵地。

（二）能力目标

通过学习，能够更加坚定对伟大祖国、中华民族、中华文化、中国共产党和中国特色社会主义的高度认同，能在实践活动中集聚民族团结力量，讲好民族团结故事，做铸牢中华民族共同体意识的参与者和推动者。

（三）价值目标

清楚地认识到一部中国历史就是各民族交融汇聚成多元一体中华民族

的历史，就是各民族共同缔造、发展、巩固统一的伟大祖国的历史。为此，通过学习，提升铸牢中华民族共同体意识的使命感，牢固树立正确的中华民族历史观，牢固树立休戚与共、荣辱与共、生死与共、命运与共的共同体理念，切实把思想真正统一到党中央关于新时代党的民族工作的重要决策部署上来。

五、教学重点难点

（一）教学重点

1.当今世界正经历百年未有之大变局，我国正处于实现中华民族伟大复兴关键时期，民族工作挺进大国博弈前线、民族领域意识形态斗争更为复杂、民族工作守正创新更加紧迫，为此，推动中华民族成为认同度更高、凝聚力更大的命运共同体至关重要。

2.铸牢中华民族共同体意识深刻阐明了新时代党的民族工作的战略地位、总体要求、工作主线、重点任务和重要保障，是党的民族工作的根本遵循。为此，要讲清楚铸牢中华民族共同体意识的深刻内涵。

3.讲清楚铸牢中华民族共同体意识的实践路径。针对“怎样铸牢，怎样才能铸得更牢”这一重大实践命题，习近平总书记强调要解决好五方面重点任务，这实质上就是五条实践路径，是新时代党的民族工作的“路线图”。

（二）教学难点

要贴近大学生的实际，通过建设中华民族共同体和中华民族现代文明的生动实践，把抽象的理论逻辑转换为形象的生活逻辑，这样才能帮助学生准确把握党的民族政策的精神和方向。

六、教学设计总体思路

教学环节设计从职业院校学生学情出发，结合高职生学习特点，以学生为主体、以实践为导向，通过贴近生活的热点话题、案例呈现，紧紧围绕主题，引起学生的情感共鸣，激发学习热情。

学生活动展示（听君一“习”话环节）导入——探究研讨，通过视频

《“脱钩断链”帮不了美国，更挡不住中国》分析当前铸牢中华民族共同体意识面临的形势任务——通过思维导图、辨析、游戏、民族舞蹈视频等方式从内外两方面分析现实存在的民族工作的风险挑战及国家举措来理解铸牢中华民族共同体意识的战略意义及其丰富内涵——视频连线我校援疆干部、分析“三千孤儿入内蒙”案例，结合专业谈谈大学生如何积极投身中华民族共同体建设——课下实践延伸“五步走”，正确理解和把握铸牢中华民族共同体意识这一专题内容，课下实践延伸拓展利于巩固所学。

七、教学过程

（一）教学流程设计

环节一：课前布置任务（云端发布）

教师活动：

1.课前将教学资源（习近平总书记谈铸牢中华民族共同体意识）及相关视频上传至超星学习通平台，发布预习通知。

2.布置课前任务，让学生分组谈谈自己民族（或其他民族）独有的特色文化，如服饰、节日、舞蹈等，可以采取图片、视频、绘画等多种方式完成任务。

学生活动：

1.学生登录学习通APP，接收通知，进行课前自主学习。

2.完成老师布置的任务，并做好相关任务展示准备。

设计意图：

1.拓展学生学习的空间，也让学生自主安排时间预习。

2.让学生在完成老师发布的任务和查找资料时进行深入思考。

环节二：听君一“习”话

教师活动：

1.选人：学习通随机选取同学，展示课前准备——习近平总书记谈铸牢中华民族共同体意识的相关讲话内容。

2.总结：通过刚才的环节，相信同学们已经了解了民族交往交流交融的重要性，也意识到了民族工作事关党和国家事业的全局，也事关中华民族长治久安和中华民族伟大复兴。

学生活动：

1.认真聆听展示学生所陈述的内容，并积极思考，理解铸牢中华民族共同体意识的历史必然性。

2.聆听思考并记录。

设计意图：

1.通过解读、观看与倾听，加深对铸牢中华民族共同体意识相关内容的理解，能够自然过渡进入本课程主题。

2.检验课前任务完成情况。

环节三：铸牢中华民族共同体意识的形势任务和战略意义

教师活动：

1.案例：展示案例《“脱钩断链”帮不了美国，更挡不住中国》。

2.讨论：美国为什么变着法地搞“脱钩断链”？

3.梳理：民族关系面临的挑战。

4.总结：当前，民族工作已经挺进到中美博弈的一线甚至是火线，直接关系到国家主权、安全、发展利益，关系到中华民族伟大复兴战略全局。

学生活动：

1.认真观看案例并分析思考。

2.小组讨论后，将观点上传云平台。

3.聆听思考并记录。

设计意图：通过案例启发、讨论分析、内容梳理等方式，引导学生认清当前铸牢中华民族共同体意识的极端重要性、现实针对性和特殊紧迫性。

教师活动：

1.播放视频《新疆“强迫劳动”的谎言是怎么编造出来的》。

2.提问：美国为什么要编造这样的谎言？

3.举例：播放《平息乌鲁木齐“7·5”打砸抢烧严重暴力犯罪事件纪实图片展》，引导学生分析我们面临的局势。

4.总结：铸牢中华民族共同体意识是维护各民族根本利益的必然要求，只有铸牢中华民族共同体意识，构建起维护国家统一和民族团结的坚固思想长城，各民族共同维护好国家安全和社会稳定，才能有效抵御各种极端、分裂思想的渗透颠覆，才能不断实现各族人民对美好生活的向往，才能实现好、维护好、发展好各民族根本利益。

学生活动：

1.认真观看视频并思考。

2.回答：美西方一些反华势力颠倒黑白、无中生有，炮制散布大量涉疆虚假信息，抹黑中国形象，诋毁中国治疆政策，干涉中国内政，企图蒙骗国际社会、干扰破坏新疆稳定发展。

3.分析：境外民族分裂势力对国家安全的威胁不断升级。民族分裂主义和宗教极端思想境外有种子、境内有土壤、网上有市场的状况没有得到根本改变。国际上暴恐袭击与极端活动持续活跃、暗流涌动，分离主义运动不时发酵，这都潜在影响着我国边疆民族地区和谐稳定大局。

4.聆听思考并记录。

设计意图：通过案例分析、提问等环节，引导学生认清当前铸牢中华民族共同体意识，才能有效防范美西方国家的渗透破坏，明确自身的使命担当。

教师活动：

1.播放歌曲《上春山》，进行各民族和独有艺术文化“连连看”活动。如傈僳族的刺绣、藏族的藏戏、苗族的刺绣等。

2.提问：歌曲《上春山》中有哪些大家熟知的古诗词，为什么如此受大家喜爱，有了古风版、方言版和各民族版等多个版本？

3.总结：文化上兼收并蓄、经济上相互依存、情感上相互亲近。千百年来各民族不断交往交流交融，共同创造了灿烂的中华文化，构筑起中华民族共有精神家园。

4.厘清共同性和差异性的关系。

5.视频：国家民委主办的铸牢中华民族共同体意识文物古籍展在民族文

化宫开展。

6.总结：只有铸牢中华民族共同体意识，坚持把马克思主义基本原理同中国具体实际相结合、同中华优秀传统文化相结合，才能凝聚各族人民团结奋进的磅礴力量，才能把新时代党的民族工作做细做好做实。

学生活动：

1.互动：聆听歌曲，并积极参与活动，让学生们欣赏学习我国不同民族独有的艺术文化作品。

2.回答：学习通随机选取2名学生回复，小组可以帮助补充。

3.聆听思考并记录。

4.梳理：一个大家庭和家庭成员的关系。

5.欣赏：观看视频。

设计意图：通过互动环节，引导学生积极参与课堂教学并理解铸牢中华民族共同体意识的战略意义。

环节四：科学把握中华民族共同体意识的丰富内涵

教师活动：

1.导图：绘制思维导图，将增进“五个认同”、树立“五个共同”、根植“四个与共”、把握“四对关系”以图表方式展现出来，便于学生理解。

2.选人：随机抽取学生进行思维导图讲解。

3.挑选：结合绘图，随机挑选学生课前作品，进行课前任务展示活动。（民族舞蹈、民族服饰、民族节日介绍等）

4.视频快闪：结合专业，播放中国水电站分布图、《新春走基层“极寒”巡边路》《龙年春晚新疆喀什分会场——舞乐新疆》《上春山——古诗词版》等，引导学生增进“五个认同”，树立“五个共同”的中华民族历史观。

学生活动：

1.结合课前预习，绘制思维导图。

2.就自己绘制思维导图及案例进行展示分享。

3.欣赏同学们的作品展示。

4.观看视频并思考。

设计意图：通过绘制并展示思维导图、民族舞蹈服饰展示等互动环节，让学生科学把握铸牢中华民族共同体意识的丰富内涵，树立正确的国家观、历史观、民族观、文化观、宗教观，坚定“五个认同”，增强“四个与共”的共同体理念；重点把握好“四对关系”，赋予所有改革发展以彰显中华民族共同体意识的意义，让中华民族共同体牢不可破。

环节五：铸牢中华民族共同体意识的实践途径

教师活动：

1.连线：与我校援疆干部——王晓丹老师进行场外连线，并请其介绍援疆时的工作情况，分享工作收获。

2.总结：感谢晓丹老师。其实，每年都有无数的援疆干部以铸牢中华民族共同体意识为主线，以援疆工作为切口，聚焦教育援疆、文化润疆、产业兴疆等，促进新疆民生保障和民族团结，谱写了新时代民族团结进步的崭新篇章。

3.讨论：作为水利专业学子，有机会你是否愿意援疆，如何立足专业，为新疆建设添砖加瓦？

4.巡视：学生分组讨论情况。

5.点评、总结。

学生活动：

1.连线：聆听王晓丹老师的分享并提出关心问题，感受如何立足专业铸牢中华民族共同体意识。

2.认真听讲并深思。

3.以小组为单位，讨论如何立足专业，援疆贡献，增强爱国本领。

4.派代表回答教师提问。

5.在云平台上投票选出最佳创意小组。

6.聆听教师点评和总结，立足专业，勇于担当，共建民族复兴伟业。

设计意图：通过与援疆老师视频连线，拉近师生关系，引导学生们树立正确的中华民族历史观，增进深层次的文化认同，要发扬援疆精神，体悟成边情怀；让学生们深刻认识到要全面推进中华民族共有的精神建设，推动各民族共同走向社会主义现代化，不断铸牢中华民族共同体意识，形成同心共圆中国梦的强大合力。

教师活动：

1.分享“三千孤儿入内蒙”视频案例。

2.总结：草原儿女以超越地域、血缘、民族的博大胸怀养育来自上海孤儿的奉献精神，践行了各民族团结互助、休戚与共的时代精神。

3.发布活动，歌曲演唱——《爱我中华》。

学生活动：

1.思考讨论分享。

2.聆听案例和总结。

3.歌唱：唱红歌来抒发心中情感，唱出深深的民族自豪感，更加坚定各民族一家亲，巩固民族大团结共同体意识。

设计意图：通过“三千孤儿入内蒙”案例让学生们感悟到各个民族同属中华民族，民族团结情谊深厚，“像石榴籽一样紧紧抱在一起”；引导学生们牢记“四个与共”，是牢固凝聚的强大内生动力；引导他们立足专业，在更广阔的舞台展现自己，服务边疆绽放青春之花。

教师活动：

1.云端发布：作为新时代的大学生，如何积极投身中华民族共同体建设?

2.总结：“五十六个民族，五十六枝花。五十六族兄弟姐妹是一家”。中国人民虽然经历了很多苦难，还是那么团结。这是因为我们辽阔的疆域是各民族共同开拓的，我们悠久的历史是各民族共同书写的，我们灿烂的文化是各民族共同创造的，我们伟大的精神是各民族共同培育的。一个人就像一滴水一样，可以映射出一个国家和民族的缩影。也就是说，小我之个体的观念意识与行动取向，会深刻地影响大我之整体的形象、面貌与走向。另一方面，这滴水又会跟随大江大河汇入大海，流向远方……

学生活动：

1.小组思考，并派代表回答。

2.聆听、记录并总结。

设计意图：以云端讨论形式让学生们进行本节课内容回顾并总结，结合专业特点立足自身实际，积极投身中华民族共同体建设中去，让青春之花在祖国最需要的地方绚丽绽放。

（二）课堂小结

（梳理：通过“提问+讲授”梳理知识点，澄清重点难点）

党的十八大以来，以习近平同志为核心的党中央高度重视民族工作，鲜明提出把铸牢中华民族共同体意识作为新时代党的民族工作和民族地区各项工作的主线，形成了习近平总书记关于加强改进民族工作的重要思想，开辟了马克思主义民族理论中国化时代化的新境界，深化了中国特色社会主义解决民族问题的正确道路，推动了新时代党的民族工作高质量发展。

历史和现实深刻昭示，铸牢中华民族共同体意识是维护各民族根本利益的必然要求，是实现中华民族伟大复兴的必然要求，是巩固和发展平等团结互助和谐社会主义民族关系的必然要求，是党的民族工作开创新局面的必然要求，是新时代党的民族工作的“纲”。为此，我们要深入学习贯彻党的二十大精神，深刻理解习近平新时代中国特色社会主义思想特别是习近平总书记关于加强和改进民族工作的重要思想所蕴含的马克思主义道理学理哲理和立场观点方法，引导青年学子讲好中华民族故事，大力宣介中华民族共同体意识。无论你们未来从事任何行业，都要积极参与到铸牢中华民族共同体意识工作中来，在全社会营造“中华民族一家亲、同心共筑中国梦”的良好氛围，让广大中华儿女齐心协力、同舟共济，推动中华民族“复兴号”巨轮乘风破浪、扬帆远航！

（三）板书设计

铸牢中华民族共同体意识

一部中国史——多元一体中华民族历史

形势任务：竞争对手
遏制战略 ——→ 不会变
打“民族牌”

战略意义：战略决策、重大举措、根本方针

丰富内涵：“五观”“五个认同”“五个共同”“四个与共”“四对关系”、悠久历史、中华文明、民族理论……

实践路径：共有精神家园、现代化、交流交融、民族事务治理体系、防范隐患

（四）作业设计

撰写一篇以“铸牢中华民族共同体意识”为主题的演讲稿，字数1000字左右（文稿需上传学习通）。在实践教学活动展示课上和课下社团活动中进行演讲（教学评价一部分）。推荐在演讲中行动力强、表现优秀的同学参加社团实践“进社区宣讲”活动。

（五）参考资料

[1]习近平：《铸牢中华民族共同体意识 推进新时代党的民族工作高质量发展》，《求是》，2024年第3期。

[2]中共国家民族事务委员会党组：《铸牢中华民族共同体意识》，《党委中心组学习》，2023年第6期。

[3]潘岳：《不断构筑中华民族共有精神家园》，《人民日报》，2023年12月13日。

[4]朱军：《中华文明的突出特性与中华民族共同体建设》，中国社会科学报，2023年11月28日。

[5]中共中央宣传部《时事报告》杂志社：《时事报告（大学生版）》增刊，2024年。

八、教学总结与反思

1.反思教学效果：通过学习，学生已经能够理解铸牢中华民族共同体意识的形势任务和战略意义，明确外部因素如当前中美战略相持进入深水区，内部因素如发展不平衡不充分等问题存在；能较好地把握中华民族共同体意识的丰富内涵，深刻认识到中华民族共同体是一个休戚与共、荣辱与共、生死与共、命运与共的民族群体；明确铸牢中华民族共同体意识的实践路径，更坚定对伟大祖国、中华民族、中华文化、中国共产党和中国特色社会主义的高度认同，能在实践活动中讲好民族团结故事，积极做铸牢中华民族共同体意识的参与者和推动者。

2.反思成功之处：在把握中华民族共同体意识的丰富内涵教学中，讲清楚透彻其内在关系，更好地引导学生树立“四个与共”的共同体理念，活动设置满足学生需求，能做到点拨及时，尊重学生个性发展。

3.反思不足之处和改进措施：在今后备课和教学设计中，应再丰富教学案例，精选与教学内容联系较为密切、学生更为关注的案例，帮助学生更好理解教学内容。

抗战何以胜利？

——中华民族共同体意识再觉醒

辽宁工业大学　聂　岩

一、课程基本信息

主讲课程：中国近现代史纲要

使用教材版本：高等教育出版社（2023版）

教材章节出处：《中国近现代史纲要》第六章《中华民族的抗日战争》第二节《中国人民奋起抗击日本侵略者》

二、教学设计概述

在高校思想政治理论课程中，《中国近现代史纲要》课重点讲述近现代中华民族面对危机共同抵御外侮、团结奋战，并最终赢得民族独立和解放的历史，毋庸置疑是培育和丰富大学生有关国家和中华民族共同历史记忆的最佳途径。历史记忆对于国家和民族认同的形成具有重要作用，“中华民族共同体记忆，源自并不断影响境内民族互动和认同，集体记忆对于共同体的形成和认同产生了重要的影响，从记忆的多层性来理解并促进中华民族共同体认同具有重要的理论创新价值”。这对于发挥《纲要》课程主渠道作用，铸牢大学生中华民族共同体意识提供了理论支撑。

大学阶段“中华民族一家亲”的主题，在《纲要》课中就是要讲清楚中华民族共同体意识在中国近代重大历史事件中的具体表现和形成发展过程。以《纲要》课程铸牢大学生中华民族共同体意识过程中，应将中国历史进程作为主线，通过解读历史事件和诠释历史规律，呈现并构建关于中华民族共同历史记忆，强化大学生对中华民族共同体的认同。

抗日战争时期，中华民族共同体意识再觉醒。以抗日战争中各族群众在中国共产党的领导下，掀起支援抗战爱国运动所作出的重要贡献为例，让大学生深刻体会铸牢中华民族共同体意识的重要性。抗日战争爆发后，各族各界民众踊跃捐款捐物支援抗日前线作战，甚至主动承担抗战物资的运输等任务。在支援抗战募捐活动中，各族群众不分男女老幼，纷纷响应，许多少数民族甚至发起献金、募集寒衣、文化劳军等一系列募捐活动和劳军活动，这成为抗战岁月中重要的历史印记。这些史实都在不同的史料中以不同的形式被记载下来，是民族团结以及各民族中华民族共同体意识在历史上的鲜活表现，通过对中华民族共同体意识形成与发展的情景再现，使大学生认识到中华民族共同体意识对中华民族探索救亡图存，争取中华民族独立和解放的重要意义。

三、学情分析

（一）思想特点

本门课授课对象为大一新生。作为大学校园中最年轻、最具活力的群体，他们的思想丰富多彩，既充满理想主义色彩，又不可避免地带有一些迷茫和困惑。他们的思想变化，不仅体现了自身成长的轨迹，也反映了当代青年人的价值观和生活态度。大多数学生对中国近现代史纲要课程持有积极的态度，认为这门课程对于了解国家历史、传承民族文化、提升自我修养具有重要意义。他们能够认真听讲，积极参与课堂讨论，按时完成作业。

（二）知识储备

我校学生多为理工科学生，他们在高中阶段，由于学科设置的原因，历史和政治学科基础知识的学习相对较少。然而，历史基础知识是理解历史事件和现象的基石。在调查中，我们发现大部分理科生对于中国近现代历史，尤其是抗日战争的历史有一定的了解，但相对缺乏深入的研究和系统的知识构建。

（三）能力水平

历史分析能力是历史学习中的重要能力之一。由于理科生较少接触到专门的历史分析方法，因此在历史分析能力方面可能相对较弱，思想政治理论基础也很薄弱。这使得他们在面对复杂的社会问题时，难以运用科学的理论进行分析和判断。

四、教学目标

（一）知识目标

了解抗日民族统一战线形成的背景过程及其对抗日战争胜利的重要性；了解抗战时期中国共产党的中华民族共同体意识再觉醒的表现；铸牢中华民族共同体意识，从中华民族共同体意识的层面分析深刻认识民族团结在国家危亡时刻的重要性，深刻理解抗战何以胜利。

（二）能力目标

通过本节课学习，提高运用科学的历史观方法论分析和解决问题的能力；增强明辨是非、自觉警惕和反对历史虚无主义的能力；培养理论联系实际、以史为鉴、解决现实问题的能力；培养自主学习、团结合作的能力。

（三）情感与价值观目标

通过学习全面抗战中的中华民族共同体意识的再觉醒，激发爱国情怀，铸牢中华民族共同体意识，继承和发扬近代以来中国人民的爱国主义精神和革命精神；增强对中华民族共同体意识的情感认同、价值认同，深刻领会中国共产党为什么能、马克思主义为什么行、中国特色社会主义为什么好；坚定马克思主义信仰，引导学生矢志不渝跟党走，立志成为实现中华民族伟大复兴中国梦的合格接班人。

五、教学重点难点

（一）教学重点

1.中华民族共同体的历史渊源和形成过程。让学生了解中华民族在长期的历史发展过程中形成的紧密联系，以及抗日战争时期民族团结的重要性。

2.抗日战争中民族精神的弘扬与培育。通过讲述抗日英雄的事迹，引导学生学习他们的爱国精神、奉献精神和牺牲精神，培养他们的民族自尊心和自豪感。

3.中华民族伟大复兴中的民族团结。让学生认识到民族团结是国家繁荣富强、人民幸福安康的重要保障，增强维护国家统一和民族团结的自觉性和坚定性。

（二）教学难点

1.如何将中华民族共同体意识与抗日战争相结合，深入剖析其中的历史逻辑和文化内涵。这需要教师具备深厚的学术功底和教学经验，能够为学生提供准确而深入的学习内容。

2.如何帮助学生理解并认同中华民族共同体的理念，增强他们的民族意识和民族责任感。这需要教师在教学过程中注重培养学生的思辨能力和情感认同，引导他们树立正确的世界观、人生观和价值观。

3.如何让学生在教学中积极参与讨论和思考，发挥他们的主体作用。这需要教师采用多种教学方法和手段，如案例分析、小组讨论、课堂演讲等，激发学生的兴趣和参与热情。

六、教学设计总体思路

教学环节设计：各环节设计服务于“立德树人、教书育人”，注重价值引领

问题导入—课堂提问—课堂讲授—探究分析—课堂讨论—总结—布置思考题和阅读文献—课后反思

教学设计总体思路导图：

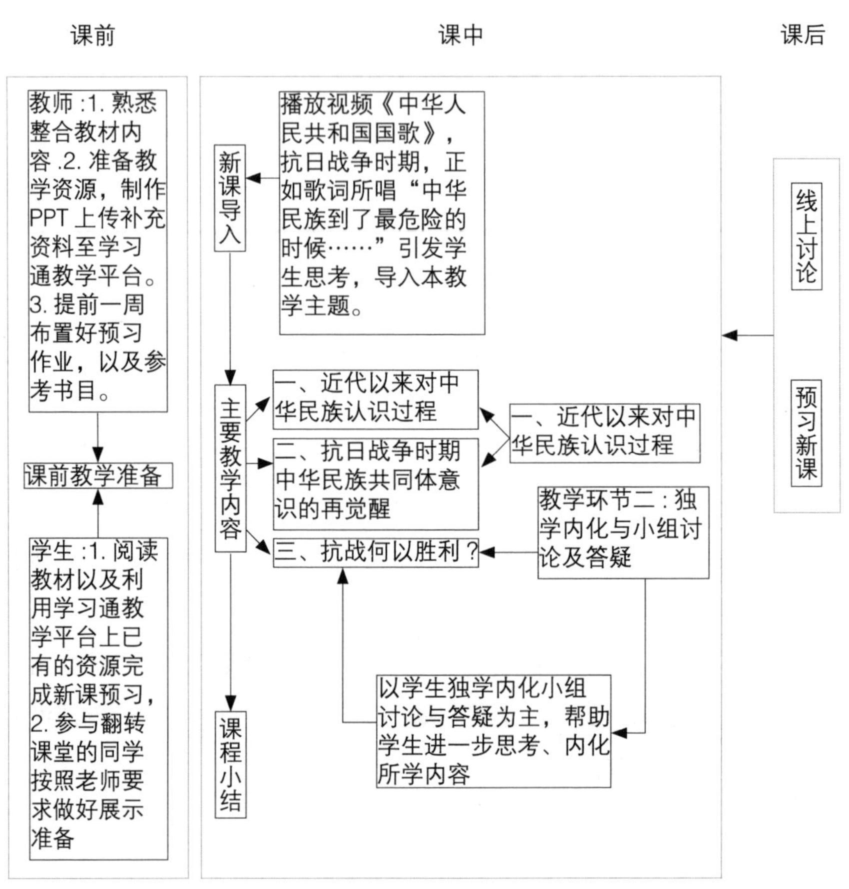

七、教学过程

（一）教学流程设计

环节一：课前

教师活动：

1.提前一天，通过学习通向学生发布预习通知，请同学们自行安排时间，预习教材第六章第二节，初步了解将要学习的课程内容。

2.提前15分钟进入教室，调试好设备，做好上课准备，要求学生至少提前5分钟到教室并按固定座位坐好，课前2分钟开始学习通签到，教师掌握学生出勤情况。

3.播放视频，视频是2014年12月13日首个南京大屠杀死难者国家公祭仪式上的升旗仪式，在侵华日军南京大屠杀遇难同胞纪念馆举行。中共中央总书记、国家主席、中央军委主席习近平为国家公祭鼎揭幕，并发表重要讲话。

4.抗日战争时期，正如歌词所唱“中华民族到了最危险的时候……”亡国灭种的民族危机的紧迫性前所未有地摆在了全体中华儿女的面前，毛泽东对此做出明确的论述：“这个战争促进中国人民的觉悟和团结的程度，是近百年来中国人民的一切伟大的斗争没有一次比得上的。”由日本侵华所引起的抗日战争，在给中华民族带来巨大伤痛的同时，也进一步促进了中华民族共同体意识的觉醒，成为中华民族共同体意识觉醒的里程碑。

5.中国是一个统一的多民族国家。中华民族共同体意识在中国抵抗外来侵略的过程中发挥了重要作用。

环节二：“中华民族”一词的由来

教师活动：同学们，国歌中提到“中华民族到了最危险的时候”，那你们知道中华民族一词最早是由谁提出来的吗？

学生活动：思考教师提出的问题并做出回答：中国是一个统一的多民族国家。在国家形成和发展的过程中实际上在中国古代已经形成了中华民族整体。中华民族概念是由梁启超在《论中国学术思想变迁之大势》的著作中最早提出的，但是其内涵经历了一个不断发展完善的过程。

教师活动：回顾我们之前的学习内容，你认为哪些历史事件与中华民族共同体意识的觉醒相关？（问题发布在学习通平台主题讨论中，并将其投屏至大屏幕）

学生活动：在学习通完成主题讨论，采取线上与线下相结合的方式。

教师活动：

1.辛亥革命，孙中山提出“五族共和”虽未能真正反映中国近代民族问题的根本实质，但辛亥革命带来了中华民族意识的觉醒，实际上就是共同体意识的觉醒，并为中国近代民族共同体建构做出了重要理论准备和实践尝试。

2.五四运动，五四运动高举爱国主义伟大旗帜，极大地促进了中华民族的觉醒，并为中国近代民族共同体建构奠定了思想基础。

3.中国共产党的诞生，中国共产党人很早就开始了对中华民族共同体的思考，在中共创始阶段，李大钊提出的“新中华民族”概念，认为各民族已经融合为一体，就蕴含着共同体的价值标准。中共二大制定了反帝反封建的民主革命纲领，提出了“中华民族的完全独立”和“建立中华联邦共和国即统一民族主义国家”的目标任务，对中华民族共同体理论构建起了重要作用。

环节三：抗日战争时期中华民族理论的进一步发展

教师活动：

1.1931年九一八事变和日本对中国东北的占领，使中华民族面临空前的灾难，迫使中华民族的觉悟空前飞跃，“保卫中华”成为全民族抗战的动员口号，中华儿女团结一心的抗敌行动，充分显示了“中华民族”作为中国或中国人的政治符号，在抵御外侮和凝聚人心方面所发挥的政治动员功能，表明中国人的民族意识和民族认同的高度自觉。

2.1937年7月，中国共产党发表的《中共中央为公布国共合作宣言》，标志着抗日民族统一战线的形成，此文以“中华民族”指代中国，号召全国人民同仇敌忾，共同抗日。

3.1939年，毛泽东在《中国革命和中国共产党》这篇历史文献中，专门论述和诠释了中华民族概念：“中华民族不但以刻苦耐劳著称于世，同时又是酷爱自由、富于革命传统的民族。”

4.1939年12月，八路军政治部编辑出版的《抗日战士政治课本》写道：“中华民族是代表中国境内各民族之总称，四万万五千万人民是共同祖国的同胞，是生死存亡、利害一致的。”这表明中华民族与中国各民族之间的包含关系，体现出中国共产党人将中华民族看作中国人的集体身份。抗日战争期间，整个中华民族共同体的认同意识显著增强，凝聚力得到提升，在一定程度上实现了中华民族的整体性自觉。

环节四：抗日民族统一战线的建立

教师活动：针对抗日民族统一战线建立的背景与过程，课前预习布置翻转课堂任务，让学生自愿报名并完成PPT和讲稿并在课堂上展示。

学生活动：学生讲述抗日民族统一战线建立的背景与过程。

教师活动：

1.抗日民族统一战线很好地协调了各党派、各阶级、各民族、各团体、各界爱国人士共同的政治主张，在中华民族共同体塑造中发挥了特殊和关键的作用。毛泽东指出："只有抗战，才能统一团结全方面。这种统一团结就是抗日民族统一战线。"抗战以后，各族人民、港澳台同胞和海外侨胞对整体中华民族命运深切关注，先后投入到抗日斗争洪流中，为国家生存而战，为民族复兴而战，为人类正义而战。

案例1：英雄的母亲邓玉芬为抗战把五个儿子送上战场（教师讲述）。

案例2：台湾同胞组织抗日武装（视频播放）。

2.你们还知道哪些少数民族抗战的案例？（引导学生根据教材内容回答或通过手机查阅）

学生活动：思考、讨论并回答教师提出的问题。

教师活动：

1.马本斋（回族）领导的冀中回民支队对日作战870多次。

2.在东北人民革命军和后来的东北抗联中有大量少数民族战士。比如，朝鲜族的战士约占到人数的一半。

3.1932年4月，在中国共产党的领导下，绥远成立了蒙汉各阶层人民参加的反帝大同盟。1933年，土默特旗蒙古族地方武装"老一团"部分官兵开赴察哈尔前线，参加了察哈尔民众抗日同盟军。

4.国共两党的第二次合作对抗日战争的胜利起着巨大的作用，促成了全国各阶层各党派人民空前的团结，正是有了坚强、团结的力量使得我国的抗日战争能顺利取得胜利，同时也让全国民心趋向一致，表现出了强大的凝聚力、爱国心。抗日民族统一战线的建立，强化了各民族、各阶层的中华民族共同体意识，凝聚了中华民族的整体力量。对于中国共产党而言，推动抗日民族统一战线的建立，是在抗日战争时期党自身形成中华民族观念的重要标志，也是党自觉地推动中华民族构建的重要机制。

5.正如习近平总书记指出，伟大的中国人民抗日战争，使中华民族的觉醒和团结达到了前所未有的高度。抗日民族统一战线的建立，成为中华民族凝聚的重要平台，激发了民众强烈的爱国热情，唤醒了中华民族的整体性自觉，强化着各党派、阶层、民族和团体的命运共同体意识，促进了各民族的团结和中华民族共同体的塑造与凝聚，中华民族由此实现了从自在到自觉的伟大转变，使中华民族逐步成为具有共同利益和命运的多民族共同体，为全民族坚持抗战提供了强大的政治保证。

环节五：民族理论构建和民族政策探索

教师活动：

1.中国共产党认识到了少数民族是中华民族的重要构成，抗战胜利需要中华民族的团结努力，因此，为了增强民族共同体意识，促进民族团结，这个时期共产党的民族政策与中国各民族的实际相结合，民族理论逐渐走向成熟。例如民族平等、民族自治、注意维护民族利益和民族权利、实行宗教信仰自由、帮助少数民族发展经济，在经济、文化、教育等方面要注意民族特点和风俗习惯等。在民族纲领方面，共产党坚持了马克思主义民族理论和民族纲领的基本原则、深入研究民族解放运动的性质和形式，初步认识了中国多民族的国情、提出了专门针对国内少数民族问题的决议案等民族纲领政策。例如，设立民族事务机构，促进民族理论研究的发展。1938年，中共中央西北工作委员会开始研究民族问题，成立了民族问题研究室，制定了符合中国现实民族问题的民族政策。主要包括以下几个方面：第一，提出了民族区域自治政策；第二，设置民族委员会；第三，反对大汉族主义和狭隘的民族主义。

2.在抗日战争时期中国共产党也重视对于少数民族干部的培养，为了壮大抗日力量，促进民族团结，在实践中培养了大批的少数民族干部，为抗日战争做出了巨大的贡献。

在正确的民族政策的感召下，各少数民族在抗战中做出特殊的贡献：

第一，扩大抗日民族统一战线，真正意义上实现了全民族抗战。

第二，获得战略纵深和可靠的大后方，彻底打乱日本灭亡我国战略部署和计划。

第三，少数民族从人力、物力、财力上，有效支援了全国抗战。

第四，建设并保障抗战的国际交通线。

此时，日本侵略者突然发现，它面对的是原来没有预计到的整个中华民族组成的抗日民族统一战线。正如毛泽东所言："日本敢于欺负我们，主要的原因在于中国民众的无组织状态。克服了这一缺点，就把日本侵略者置于我们数万万站起来了的人民之前，使它像一匹野牛冲入火阵，我们一声唤也要把它吓一大跳，这匹野牛就非烧死不可。"

设计意图：为加强师生互动，采用问题导向法、线上与线下结合法以及翻转课堂法，鼓励学生主动参与，将学习的主动权交还给学生，让他们在更加灵活、互动的环境中深度学习。

环节六：独学内化与小组讨论及答疑

教师活动：布置自学内容：从中华民族共同体意识的层面分析"抗战何以胜利？"

学生活动：

1.明确分组，每10到12人为一组，分成8个小组。

2.自主学习教材第六章第二节第五节的内容以及课前预习教师推荐的阅读书目，还可以利用手机笔记本电脑查阅资料。

3.各小组就问题讨论。

4.通过学习通抢答，最先回答问题的小组获得最高积分。

5.讨论后每名同学在学习通提交课上讨论作业，并通过学习通做出评价，评价占比设置如下：教师评价50%、组内互评20%、组间互评20%、自评占10%。

教师活动：

1.以中华民族共同体意识促成的抗日民族统一战线是真正实现了全民族抗战的制度基础。

2.以中华民族共同体意识激发的民族团结，使各少数民族积极参战做出了特殊贡献。

3.以中华民族共同体意识凝聚的抗战精神的鼓舞，极大升华了爱国主义精神，成为各族人民坚持抗战的强大精神动力。

4.以中华民族共同体意识凝练的抗战文化，强化了中华优秀传统文化的集体认同，成为战胜日寇的重要法宝。

5.抗战何以胜利？中华民族共同体意识再觉醒是一个重要因素。抗日战争之前屡次抵抗侵略战争失败的原因，除了经济、军事实力落后，政治软弱无力，另一个重要的原因就是中国民众在自在的发展过程中形成的涣散的精神状态。日本敢于欺负我们，主要的原因在于中国民众的无组织状态，中国共产党适时地提出了抗日民族统一战线的主张，顺应时代潮流的民众需求，勇敢地担负起了实现中华民族独立的大任，以爱国主义为核心的民族精神得到了彰显。中华民族共同体意识的团结一致，挽救民族危亡的共同体意识的达成，中华民族达到了前所未有的团结，中华民族共同体的凝聚力得到了空前的提升。

设计意图：在大学课堂上，小组讨论是一种有效的教学方式。通过小组合作，学生可以共同探讨问题、分享意见和经验；通过线上和线下相结合的方式讨论，可提高课堂效率并有助于目标评价数据的可视化，从而提高学生的学习效果和主动参与度。

（二）课堂小结

日本军队发动九一八事变，中华民族面临着空前的民族危机，中华民族与外来侵略势力之间的矛盾上升为当时中国社会的主要矛盾，中华民族的觉悟空前的飞跃。在抗日战争时期，国共建立抗日民族统一战线，各族儿女团结一致，同仇敌忾，民族共同体意识得到增强，这是中华民族共同体建设的重要时期。对于当前中华民族共同体的建设问题，仍然具有重要意义，正如习近平总书记所指出：“这一伟大胜利，必将永载中华民族史册，也必将永载人类和平的光辉史册！”如今世界形势发生了很大的变化，但是，这场伟大的战争所提供的丰富的经验教训，永远不会过时，落后就要挨打，只有强大才不会被欺凌。在迈向中国梦的道路上，在建设有中国特色的社会主义的奋进过程中，我们应该充分发挥中华民族在伟大的抗日战争中所表现出来的那种高度的爱国主义精神、民族团结精神、不怕任何困难的英雄主义气概！

（三）板书设计

抗战何以胜利？——中华民族共同体意识再觉醒

- 一、近代以来对中华民族认识过程
  - “中华民族”一词的由来
  - 抗日战争时期中华民族理论的进一步发展
- 二、抗日战争时期中华民族共同体意识的再觉醒
  - 抗日民族统一战线的建立
  - 民族理论构建和民族政策探索
- 三、抗战何以胜利？从中华民族共同体意识的层面分析
  - 以中华民族共同体意识促成——抗日民族统一战线
  - 以中华民族共同体意识激发——民族团结
  - 以中华民族共同体意识凝聚——抗战精神
  - 以中华民族共同体意识凝练——抗战文化

（四）作业设计

1.在学习通中发布随堂测试，教师布置历年考研题5道，学生课上作答。根据学习通统计的数据，有针对性地进行深入分析，有助于巩固和加深对所学知识点的理解，为考研打下基础。

2.学习通发布讨论：抗战何以胜利？你认为抗战胜利的因素还有哪些？并布置预习作业，预习教材第六章第三节第四节的内容。

（五）参考资料

[1] 王瑞萍、马进、马虎银、乔娟：《铸牢中华民族共同体意识若干重要问题研究》，中国社会科学出版社，2021年。

[2] 孔亭：《中华民族共同体意识的历史形成及其思想基础》，延边大学学报（社会科学版），2021年11月第54卷第6期。

[3]学习强国APP上相关内容。

八、教学总结与反思

本次教学以抗战何以胜利——中华民族共同体意识再觉醒为主题，旨在引导学生深入思考民族团结对取得抗战胜利的重要性。通过多种教学方法的使用和内容的精心设计，不仅使学生了解了抗战时期的历史背景和重大事件，更增强了他们的民族意识和国家观念。未来我们将继续努力改进教学方法和内容安排，为学生提供更加优质的教育服务。

但是在教学过程中仍存在不足

1.课堂时间分配不够合理：在今后的教学中，应更加注重时间的合理分配，留给学生更多的思考和讨论时间，充分发挥他们的主体作用。

2.教学方法有待多样化：教师可以尝试采用更多的教学方法，如角色扮演、实地考察等，使学生更好地参与到课堂中来。

3.教学评价方式有待完善：可以增加对学生学习情况的调查和反馈环节，及时发现和解决教学中存在的问题，促进教学的不断改进和完善。

深化铸牢中华民族共同体意识

沈阳化工大学马克思主义学院　丁　菱

一、课程基本信息

主讲课程：形势与政策

使用教材版本：《时事报告（大学生版）》中共中央宣传部时事报告杂志社（2023—2024学年度下学期）

教材章节出处：《时事报告（大学生版）》第五讲《铸牢中华民族共同体意识》

二、教学设计概述

以引导学生充分了解党的民族政策、培养学生成为新时代中华民族伟大复兴大任的接班人和建设者为教学目的，在知识传授过程中培育学生铸牢中华民族共同体意识。教学内容坚持知识性、情感性和理论性相统一，引导学生树立正确的国家观、历史观、民族观、文化观、宗教观，把教学内容设计得具有针对性，案例选择要有典型性，理论分析要有深度且有温度，让学生在愿意听的过程中自觉接受价值观引导，确保中华民族共同体意识能够入脑入心，达到潜移默化、润物无声的效果。

第一部分讲授中华民族共同体意识提出的时代背景，重在阐述“为什么铸牢”。以新时代中华民族伟大复兴过程中面对的国内外风险挑战为导入，引导学生一定要认清并警惕境内外的敌对势力为了干扰破坏我国政治稳定和经济发展大局妄图“打民族牌”，从而强调铸牢中华民族共同体意识的战略意义。

第二部分讲授中华民族共同体意识的丰富内涵，重在阐述“铸牢什么”。在了解中华民族共同体意识提出的时代背景的前提下，通过案例分析、图片展示、视频播放和研讨等形式全面分析中华民族共同体意识的丰富内涵。在教学过程中，为学生全面阐明铸牢中华民族共同体意识需要各民族群众增进“五个认同”，树立“五个共同”，根植“四个与共”，把握“四对关系”。

第三部分讲授铸牢中华民族共同体意识的实践路径，重在阐述“怎么铸牢”。铸牢中华民族共同体意识，需要构建科学完备的中华民族共同体理论体系。结合案例分析引导学生研讨，深刻理解铸牢中华民族共同体意识的实践路径。

三、学情分析

经过从幼儿园到高中的中华民族一家亲教育，大学生能够深刻认识到“我国是统一的多民族国家”这一基本国情，基本了解我国的民族关系面貌，对中国共产党的民族政策具有高度的政治认同感，基本了解党的民族政策，并树立了正确的国家观和民族观，对中国休戚与共、荣辱与共、生死与共、命运与共的共同体理念有所了解。但就“铸牢中华民族共同体意识”的学习深度而言，学生在历史常识、政治常识等方面还处于知识储备比较碎片化状况，尚未形成系统的、有深度的理解。

在大学阶段的铸牢中华民族共同体意识教学中，不仅需要从现实角度和政策角度分析中华民族共同体意识的重要性，更应该能从学理角度进行深度分析，以马克思主义共同体理论、中华优秀传统文化及中国共产党主要领导人关于中华民族共同体的系列论述为理论基础阐明中华民族共同体意识的概念、内涵和思想由来。

四、教学目标

（一）知识目标

我国是统一的多民族国家，中华民族多元一体是我国的一个显著特征。

明确新时代党的民族理论，理解民族团结是我国各族人民的生命线，理解铸牢中华民族共同体意识的历史必然性、极端重要性、现实针对性和特殊紧迫性，准确把握铸牢中华民族共同体意识的深刻内涵和实践路径，牢固树立正确的中华民族历史观，牢固树立休戚与共、荣辱与共、生死与共、命运与共的共同体理念，切实把思想真正统一到党中央关于新时代党的民族工作的重要决策部署上来。

（二）情感目标

理解中华民族的历史是各民族共同缔造、发展、巩固统一的伟大祖国的历史，强调“我们辽阔的疆域是各民族共同开拓的”“我们悠久的历史是各民族共同书写的”“我们灿烂的文化是各民族共同创造的”，深刻领会“民族团结是各族人民的生命线”的重大意义。

（三）理论目标

培养掌握新时代党的创新理论的能力。铸牢中华民族共同体意识以习近平总书记关于中华民族共同体意识的重要论述为基础，是新时代我国民族工作的宏大课题。铸牢民族共同体意识彰显了中国共产党人与时俱进推进马克思主义民族观创新发展的理论品格，是习近平总书记关于民族工作的新理念新思想新战略的重要组成部分，是民族工作进入新时代的显著标志。

（四）行为目标

培养“有天下观的爱国者、有理想的奋斗者、有本领的实干者、有担当的开拓者和有德行的奉献者相统一基本特质”的担当民族复兴大任的时代新人。

五、教学重点难点

1.讲清楚党的民族政策的精神和方向，从新时代党的使命任务认识铸牢中华民族共同体意识的极端重要性；准确阐述出铸牢中华民族共同体意识的时代背景、科学内涵和重大意义。

2.讲清楚铸牢中华民族共同体意识深刻阐明了新时代党的民族工作的战略地位、总体要求、工作主线、重点任务和重要保障，是党的民族工作的根本遵循。

3.讲清楚铸牢中华民族共同体意识的实践路径。铸牢中华民族共同体意识是一项复杂庞大的系统工程，需要绵绵用力、久久为功，使之贯穿民族工作各领域全过程。

六、教学设计总体思路

本次课的教学主题是“铸牢中华民族共同体意识”。国家观、历史观、民族观、文化观、宗教观是连接“大学生”和“中华民族共同体意识”的纽带。高校铸牢民族共同体意识的教学思路设计应涵盖民族共同体的基本概念、新时代党的民族政策、民族文化与传承、民族团结与和谐、铸牢中华民族共同体意识的实践路径等多个方面。通过这一系列的教学活动，旨在引导学生树立正确的民族观和国家观，增强民族自豪感和国家认同感，为培养具有高度民族共同体意识的优秀人才打下坚实基础。

在第一部分，深刻理解铸牢中华民族共同体意识的时代背景和重大意义。当今世界正经历百年未有之大变局，我国正处于实现中华民族伟大复兴关键时期，推动中华民族成为认同度更高、凝聚力更大的命运共同体至关重要。

在第二部分，深刻理解中华民族共同体意识的丰富内涵。铸牢中华民族共同体意识深刻阐明了新时代党的民族工作的战略地位、总体要求、工作主线、重点任务和重要保障，是党的民族工作的根本遵循。要理解铸牢中华民族共同体意识的重大论断是基于中华民族伟大复兴进入新时代的历史方位，是以鲜明的问题意识和底线思维为先导，为新时代党的民族理论发展举旗定向，有力促进了民族政策法规的调整完善和民族工作的健康发展。

在第三部分，深刻理解铸牢中华民族共同体意识的实践路径。针对“怎样铸牢，怎样才能铸得更牢”这一重大实践命题，习近平总书记强调要解决好五方面重点任务，一是全面推进中华民族共有精神家园建设，二是推动各民族共同走向社会主义现代化，三是促进各民族广泛交往交流交融，四是提升民族事务治理体系和治理能力现代化水平，五是防范民族领域重大风险隐患，这是新时代党的民族工作的“路线图”。

七、教学过程

（一）教学流程设计

环节一：铸牢中华民族共同体意识的战略意义

教师活动：

1.提问学生“三千孤儿入内蒙”等故事背后蕴含着什么样的民族精神，让学生了解这段互帮互助战胜困难的民族精神是中华民族共同体意识的记忆，也终将汇入团结大爱的民族记忆中。

2.通过展示新疆西藏云南等少数民族幸福生活的照片引导学生充分认识到，中华民族的面貌发生了翻天覆地的变化。在党中央亲切关怀下，从雪域高原到天山南北，从祖国北疆到西南边陲，少数民族贫困群众全部脱贫，全面小康阳光普照，民族地区面貌日新月异，少数民族群众生活蒸蒸日上，各民族同胞手足相亲、守望相助，像石榴籽一样紧紧抱在一起，谱写出新时代民族团结进步事业的光辉篇章。引导学生思考，少数民族过上幸福生活的原因是什么？通过学生的回答总结，是党的好政策促进了民族团结、带动了民族地区发展。

3.讲述卢旺达民族冲突事件。通过故事对比，让学生理解西方国家提出的“一族一国”(Nation-State)理论是极其荒谬的，并理解为什么西方国家会鼓吹这种政治模式。引导学生深刻认识到现在西方国家仍在不断炒作基于族裔的民族主义或是民族自决理念，经常以民族问题为理由去干涉多民族国家内政。20世纪至今100多年，世界因为民族问题导致战乱纷争、国家分裂，教训惨痛。引发学生思考国家认同与民族认同之间的张力。警惕西方国家的“民族牌”“人权牌”，防止国际消极思想“倒灌”、坚决抵制欧美国家的民粹主义、种族主义等民族分裂主义思想。让学生深刻理解铸牢中华民族共同体意识的提出，是应对国内外一切风险挑战的重大决策部署，是维护国家统一、 民族团结的必然要求，是强国建设、民族复兴的必由之路。并引导学生进一步思考，面对这些国内外风险挑战，如何维护国家统一、民族团结。

4.当今世界百年未有之大变局加速演进，中华民族伟大复兴进入关键时期。铸牢中华民族共同体意识的提出，是应对国内外一切风险挑战的重大决策部署，是维护国家统一、民族团结的必然要求，是强国建设、民族复兴的必由之路，具有十分重要的意义。

学生活动：回应问题、深入思考。

设计意图：展示《三千孤儿入内蒙》、新疆西藏等少数民族幸福生活图片，《卢旺达饭店》电影宣传海报，讲述两种截然不同的故事，启发学生思考。重在阐述党中央提出铸牢中华民族共同体理念的时代背景和战略意义。

环节二：阐释铸牢中华民族共同体意识的科学内涵

教师活动：

1.讲授增进“五个认同”：首先介绍“五个认同”的丰富内涵，即对伟大祖国的认同、对中华民族的认同、对中华文化的认同、对中国共产党的认同、对中国特色社会主义的认同。然后通过播放《新春走基层——“极寒”巡边路》视频，让学生了解即使是遭遇极寒、狂风，冰山中心边境警务站每日的巡逻工作却从不间断，引导学生理解扎根在祖国边疆的边防官兵和戍边民警，守的是边防，折射出的却是各民族对伟大祖国的认同感。国有国界，但爱国的心却没有边界。强调爱国主义是我们民族精神的核心，是中国人民和中华民族同心同德、自强不息的精神纽带。

2.讲授“五个共同”：在这一部分通过展示在2023年8月1日，由国家民委主办的“铸牢中华民族共同体意识文物古籍展”部分展品照片，引出“五个共同”的内涵。该展览展出文物古籍1500余件。展陈分为“大一统”“大交融”“大团结”三个单元，紧紧围绕铸牢中华民族共同体意识主线，以1500余件文物古籍为线索，深刻把握中华文明的突出特性，深入挖掘各民族交往交流交融的史实，通过不同时期的民族交往交融图片，引出“五个共同”的丰富内涵，即充分展现各民族共同开拓了辽阔疆域、各民族共同书写了悠久历史、各民族共同创造了灿烂文化、各民族共同培育了伟大精神。

3.讲授根植“四个与共”：通过向学生发问，近代以来面对亡国灭种的空前危机，各民族进行了怎样的抗争？引导学生认识到在抗争的过程中，涌现出一大批少数民族的卫国英烈、建党先驱、工农运动领袖、抗日英雄、开国将领，中华民族共同体意识空前增强，并在政治上形成团结一致抵御外侮的共同行动，在思想上产生生死与共、命运与共的意识存在。引导学生深刻理解铸牢中华民族共同体意识，就是要引导各族人民牢固树立休戚与共、荣辱与共、生死与共、命运与共的共同体理念，这是铸牢中华民族共同体意识的重要内容。“四个与共”的共同体理念，是中华民族融为一体，即使遭遇重大挫折也牢固凝聚的强大内生动力。树立正确的国家观、历史观、民族观、文化观、宗教观，是铸牢中华民族共同体意识的思想基础。坚定对伟大祖国、中华民族、中华文化、中国共产党、中国特色社会主义的认同，是铸牢中华民族共同体意识的核心任务。

4.讲授把握“四对关系”：导入庆祝新中国成立70周年大会上，群众游行中的民族团结方阵图片，阐述“中华民族一家亲、同心共筑中国梦”，不仅成为新时代我国民族团结进步事业的生动写照，也成为中华民族生生不息、绵延发展的精神密码。铸牢中华民族共同体意识，必须重点把握好“四对关系”。一是共同性与差异性的关系，共同性是主导，是方向、前提和根本；差异性不能削弱和危害共同性；增进共同性并不意味着消灭差异性，尊重差异性也不是固化差异。二是中华民族共同体意识与各民族意识的关系，两者可以并存不悖，但并非平行并列，本民族意识要服从和服务于中华民族共同体意识，同时要在实现好中华民族共同体整体利益进程中实现好各民族具体利益。三是中华文化与各民族文化的关系，各民族优秀传统文化都是中华文化的组成部分，中华文化是主干，各民族文化是枝叶，根深干壮才能枝繁叶茂。四是物质与精神的关系，经济的发展、人民生活水平的提高，并不自然而然带来思想认识的提高，并不自然而然带来民族团结，并不自然而然带来中华民族共同体意识。要实现长治久安，经济发展固然重要，但绝不能忽视心灵相通与人心凝聚，因此要赋予所有改革发展以彰显中华民族共同体意识的意义，以维护统一、反对分裂的意义，以改善民生、凝聚人心的意义，让中华民族共同体牢不可破。

学生活动：通过案例分析理解党的民族政策。

设计意图：通过视频、案例分析、讨论等方式，引导学生理解铸牢中华民族共同体意识需要各民族群众增进“五个认同”、树立“五个共同”，根植“四个与共”，把握“四对关系”。

环节三：铸牢中华民族共同体意识的实践路径

教师活动：

1.要全面推进中华民族共有精神家园建设，要引导各族民众树立正确的中华民族历史观、深入培育和践行社会主义核心价值观。

2.推动各民族共同走向社会主义现代化，引导民族地区科学定位，找准切入点和发力点，把握新发展阶段、贯彻新发展理念、融入新发展格局、实现高质量发展、促进共同富裕。

在这里，通过展示云南独龙族人的幸福生活图片，介绍独龙族人新中国成立前、新中国成立后以及现在生活的变化，从过去的刀耕火种到如今互联网畅通，从贫困到小康，独龙族在新中国成立后的70多年里生活真正出现了天翻地覆的大变化。

3.要促进各民族广泛交往交流交融。习近平总书记指出，交往交流交融是增进民族团结、铸牢中华民族共同体意识、推进中华民族共同体建设的必由之路。要充分考虑不同民族、不同地区的实际，统筹城乡建设布局规划和公共服务资源配置，完善政策举措，营造环境氛围，逐步实现民族在空间、文化、经济、社会、心理等方面的全方位嵌入。要建设多民族群众互嵌式社区，从基层社区抓起，通过扎实的社区建设，有效的社区服务、丰富的社区活动，营造各族人民一家亲的浓厚氛围。

通过播放视频“河北‘的哥’的一天”，带领学生跟随河北的哥理解什么样的民族生活是中华民族一家亲，了解接地气的民族交融生活场景。

4.提升民族事务治理体系和治理能力现代化水平。习近平总书记指出，民族事务治理是国家治理的重要组成部分。要增强各族群众法律意识，懂得法律面前人人平等，谁都没有超越法律的特权。

5.防范民族领域重大风险隐患。防范民族领域重大风险隐患，要牢固树立总体国家安全观，统筹发展和安全，确保民族团结、边防巩固和国家统一。

学生活动：理解铸牢中华民族共同体意识的实践路径。

设计意图：阐述分析铸牢中华民族共同体意识的实践路径，启发学生思考如何铸牢中华民族共同体意识。习近平总书记指出，铸牢中华民族共同体意识，需要构建科学完备的中华民族共同体理论体系。要立足中华民族悠久历史，把马克思主义民族理论同中国具体实际相结合、同中华优秀传统文化相结合，遵循中华民族发展的历史逻辑、理论逻辑，科学揭示中华民族形成和发展的道理、学理、哲理。

（二）课堂小结

通过总结，引导学生们充分认识到铸牢中华民族共同体意识、推进新时代党的民族工作高质量发展，是全党全国各族人民的共同任务。引导学生们深入学习贯彻党的二十大精神，深刻理解习近平新时代中国特色社会主义思想特别是习近平总书记关于加强和改进民族工作的重要思想所蕴含的马克思主义道理学理哲理和立场观点方法。

（三）板书设计

一、铸牢中华民族共同体的战略意义

（一）应对各种风险挑战的战略决策

（二）强国建设、民族复兴的重大举措

（三）加强和改进民族工作的根本指针

二、把握中华民族共同体意识的丰富内涵

（一）增进“五个认同”

（二）树立“五个共同”

（三）根植“四个与共”

（四）把握“四对关系”

三、铸牢中华民族共同体意识的实践路径

（一）全面推进中华民族共有精神家园建设

（二）推动各民族共同走向社会主义现代化

（三）促进各民族广泛交往交流交融

（四）提升民族事务治理体系和治理能力现代化水平

（五）防范民族领域重大风险隐患

（四）作业设计

思考题：作为新时代的大学生，如何积极投身中华民族共同体建设？

（五）参考资料

[1]中共国家民族事务委员会党组：《铸牢中华民族共同体意识》，《党委中心组学习》，2023 年第6期。

[2]潘岳：《不断构筑中华民族共有精神家园》，《人民日报》，2023年12月13日。

[3]蔡舰：《铸牢中华民族共同体意识》，《光明日报》，2019年4月9日。

[4]中共国家民族事务委员会党组：《以铸牢中华民族共同体意识为主线加强和改进党的民族工作》，《求是》，2024年。

八、教学总结与反思

当今世界百年未有之大变局加速演进，中华民族伟大复兴进入关键时期。铸牢中华民族共同体意识的提出，是应对国内外一切风险挑战的重大决策部署，是维护国家统一、民族团结的必然要求，是强国建设、民族复兴的必由之路，具有十分重要的意义。

通过本次专题，同学们不仅能清楚党的民族政策的精神和方向，理解铸牢中华民族共同体意识提出的时代背景和丰富内涵，还能充分了解铸牢中华民族共同体意识的实践路径。通过图片、视频、研讨等启发式教学，引导和帮助大学生树立正确的国家观、民族观和文化观，让同学们能够在知识层面、情感层面、理论层面深刻感知、理解中华民族共同体意识，并内化于心、外化于行，在行为层面上主动践行中华民族共同体意识。

隋唐的民族交融与民族统一

北票市职教中心　石　磊

一、课程基本信息

主讲课程：中国历史

使用教材版本：高等教育出版社（2023版）

教材章节出处：《中国历史》第四单元《隋唐统一多民族封建国家的繁荣》第八课《隋唐政治演变与民族交融》

二、教学设计概述

以习近平新时代中国特色社会主义思想为指导，全面贯彻党的教育方针，落实立德树人根本任务，坚持唯物史观，揭示人类社会发展的基本规律和趋势，充分反映中华民族5000多年源远流长的文明历史，中国近代以来180多年争取民族独立、国家富强的发展历程和中国共产党100多年为实现人民幸福民族复兴的奋斗史。引导学生培育学科核心素养，提升历史思维，理解时代潮流，树立正确的国家观、历史观、民族观、文化观、宗教观，增强中国特色社会主义道路自信、理论自信、制度自信、文化自信，成为德智体美劳全面发展的社会主义建设者和接班人、堪当民族复兴大任的时代新人。

以讲好中华民族的故事与中华文明史纵横的比较为指导，将历史与现实的维度相结合，对标课程建设指标，本单元主题是隋唐“繁荣与开放的时代”，这一时期的突出特点是“繁荣与开放”，特别是唐朝在政治、经济、文化、民族交融、对外交往、社会习俗各方面都体现了繁荣和开放的特点。唐朝的繁荣增强了唐朝政府的民族自信心，从而使政府敢于开放也乐于开放；在开放过程中，各民族的优秀人才为唐政府所用，各民族的经济文化成果被唐朝所吸收借鉴，这些都促进了唐朝政治、经济、文化的繁荣。繁荣与开放两者之间相辅相成、互相促进。以“滴灌育人”、网络数据为依托，以翻转式学习为辅、自主研究为主，展开线下线上及同步混合教学，解决教学形式陈旧、思政与专业教学融合度低、教学内容高阶差、产出成果低等教学“痛点”问题。

隋唐两代是中国古代史上的又一次大一统时期，在此期间，经济空前发展，文化空前繁荣，民族团结，中华民族一家亲，对外交流密切。这一时期在中国历史的发展中起了非常重要的承前启后的作用，影响了中国其后一千多年的历史发展。

本节主要叙述唐朝多民族国家的巩固和发展，内容比较多，涉及突厥、回纥、靺鞨、南诏、吐蕃等五个少数民族。

三、学情分析

1.中职学生初中历史基础比较薄弱，知识水平、理解能力都不强，其情感价值易受到影视剧影响。他们对历史充满兴趣、对历史知识有无限的探索欲望，因此在授课过程中要提供学生感兴趣的史料，启发学生的积极性，同时通过材料分析与分组讨论，使学生初步了解历史，提高对历史的理解力。中职学生对历史的认知能力有待提高，分析和解决问题的能力较弱。

2.教师在讲述时应该以学生为主体，丰富课堂活动，提高中职学生学习兴趣，重在培养学生的世界观和爱国情怀。

3.中职学生自制力较弱，教师要注意课堂节奏和课堂纪律的把控。

4.中一新生思想具有较强的可塑性，思想有待成熟，但要求进步，可塑性强，价值引领度大。

5.中职学生对学习充满憧憬，求知欲强，接受新事物的能力强，但也存在一定程度的学习惰性。

6.中职学生能够熟练地使用线上学习平台，为线下线上混合教学提供了基本保障。

四、教学目标

（一）知识目标

1.掌握突厥汗国的建立及分裂成东、西突厥后与唐朝的关系。

2.回纥汗国的建立及其与唐的关系。

3.黑水靺鞨、粟末靺鞨与唐的关系。

4.南诏的崛起及与唐的关系。

5.吐蕃的统一及与唐的关系。

（二）能力目标

1.指导学生分析隋唐时期边疆地区各民族发展较快的原因，培养学生综合分析历史问题的能力。

2.指导学生分析突厥、回纥、靺鞨、南诏、吐蕃等少数民族与唐朝的关系，培养学生用辩证唯物主义和历史唯物主义分析历史问题的能力。

3.分析颉利可汗、骨力裴罗、大祚荣、松赞干布等少数民族的领袖人物在历史上的作用，培养学生正确评价历史人物的能力。

4.让学生通过阅读历史文献，提高从材料中获取有效历史信息的能力。

5.让学生通过探究这一历史时期的民族交往与交融的情况原因和意义等问题，增强分析历史事物和表达历史观点的能力。

6.通过翻转课堂的教学形式，增加学生投入学习的时间，提高学生线下自主学习的时间比例，培养学生刻苦学习的品格。

（三）情感态度价值观目标

1.学生通过学习突厥、回纥、靺鞨、南诏、吐蕃等族历史，认识这些民族都有悠久的历史，是中华民族的一部分，对祖国边疆开发、中华民族的发展，做出了杰出贡献。

2.学生通过学习，认识到唐朝时期，我国统一的多民族国家有了进一步的发展，各族人民加强了政治、经济、文化等方面的联系，民族之间的战争是民族关系的支流，相互间的友好关系是主流，民族团结，中华民族一家亲。

3.学生通过学习，认识到唐朝时期疆域辽阔。安西都护府、北庭都护府所管辖的地区和黑水都督府、渤海都督府等地区，历史上都是中国的领土。

五、教学重点难点

（一）教学重点

1.唐朝与突厥、回纥、靺鞨、南诏、吐蕃关系。

2.唐政府对西北、东北地区的管辖。

（二）教学难点

1.正确认识唐朝比较开明的民族政策发挥的积极作用。

2.正确认识突厥、回纥、靺鞨、南诏、吐蕃等少数民族都是中华民族的一部分。

3.正确认识在民族关系方面各民族之间战争是支流，相互间的友好关系是主流。

六、教学设计总体思路

教育部颁布了《学校课程思政建设指导纲要》，为开展课程思政建设提供了系统化的指导与依据。我校也已经全面推进了思政课程建设。

授课教师是有多年教学经验的教师，理论基础深厚。经过多轮课程思政教育培训，熟悉翻转课堂教学与线上教学平台，拥有较为丰富的课堂教学经验，并在长期的教学督察活动中，借鉴同行教师的优秀教学技能，为开展本节课程思政教育教学奠定了深厚的基础。

将“滴灌育人”“融通育人”教学原则，内化为教学环节与教学艺术，变生硬式接受为思想品格内化所需。

采用翻转课堂式的课下教学，督促学生掌握基本的教学知识，根据学习信息有针对性地展开课堂教学，并构建学生课堂学习信息反馈机制，多种教学手段综合运用、处理教学的重点问题。

以教材为基本的教学依托，组织学生进行课外线上学习；同时，保持线下课堂教学活动的多样性，以有效互动、融合思政为原则。

本节主要叙述唐朝多民族国家的巩固和发展，内容比较多，涉及突厥、回纥、靺鞨、南诏、吐蕃等五个少数民族。因此在教学过程中要注意：①详略得当，切忌平均用力。并注意多开展双边活动，设计一些问题，组织学生讨论，从而激发学生的思维。②对一些少数民族的发展情况及其与唐朝的关系可适当制作一些图表，帮助学生记忆。③在教学过程中还可选择一些具有代表性的例题，使学生在解决具体问题的过程中掌握所学知识。

教师通过创设问题情境、引进考古成果、研读历史文献等方式，在深度挖掘历史教材资源的基础上，拓展学生的历史视野，以期落实学生的历史学科核心素养的培养任务。

七、教学过程

（一）教学流程设计

环节一：第一课时导入新课

教师活动：我们已经学过了唐朝前期的政治、经济，唐朝前期号称盛世。请大家说说唐朝盛世的表现。

学生活动：政治清明、经济繁荣、社会安定、阶级矛盾相对缓和、国力强盛。

教师活动：

1.唐朝是我国历史上最繁荣的一个封建王朝，也是当时世界上最先进的国家，同时在我国各民族交往史上，唐朝以比较开明的民族政策，友好地对待少数民族，也堪称历史王朝的典范。本节内容就讲述唐朝时期的边疆主要少数民族以及唐朝和他们的关系。

2.通过前面几节课的学习，我们知道虽然隋朝极其短暂，但是它的统一为唐朝的繁荣打下了基础。唐初唐太宗吸取隋朝灭亡的教训，励精图治，出现了贞观之治的局面，经过上承贞观、下启开元的武则天，到唐玄宗统治的开元年间，我国封建社会进入了前所未有的全盛时期，大唐帝国的强盛表现在政治清明、社会稳定、经济空前繁荣、国力增强、百姓生活大为改善。还表现在对少数民族边疆地区的有效统治和与边疆少数民族的友好关系，今天我们主要学习隋唐时期的民族关系。

学生活动：观看教师展示的幻灯片投影。

教师活动：前几节课，我们学习了唐朝的政治状况和经济状况。大家来复习一下，唐朝前期的政治状况是怎样的？

学生活动：唐朝前期，经过唐太宗、武则天的统治，到唐玄宗统治前期，前后出现了贞观之治和开元盛世的局面。

教师活动：那么是否还记得经济发展的原因是什么？

学生活动：在经济上也出现了前所未有的盛况。农业、手工业、商业都有很大的发展。经济发展的原因有国家统一强盛、交通发达、统治者的政策、各民族交往密切、中外交往频繁、劳动人民的辛勤劳动。

教师活动：很好。今天我们就来学习六个原因中的第四个原因——各民族交往密切。

设计意图：导入新课，创设情境；设定目标，提出问题；融合思政，解决问题。

环节二：隋唐时期民族关系的特点及原因

教师活动：隋唐时期是我国统一的多民族国家大发展的时期，与经济一样，也一度呈现出繁荣的景象。那么与以往的朝代相比，它体现出了什么特征呢？

学生活动：总特征是统一的多民族国家得到进一步的发展和巩固。具体的表现是:边疆地区。第一，北方和西南的一些少数民族先后建立政权，开发了祖国边疆地区；第二，交通发达，便于中原和边疆的往来，促进了边疆地区经济文化的发展；第三，中央王朝在边疆少数民族地区设立机构，加强了对少数民族地区的管辖。

教师活动:

1.对，总的来讲，中原和边疆地区联系更加密切、统治更加巩固，少数民族地区的政治、经济、文化等各个方面都有较大的发展。

2.好，我们已经总结了隋唐时期民族关系的特征，那么呈现出这样特征的原因是什么呢？

学生活动：原因有中原地区经济文化的高度发达和唐朝统治者开明的民族政策。还有唐朝的盛世局面，唐朝国力的强大。

教师活动：

1.对，由于唐政府对周边少数民族地区实行了有效管辖，唐朝前期的疆域空前辽阔。

2.我们一起来读一下课文中写的唐朝前期的疆域是怎样的。

学生活动：唐朝前期的疆域，空前辽阔，东到大海，西达咸海，东北至外兴安岭、库页岛一带，南及南海。

教师活动：

1.好，我们来看投影显示的唐前期疆域简图。

2.当时，在我国边疆地区兴起的少数民族主要有：突厥、回纥、靺鞨、南诏、吐蕃等五个少数民族。好，我们来分别看一下，这五个少数民族关系。

环节三：突厥的崛起和衰落

教师活动：

1.展示《唐朝前期边疆各族形势》图。

2.突厥是我国古代北方的一个民族，兴起于阿尔泰山一带，过着游牧生活。他们强健剽悍，风俗习惯与匈奴大体相同。后来，他们学会了冶铁，创制了文字，6世纪中期强大起来，建立了突厥汗国，很快统一了我国西北地区，中亚各国望风归附。最强盛时，曾控制了东起辽东上游，西到中亚里海的广阔地区。

那时，突厥和中原地区有贸易往来，成为沟通中原和中亚贸易的桥梁。

但是由于突厥汗国建立在强力征服的基础上，汗国内部各种矛盾尖锐复杂，被征服的各族人民不断反抗。6世纪末，即隋朝初年，突厥分裂为东、西突厥。以阿尔泰山为界，以东直到兴安岭，是东突厥辖地，以西直到里海的广大地区由西突厥控制。

3.请大家看书后回答东突厥与唐朝的关系。

学生活动：隋末中原动乱，东突厥强大，不断向南进扰。贞观初年，唐朝打败东突厥，俘获颉利可汗，东突厥灭亡。唐太宗设都督府管辖，仍以突厥贵族为都督、将军。

教师活动：唐太宗灭了东突厥后，采取“全其部落”的政策，在东起自今北京，西至今宁夏灵武一带设置了四个都督府，又在原先颉利可汗所统辖的地区设置了两个都督府，仍以突厥贵族为都督、将军，管理当地的突厥部落；对颉利可汗，也归还其家属，赐以良田美宅，授予右卫大将军职衔。那时，入朝为官的突厥首领，先后有几百人，其中五品以上的高官百余人。这种开明的民族政策对北方各族产生了巨大影响，他们纷纷入朝，尊称唐太宗为“天可汗”。那么西突厥与唐朝的关系又是怎样的呢？

学生活动：西突厥在隋唐之交势力强大，天山以南的西域各国都受它控制，影响了丝绸之路的畅通。唐太宗先征服依附西突厥的高昌，置安西都护府，统辖高昌故地。唐高宗时，派兵大破西突厥，西突厥灭亡。武则天时，又设北庭都护府，管辖西突厥故地，后与安西都护府分治天山南北。

教师活动：

1.西突厥强大起来后，称霸西域，奴役当地各少数民族，影响了丝绸之路的畅通，而且威胁着唐朝。为了维护对西域的管辖，保护中西商路，唐朝与西突厥进行了长期的斗争。首先，唐太宗时先取西域天山南路诸国——高昌、龟兹等，并在高昌设置了安西都护府；其次，唐高宗派兵灭了西突厥；第三，武则天时，为了进一步巩固西北边疆，在庭州设立了北庭都护府。这样，天山以北包括阿尔泰山和巴尔喀什湖以西的广大地区属北庭都护府管辖；天山以南直至葱岭以西、阿姆河流域的广大地区属安西都护府管辖。

2.唐政府设置的这些机构有什么作用呢？

学生活动：唐朝恢复了在西域的统治，对于巩固西部边防，维护国家统一，发展商业和交通以及对西域社会发展和中外经济、文化的交流起了积极作用。

环节四：从回纥到回鹘

教师活动：

1.突厥被唐征服后，我国的北方地区又有一个民族慢慢地强大起来，这就是回纥。7世纪初，回纥在色楞格河一带过着游牧的生活，臣属于突厥汗国，受着突厥汗国的奴役。东突厥灭亡后，回纥南移，归附唐朝。

2.我们刚学习了突厥的历史，知道突厥与唐朝的关系是有战有和。那么回纥与唐朝的关系又是怎样的呢？

学生活动：主要是和。

教师活动：具体表现是怎样的？

学生活动：

1.唐太宗任命回纥首领为瀚海都督府都督。8世纪中期，回纥首领骨力裴罗统一各部，唐玄宗册封他为怀仁可汗。

2.从唐肃宗开始，几次同回纥可汗和亲。

3.安史之乱期间，回纥兵助唐平叛。

教师活动：

1.回忆一下，前面第三节我们还学过什么内容？

2.回纥与唐朝的关系是比较亲密的，在政治上，13名可汗中有12名可汗接受了唐政府的册封；还帮助唐朝平定安史之乱；唐政府前后三次将公主嫁给回纥可汗。在经济上，双方长期进行着友好的经济、文化交往。我们把回纥与唐朝的关系概括为四个方面：第一，受唐政府的册封；第二，友好的经济文化往来；第三，帮助唐政府平叛安史之乱；第四，和亲。因此，在回纥与唐朝为邻时期，我国北方边境安定平静。

3.这样友好的关系对回纥的发展有什么积极作用呢？

学生活动：促使回纥经济发展，生活方式变化，从游牧、居无定所发展为定居。

教师活动：

1.8世纪后期，回纥改名回鹘，取“回旋轻捷如鹘”的意思。9世纪中期，回鹘瘟疫流行，又遇暴风雪，羊马死亡很多，民众流离失所。回鹘汗国衰落、瓦解。大部分人西迁。其中迁至今新疆地区的，后被蒙古成吉思汗降服，改称“畏兀儿”，就成为今天维吾尔族的祖先；迁至今甘肃河西走廊的，成为今天裕固族的祖先；还有的越过葱岭，西迁至中亚地区的建立了黑汗王朝。

2.隋唐时期的民族关系内容比较多，今天我们主要学习了隋唐时期民族关系的特点，是唐政府利用当地少数民族首领实行对少数民族地区的有效统治。我们还学习了突厥和回纥的发展情况以及他们与唐朝的友好关系。其中唐政府开明的民族政策在友好的民族关系中起了非常重要的作用。

环节五：第二课时导入新课

教师活动：

1.上一节课，我们学习了隋唐时期民族关系的特点和唐朝与突厥、回纥的友好关系。我们知道隋唐时期民族关系的总特征是：统一的多民族国家得到进一步的发展和巩固。具体的表现是：第一，北方和西南的一些少数民族先后建立起政权，开发了祖国边疆地区；第二，交通发达，便于中原和边疆的往来，促进了边疆地区经济文化的发展；第三，中央王朝在边疆少数民族地区设立机构，加强了对少数民族地区的管辖。

2.唐朝与突厥的关系是，先后征服了东、西突厥，并在当地利用原少数民族首领，实行有效管辖。唐朝与回纥的关系是极其友好的，也通过当地少数民族首领对该地实行了有效管辖。后来回纥西迁，成为维吾尔族和裕固族的祖先。

3.隋唐时期，在我国边疆地区兴起的少数民族除了突厥和回纥，还有靺鞨、南诏和吐蕃。今天这一课我们就来学习唐朝与靺鞨、南诏和吐蕃的关系。

环节六：靺鞨和渤海国

教师活动：

1.突厥和回纥都是我国古代北方的少数民族，当时在我国的东北地区，一个少数民族也在逐渐地发展、强大起来。这就是今天满族的祖先——靺鞨。

靺鞨是我国东北的一个古老的民族。世居白山黑水之间，主要分布于松花江、黑龙江流域，生活在茂密的原始森林中，以鱼牧为生。有许多部，7世纪中期，居于黑龙江下游两岸的黑水（今黑龙江）部和生活在粟米水（今松花江）的粟末部逐渐强大起来。

2.分别说说这两个部与唐朝有怎样的关系。

学生活动：

1.8世纪前期，唐朝在黑水地区设置都督府，任命其首领做都督。黑水地区正式划入唐朝版图。

2.7世纪末，粟末部首领大祚荣建立政权。开元初，玄宗封大祚荣为渤海郡王，统辖忽汗州，加授忽汗州都督。也正式划入唐朝版图。

教师活动：

1.很好。唐太宗时，黑水靺鞨向唐朝进贡，722年，唐玄宗封黑水首领为刺史。四年后，在黑水地区设置都督府，任命其首领做都督。黑水靺鞨地区正式划入唐朝版图。

2.粟末靺鞨地区靠近中原，中原发达的封建文化给粟末以深刻的影响，促进了社会发展。7世纪末，粟末靺鞨首领大祚荣建立政权，自立为国王。713年，唐玄宗册封大祚荣为渤海郡王，以其统辖的地区为忽汗州，加授大祚荣为忽汗州都督；忽汗州都督府即渤海郡，是唐朝在东北地区设置的最高军政机构之一。从此渤海地区也正式划入唐朝版图。渤海地区由于采用中原的先进技术，农业、手工业都有较好的发展，曾获得“海东盛国”的赞誉，渤海与唐朝的商业贸易也较频繁。渤海不仅在政治上是唐王朝的一个组成部分，而且在经济上、文化上与唐朝是不分彼此的一家。有唐朝诗人温庭筠的诗为证：“疆里虽重海，车书本一家，盛勋归旧国，佳句在中华。”

环节七：南诏的崛起

教师活动：

1.唐朝时期，北方、东北方地区的少数民族先后接受唐政府的管辖，同时，唐政府对我国西南地区的少数民族也实行了有效的管辖。

2.7世纪前期，在今云南地区居住着许多少数民族，主要有今彝族祖先乌蛮和今白族祖先白蛮。乌蛮不断扩张，征服了白蛮，先后成立了六个诏，其中处于最南端的称南诏。7世纪中期，南诏建立了政权，臣属唐朝。8世纪前期，南诏首领皮罗阁在唐玄宗的支持下，统一了六诏。唐玄宗册封皮罗阁为云南王。

3.南诏统一后，社会经济有了较大的发展，谁来总结一下原因。

学生活动：原因一是统一有利于经济发展；二是唐朝先进生产技术和先进文化的影响。

教师活动：对。唐支持南诏统一后，南诏的经济有了较大的发展。那么唐为什么要支持南诏统一呢？

学生活动：针对教师提出的问题进行讨论。

教师活动：早在唐初，唐朝就积极开展对西南各部族的招抚。7世纪末，正当唐朝积极经营洱海地区时，位于唐朝西邻的吐蕃迅速壮大，并不断派兵进攻唐朝的西部边疆，同时向东南深入到洱海地区和四川地区，严重威胁唐朝的西部边疆。为了遏制吐蕃势力南下，减轻吐蕃对西南边疆的压力，于是唐朝积极支持南诏的统一。

环节八：吐蕃的统一和唐蕃关系

教师活动：

1.那么，吐蕃当时与唐朝的关系是怎样的呢？下面我们就来看看吐蕃的情况。

2.吐蕃是藏族的祖先。隋朝时期，青藏高原上建立了一些分散的政权，其中吐蕃政权实力最强。629年，松赞干布继位赞普，统一了青藏高原，建立起吐蕃王朝，定都逻些。为了巩固统治，松赞干布仿照唐朝的政治制度和唐朝的府兵制，设置各级官府，建立严密的军事组织，制定了严酷的法律，还命人创制了吐蕃文字。

3.唐朝与吐蕃的关系中，最主要的就是文成公主和金城公主与吐蕃赞普松赞干布和尺带珠丹的通婚。那么怎么会有这两次通婚的呢？

学生活动：是吐蕃赞普松赞干布和尺带珠丹向唐求婚的。

教师活动：好。吐蕃赞普松赞干布和尺带珠丹为什么要向唐求婚呢？

学生活动：由于中原地区的经济文化比较先进。他们为了加强和唐朝的关系，学习中原地区的先进生产技术和文化。

教师活动：他们的目的有没有实现呢？

学生活动：目的实现了。文成公主入藏时，带去了大批精美的手工艺品和多种生产技术、医药书籍，大大有利于吐蕃经济、文化的发展。

教师活动：

1.松赞干布不愧是吐蕃杰出的政治家。他为了发展吐蕃的经济文化，加强与唐朝的关系，几次派遣使者携重礼向唐朝求婚。唐太宗答应将文成公主嫁给他。641年，文成公主入吐蕃，松赞干布亲到柏海迎接，还特地为文成公主修建了华丽的王宫（今布达拉宫前身）。为了尊重文成公主的信仰，又为她修建大昭寺（今拉萨大昭寺前身）。

2.这样的友好关系带来了什么结果呢？

学生活动：促进了吐蕃经济文化的发展；加强了双方的经济文化交流；密切了吐蕃与唐朝的关系，唐蕃自此结为姻亲之好，两百年间，新赞普即位，必请唐天子“册命”。

教师活动：

1.文成公主在吐蕃生活了将近四十年。她入藏后，吐蕃人民从汉族人这里学会了养蚕、学会了平整土地和种植蔬菜的技术。同时，吐蕃的土特产，如马匹、金银器皿等也输入内地。

2.唐太宗以后，唐蕃关系继续发展。710年，唐中宗又应尺带珠丹的请求，把金城公主嫁给他。金城公主入吐蕃，进一步传播了中原文化，发展了唐蕃友谊。

3.9世纪中期，吐蕃与唐会盟。盟约里说：“患难相恤，暴掠不作”。史称“长庆会盟”。

4.为什么会立这个会盟呢？会盟又有什么意义呢？

学生活动：因为唐蕃之间也有战争。

教师活动：对，我们在学习南诏的历史时就已经讲到了这一点。当时唐朝与吐蕃政权之间也有冲突，吐蕃几度与唐朝会盟、败盟之后，双方终于在821—822年会盟，并建立《唐蕃会盟碑》，该碑至今仍屹立在拉萨大昭寺门前，成为汉藏两族人民友好情谊的历史见证。

设计意图：以线上教学平台作为课堂辅助教学手段，构建教学过程的双向信息反馈机制，实现教学评价的可视化、可量化的管理，课前与课间、课后教学活动并重，为塑造学生健康品格，培养学生自主学习、探究学习能力创造条件。

（二）课堂小结

本节我们学习了突厥、回纥、靺鞨、南诏、吐蕃等民族的历史，以及他们和唐朝的密切关系。这说明了祖国的历史是各族人民共同缔造的。在祖国各民族交往的历史长河中，唐王朝尤为重要。唐朝时期中央政权和边疆各族的政治、经济、文化联系有了显著加强，友好交往是唐朝与边疆各族关系的主流。唐王朝比较开明的民族政策，在历史上产生了积极的影响，直到今天仍然具有积极意义。

纵观5000年的中华文明，中华民族的鼎盛时代，正是民族团结，中华民族一家亲，祖国统一的时期。统一永远是历史发展的主流，尽管朝代更迭历经磨难，但中华民族仍巍然屹立于世界东方。

（三）板书设计

第8课 隋唐政治演变与民族交融

一、隋唐时期民族关系的特点及原因

1. 特点

2. 原因

3. 唐朝前期的疆域

二、突厥的崛起和衰落

突厥的崛起和衰落发展流程图

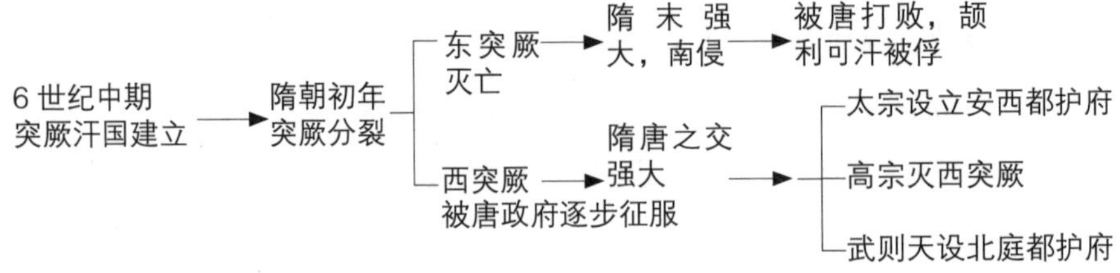

三、从回纥到回鹘

回纥民族的发展经过

7世纪初

唐太宗时 8世纪中

8世纪后

9世纪中

受突厥奴役→瀚海都督府都督→骨力裴罗被封为怀仁可汗→回鹘→瓦解西迁

四、靺鞨和渤海国

7 世纪中　　8 世纪前期

强大—黑水→唐设黑水都督府

7 世纪末　　开元初

强大—粟末→大祚荣建政权→大祚荣被封渤海郡王，加授忽汗州都督

五、南诏的崛起

7世纪前期

8世纪前期

南诏建立政权→皮罗阁统一六诏，封为云南王

六、吐蕃的统一和唐蕃关系

7世纪前期

唐太宗时 8世纪初

9世纪中

松赞干布统一青藏高原→文成公主入藏→金成公主入藏→唐蕃会盟

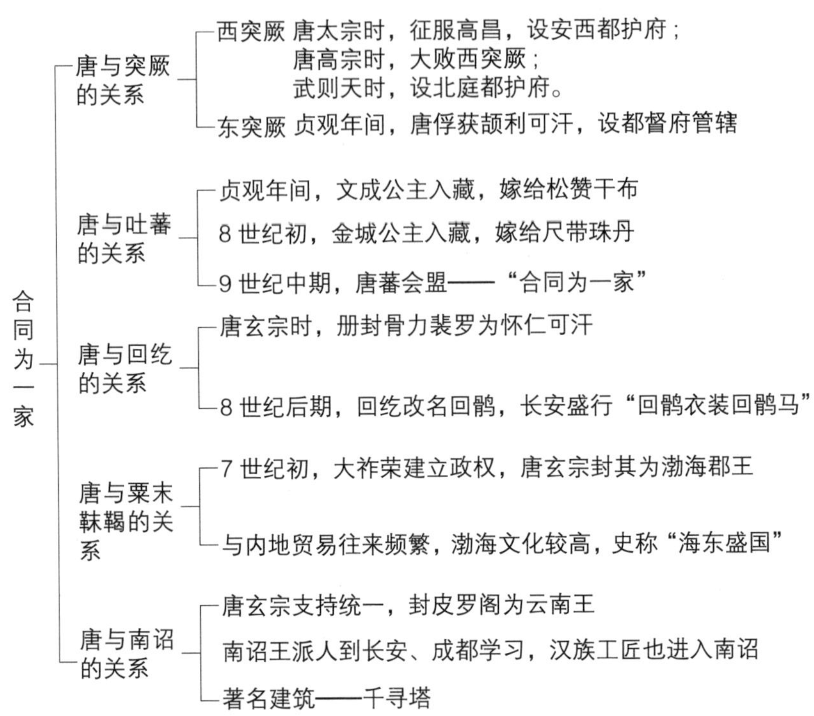

（四）作业设计

本课作业以任务探究为主体，要求学生根据问题建立思维导图，并阐明内在逻辑。此外，学生还可以结合拓展阅读，从多维度、多视角认识隋唐的历史，分辨不同的历史解释。

作业内容为综合所学知识，简述对隋唐时期民族关系的主流，多民族国家进一步巩固和发展的原因。

（五）参考资料

王仲荦：《隋唐五代史》，上海人民出版社，2003年。

八、教学总结与反思

1.采用翻转课堂与混合课堂的教学方式，形成了较好的教学实践产出效果。

（1）培养了学生自主学习的能力与素质转移，并在学习过程中引领学生价值理念的发展，形成了有温度、有高度、差异化发展的教学形式。

（2）实现了以学生为主体的教学发展，建立了科学的学生课前、课堂、课后参与度高、主体性强的教学发展模式，改变了传统的陈旧的教学范式，形成了较为成熟的思政与专业教学高度融通的教学基础。

（3）通过翻转课堂的教学形式，增加学生投入学习的时间，提高学生线下自主学习的时间比例，培养学生刻苦学习的品格。

2.立足课程标准，关注学习聚焦，突破教学重难点。本课通过问题链建构，对隋唐的政治发展、隋唐封建社会的高度繁荣、民族交融进行了整体、全面的论述，揭示了历史是持续发展的，统一中暗含分裂隐患，分裂中蕴含统一趋势，而人民群众是历史的创造者，统一是民心所向：民族交融极大地促进了统一多民族国家的巩固与发展两个核心，将课程标准落实到教学之中。

3.结合多种方法，深耕教学内容，压实核心素养。本课通过创设活动，引导学生自主搜集史料；建构问题链，引导学生不断深入思考；利用诗句、学术专著，提供不同历史解释；结合时间线、地图，培育学生时空观念；深耕文成公主入藏故事，铸牢中华民族共同体意识；分析盛衰兴亡，证明人民群众是创造历史的主体，压实了核心素养。

4.本课教学内容结合课前课外任务，通过教师创设情境、提出问题、引导分析材料推进教学，实时把握学生学习动态。但由于课程内容量大，课程时间限制，在教—学—评一体化上仍可深挖。

5.以问题链为主，层层深入，紧密关联。本课以指向深度学习的问题链建构为基础，能够引导学生不断深入思考，完成每一子目的教学目标。但在问题设置、逻辑关联上仍有上升空间。

铸牢中华民族共同体意识
守好民族团结生命线

大连民族大学　孙　擎

一、课程基本信息

主讲课程：习近平新时代中国特色社会主义思想概论

使用教材版本：高等教育出版社、人民出版社（2023版）

教材章节出处：《习近平新时代中国特色社会主义思想概论》第八章《发展全过程人民民主》第四节《铸牢中华民族共同体意识》

二、教学设计概述

《铸牢中华民族共同体意识》是教材第八章《发展全过程人民民主》中的重要知识点。习近平总书记在党的二十大报告中从发展全过程人民民主的角度，强调要“以铸牢中华民族共同体意识为主线，坚定不移走中国特色解决民族问题的正确道路”，将民族工作纳入发展全过程人民民主之中，将铸牢中华民族共同体意识置于发展全过程人民民主的战略高度，深刻地揭示了铸牢中华民族共同体意识在推动全过程人民民主及国家治理体系和治理能力现代化建设中的重要地位，也为本次课程教学提供了重要思想指引和理论支撑。

大学阶段“中华民族一家亲”的主题，在《习近平新时代中国特色社会主义思想概论》课程中的呈现，就是引导学生充分了解我国的民族政策，增强铸牢中华民族共同体意识，自觉维护国家统一和民族团结。本次教学旨在通过铸牢中华民族共同体意识教育强化学生的民族团结意识，引导各族学生牢固树立休戚与共、荣辱与共、生死与共、命运与共的共同体理念，巩固和发展新时代爱国统一战线，为发展全过程人民民主凝聚强大精神力量。

本课课程主要包括导入新课、讲授新知、总结归纳、巩固练习、布置作业等环节，具体流程会在“教学设计总体思路”部分呈现。由于本次课程内容属于一个章节的中间部分，因此不进行课前复习环节设计。课程设计的特色在于在充分吸收大中小学思想政治教育一体化建设的实践经验，将铸牢中华民族共同体意识教育融入大中小学思政课一体化建设过程之中，在对不同学段铸牢中华民族共同体意识教育内容有深入了解的基础上，充分发挥大学思政课堂教学主渠道、主阵地作用，坚持循序渐进和螺旋上升原则，结合大学阶段学生认知能力显著增强、认知视野显著扩大的特点，以哲理化教育阐释铸牢中华民族共同体意识的基本概念、基本原理、基本论断，引导大学生在知行合一中增强对中华民族共同体的政治认同，自觉担当起实现中华民族伟大复兴的时代重任。

三、学情分析

（一）思想特点

本门课授课对象为大三学生。他们已经接受过两年高等教育，并且学习过《思想道德与法治》与《中国近现代史纲要》等思政课程，思想上更加成熟，对党的路线、方针、政策有更为深刻的认识。同时，作为民族院校的学生，他们对于民族团结有着更清晰的感受。教师更容易激发其对铸牢中华民族共同体的情感认同。

（二）知识储备

经过两年多的学习，学生对习近平新时代中国特色社会主义思想的基础知识掌握较好，对我国的国情和国家的民族政策有较为充分的了解，但相对缺乏深入的研究和系统的知识构建。

（三）能力水平

学生的认知能力较强，对课堂教学中知识点的理解较为准确，也能够准确表达出自己对于学习内容的思考和理解。但是，其理论联系实际、深入思考问题和进行系统知识构建的能力还相对欠缺。

四、教学目标

（一）知识目标

了解中华民族和各民族的关系，理解中华民族共同体的形成是中华民族历史发展的必然结果，掌握铸牢中华民族共同体意识的科学方法。

（二）能力目标

通过对中国各族人民在中华民族发展的历史进程中共同发挥作用的探索，熟练运用辩证唯物主义和历史唯物主义的方法分析与思考问题，理解中华民族共同体形成的历史基础与实践基础，树立正确的历史观，坚定历史自信，增强历史主动。

（三）情感、态度与价值观目标

通过对民族团结进步的案例分析，牢固树立各民族休戚与共、荣辱与共、生死与共、命运与共的共同体理念，不断增强对伟大祖国、中华民族、中华文化、中国共产党、中国特色社会主义的认同，增强民族团结使命担当，争做社会主义合格建设者和可靠接班人。

五、教学重点难点

（一）教学重点

①中华民族共同体的形成是中华民族历史发展的必然结果；②铸牢中华民族共同体意识的具体举措。

要注重围绕中华民族共同体意识形成的中华优秀传统文化、革命文化、社会主义先进文化进行课程建设，厚植大学生的中华优秀文化基因，让学生了解中国各族人民在中华民族发展的历史进程中共同发挥作用，涵养建设中华民族共同体的自觉信念。

（二）教学难点

铸牢中华民族共同体意识与实现全过程人民民主的关系。

要讲清中华民族共同体意识与实现全过程人民民主的同一性与互动性关

系，紧扣章节主题，避免章节内部不同教学内容出现割裂。

六、教学设计总体思路

各教学环节设计服务于“立德树人，教书育人”，注重对学生的价值引领。

本次教学总体上分课前、课中和课后三部分进行设计。具体思路如下：

课前：通过学习通平台布置相关任务，请同学们自主学习学习通平台发布的“铸牢中华民族共同体意识文物古籍展”内容，了解中华民族交往交流交融的历史进程，为本节课的学习打下思想基础。

课中：导入新课—讲授新知—课堂讨论—总结归纳—巩固练习—布置作业

课后：组织学生完成学习通平台的课后习题；鼓励学生以小组为单位形成“中华民族一家亲”主题的大学生讲思政课的相关微课、视频、演讲稿等学习成果；进行教学反思，做好教学总结，不断提升教学质量。

七、教学过程

（一）教学流程设计

环节一：课前准备与导入新课

教师活动：

1.提前通过学习通平台布置相关任务，请同学们浏览学习通平台发布的“铸牢中华民族共同体意识文物古籍展”内容，了解中华民族交往交流交融的历史进程，为本节课的学习打下思想基础。

2.提前 15 分钟进入教室，调试好设备，做好上课准备，要求学生至少提前5分钟到达教室，课前 2分钟开始学习通签到，教师掌握学生出勤情况。

3.播放视频《石榴花开 籽籽同心》，让学生感受各民族交往交流交融的良好氛围。

学生活动：

1.浏览学习通平台“铸牢中华民族共同体意识文物古籍展”内容，完成课前预习。

2.通过学习通完成线上签到。

3.观看视频，交流感悟。

设计意图：

1.通过线上线下相结合的方式，提高学生的学习自主性和学习效率。

2.通过学习通签到，掌握学生的课堂参与情况。

3.通过视频观看，激发学生的学习兴趣，帮助学生尽快进入学习状态。

环节二：课堂讲授与师生互动

教师活动：

1.民族团结是我国各族人民的生命线，中华民族共同体意识是民族团结之本。多民族是我国的一大特色，也是我国发展的一大有利因素。

2.同学们，刚才我们观看了视频“石榴花开 籽籽同心”，感受到各民族交往交流交融的良好氛围。习近平总书记提出，“必须高举中华民族大团结旗帜，促进各民族在中华民族大家庭中像石榴籽一样紧紧抱在一起”。习近平总书记为什么要用“石榴籽”来做比喻？“石榴”与“石榴籽”之间是什么关系？

——“石榴”与“石榴籽”的关系就是“中华民族”与中国各民族之间的关系。

中华民族和各民族的关系，是一个大家庭和家庭成员的关系，各民族的关系是一个大家庭里不同成员的关系。

“石榴”和“石榴籽”的关系，正是对“中华民族共同体”的形象比喻。党的十八大以来，以习近平同志为核心的党中央着眼新时代民族工作面临的新形势新特点，创造性提出“铸牢中华民族共同体意识”这一重大论断，推动我国民族团结进步事业取得了新的历史性成就。

3.同学们，课前我们在学习通发布了任务，请同学们浏览学习通平台发布的“铸牢中华民族共同体意识文物古籍展”内容，请同学们以小组为单位进行讨论，派代表同大家分享民族交往交流交融的故事，谈谈对中华民族共同体形成发展过程的认识。

通过大家的分享，我们认识到，各民族都在中华民族历史发展的进程中发挥着重要作用。中国是全国各族人民共同缔造的统一的多民族国家，中华民族共同体的形成是中华民族历史发展的必然结果。中华民族处于最孱弱的时期也没有分崩离析，靠的就是国土不可分、民族不可散、文明不可断的理念。事实充分说明，对中华民族形成起决定作用的是对中华民族共同体的认同，而不是种族、血缘、地域、宗教等因素。

4.同学们，我们为什么要强调铸牢中华民族共同体意识呢？请同学们在学习通完成老师发起的主题讨论。（将问题发布在学习通平台“主题讨论”中，并将其投屏至大屏幕）

5.教师总结学生讨论的结果，并引导学生认识到，只有铸牢中华民族共同体意识，才能：①构建起维护国家统一和民族团结的坚固思想长城，推动各民族共同维护好国家安全和社会稳定；②增进各民族对中华民族的自觉认同，夯实我国民族关系发展的思想基础，推动中华民族成为认同度更高、凝聚力更强的命运共同体；③有效应对实现中华民族伟大复兴过程中民族领域可能发生的风险挑战，为党和国家兴旺发达、长治久安提供重要思想保证。

6.那么，铸牢中华民族共同体意识与本节课的主题“发展全过程人民民主”之间是什么关系呢？

7.铸牢中华民族共同体意识与全过程人民民主具有同一性，二者均为实现中华民族伟大复兴的必然要求，也都是维护各民族根本利益、巩固和发展社会主义民族关系的必然要求。铸牢中华民族共同体意识是扎实推进全过程人民民主的必然选择。党的二十大报告强调，发展全过程人民民主要巩固和发展最广泛的爱国统一战线。统一战线的本质是大团结大联合，是凝聚人心、汇聚力量的重要法宝。统一战线所体现的人民民主意蕴，是发展全过程人民民主的重要形式和制度载体。而作为新时代党的民族工作的“纲”，铸牢中华民族共同体意识蕴含着丰富的统一战线理念。铸牢中华民族共同体意识，核心在于不断增强各族群众对伟大祖国、中华民族、中华文化、中国共产党、中国特色社会主义的认同，推动中华民族走向包容性更强、凝聚力更大的命运共同体。正确处理一致性和多样性关系、坚持求同存异，在尊重多样性中寻求一致性，找到最大公约数、画出最大同心圆是铸牢中华民族共同体意识和统一战线的共同的工作方针和理念；聚焦“大团结大联合”，广泛凝聚共识是铸牢中华民族共同体意识和统一战线的一致主题，同时，铸牢中华民族共同体意识与统一战线又有机统一于“实现中华民族伟大复兴的中国梦”这一奋斗目标。由此可见，铸牢中华民族共同体意识与统一战线是一体两面，相辅相成，相得益彰的关系。因此，铸牢中华民族共同体意识也是发展全过程人民民主的必然要求和现实路径。

8.现在我们认识到铸牢中华民族共同体意识的重要性，那么，我们要如何铸牢中华民族共同体意识呢?

9.铸牢中华民族共同体意识，就是要引导各族人民牢固树立休戚与共、荣辱与共、生死与共、命运与共的共同体理念。（鼓励学生从不同角度思考中华民族共同体的铸牢举措，教师进行总结，并结合教材内容进行讲解）

10.正确把握共同性和差异性的关系、中华民族共同体意识和各民族意识的关系、中华文化和各民族文化的关系、物质和精神的关系，建设各民族共有精神家园，促进各民族共同繁荣、共同发展。

11.在全社会搞好民族团结宣传教育，引导各族群众牢固树立正确的国家观、历史观、民族观、文化观、宗教观，增进各族群众对伟大祖国、中华民族、中华文化、中国共产党、中国特色社会主义的认同。（“五个认同”）

展示“云南推进学校铸牢中华民族共同体意识教育工作走深走实”案例视频。

12.加强现代文明教育，推广普及国家通用语言文字，科学保护各民族语言文字，尊重和保障少数民族语言文字学习和使用。

13.增强各族群众法律意识，坚决反对大民族主义，反对大汉族主义和地方民族主义，自觉维护国家最高利益和民族团结大局。

要依法保障各民族合法权益，坚持法律面前人人平等，是什么问题就按什么问题处置，依法妥善处理涉民族因素的案事件，保证各族公民平等享有权利、平等履行义务。要严密防范、坚决打击各种渗透颠覆破坏活动、暴力恐怖活动、民族分裂活动、宗教极端活动，努力维护国家统一、民族团结、社会稳定。

14.完善差别化区域支持政策，支持民族地区提升自我发展能力，推动各民族共同走向社会主义现代化。要进一步实施促进民族地区和人口较少民族发展、兴边富民行动等规划，谋划好“十四五”时期少数民族和民族地区发展，继续推进基本公共服务均等化，提高把“绿水青山”转变为“金山银山”的能力，不断铸牢中华民族共同体意识的物质基础。

展示“云南红河河口党建赋能边民互市，创新模式绘就兴边富民新画卷”案例。

15.促进各民族交往交流交融，提升民族事务治理体系和治理能力现代化水平。铸牢中华民族共同体意识是新时代党的民族工作的主线，我们要坚持绵绵用力、久久为功，把铸牢中华民族共同体意识、加强中华民族共同体建设作为战略性、基础性、长远性工作来做，促进各民族在中华民族大家庭中像石榴籽一样紧紧抱在一起，共同建设伟大祖国，共同创造美好生活。

学生活动：

1.通过互动交流，认识到“石榴”与“石榴籽”的关系就是“中华民族”与中国各民族之间的关系，增强民族团结意识。

2.思考教师提出的问题，进行小组讨论并同大家分享学习成果。分享“茶马古道”、张骞出使西域、丝绸之路、彝海结盟、周恩来参加傣族泼水节、青藏铁路建设等故事，认识到自古以来，中国各民族之间的交往交流交融，共同推动着中华民族的繁荣发展。

3.在学习通参加主题讨论，探索铸牢中华民族共同体意识的重要意义。

4.思考铸牢中华民族共同体意识与本节课的主题“发展全过程人民民主”之间的关系，提升运用辩证思维方式深入分析、理解问题的能力。

5.思考铸牢中华民族共同体意识的重要举措。

6.结合PPT与教师讲解在书中标注重点内容，以关键词的方式做课堂笔记。

7.结合所学知识内容和日常见闻，分享在生活中感受到的铸牢中华民族共同体意识的具体举措及成就。

设计意图：教学过程综合运用问题互动法、理论灌输法、拓展研习法等多种教学方法，通过构建“认知—情感—意志—行为”目标层次结构，引导大学生感受到各民族交往交流交融的良好氛围，增进中华民族多元一体的理性认知、增强中华民族团结一心的情感归属、锤炼中华民族守望相助的意志品质，进而增强历史自觉，把握历史主动，强化中华民族复兴伟业的行为担当。

（二）课堂小结

本节课我们以“铸牢中华民族共同体意识”为主题，围绕中华民族和各民族的关系、中华民族共同体的形成与发展、铸牢中华民族共同体意识的重要意义及重要举措等问题展开学习与探索。我们了解到，铸牢中华民族共同体意识对于维护国家统一和民族团结、增进各民族对中华民族的自觉认同、维护国家长治久安有重要意义，也是发展全过程人民民主的重要着力点。为更好实现铸牢中华民族共同体意识目标，我们要正确把握共同性和差异性的关系、中华民族共同体意识和各民族意识的关系、中华文化和各民族文化的关系、物质和精神的关系，在全社会搞好民族团结宣传教育，加强现代文明教育，增强各族群众法律意识，完善差别化区域支持政策，促进各民族交往交流交融。

同学们，铸牢中华民族共同体意识、推进新时代党的民族工作高质量发展是我们共同的责任，希望大家积极参与到铸牢中华民族共同体意识工作中来，在全社会营造“中华民族一家亲、同心共筑中国梦”的良好氛围。让我们齐心协力、同舟共济，推动中华民族“复兴号”巨轮乘风破浪、扬帆远航！

（对本次课的总结可以及时地帮助学生对讲授的主要内容进行梳理，起到巩固学习成果的作用）

（三）板书设计

- 铸牢中华民族共同体意识
  - 中华民族和各民族的关系
  - 中华民族共同体的形成与发展
  - 铸牢中华民族共同体意识的重要意义
  - 铸牢中华民族共同体意识的重要举措
    - 正确把握“四对关系”
    - 在全社会搞好民族团结宣传教育
    - 加强现代文明教育
    - 增强各族群众法律意识
    - 完善差别化区域支持改策
    - 促进各民族交往交流交融

（四）作业设计

1.组织学生完成学习通平台的课后习题。

教师在学习通发布练习任务，结合本节课重点知识和历年考研真题设置练习题目，帮助学生巩固和加深对所学知识点的理解，并对学生的作业进行批阅，及时掌握学生的学习动态和学习效果。

2.鼓励学生以小组为单位制作“中华民族一家亲”主题的大学生讲思政课的相关微课、视频、演讲稿等。

学生的学习成果可以在学习通平台进行展示。教师对积极参与的同学进行平时成绩加分，通过多样化实践活动形式，激发学生学习的积极性与主动性，提升学生的综合素质。

（五）参考资料

[1]习近平：《在全国民族团结进步表彰大会上的讲话》，人民日报，2019年9月28日。

[2]习近平：《以铸牢中华民族共同体意识为主线推动新时代党的民族工作高质量发展》，人民日报，2021年8月29日。

[3]全国政协民族和宗教委员会：《铸牢中华民族共同体意识学习与思考》，民族出版社，2021年。

[4]国家民族事务委员会：《铸牢中华民族共同体意识——全国民族团

结进步表彰大会精神辅导读本》，民族出版社，2021年。

[5]中共中央统一战线工作部、国家民族事务委员会：《中央民族工作会议精神学习辅导读本》，民族出版社，2022年。

[6]国家民委研究室：《新时代民族理论政策问答》，民族出版社，2019年。

八、教学总结与反思

本节课以“铸牢中华民族共同体意识”为主题，围绕中华民族和各民族的关系、中华民族共同体的形成与发展、铸牢中华民族共同体意识的重要意义及具体举措等问题，综合运用问题互动法、理论灌输法、拓展研习法等多种教学方法展开教学活动。本节课整体教学效果较好，课程讲授过程能够吸引大部分学生的注意力。学生习得感较强，互动效果较好。通过本次教学活动，学生能够正确认识铸牢中华民族共同体意识的历史进程、价值意蕴与重要举措，增强民族团结意识，总体上实现了教学目标。

本节课的不足之处在于：

1.理论讲授偏多，理论联系实际的内容较少。在之后的课程设计和教学实践中应当注意实践环节的融入，更加充分地发挥学生的主体作用。

2.教学评价方式有待完善。在之后的课程教学中，应当增加对学生学习情况的调查与反馈环节，及时掌握学生的学习情况，不断改进和完善教学方式，切实提升教学效果。

铸牢中华民族共同体意识，做新时代的忠诚爱国者

大连民族大学马克思主义学院　王艳秋

一、课程基本信息

主讲课程：思想道德与法治

使用教材版本：高等教育出版社（2023版）

教材章节出处：《思想道德与法治》第三章《继承优良传统 弘扬中国精神》第二节《做新时代的忠诚爱国者》

二、教学设计概述

（一）设计思路

本案例围绕选题《中华民族一家亲》，从铸牢中华民族共同体意识的视角，对如何践行新时代的爱国主义进行设计。让学生云参观故宫博物院《何以中国》主题展览，以“过去时”回溯中华民族共同体的演进历程，树立“五个共同”的历史观；运用案例分析法，以“现在时”剖析中华民族共同体的现实境遇，把握“四个与共”的价值观；善用“社会大课堂”，以“未来时”展望中华民族共同体的光明前景，增强“五个认同”，积极践行新时代的爱国主义。

（二）理论依据

从选题看，党的二十大报告明确指出要“以铸牢中华民族共同体意识为主线”，2023年通过的《中华人民共和国爱国主义教育法》把铸牢中华民族共同体意识教育以法律的形式确定下来，表明以铸牢中华民族共同体意识推

进爱国主义教育具有重大的战略意义。纵向看，遵循中华民族从哪里来、现在在哪里、要到哪里去的历史脉络，全景式展现中华民族共同体发展历程，从理论上诠释正确的中华民族历史观。横向看，从认知、情感、信念、行动层层递进，树立起“我们都是中国人，我们都是中华民族的一分子，我们都要为伟大梦想而努力”的坚定信念。

（三）设计特色

以学生为主体，充分利用信息化教学手段，体现活动性课程特点。平台共享、线上线下结合，利用故宫博物院主题云展览，让不可移动的文物活起来，高度还原中华民族共同体的形成过程，增强情景式、沉浸式的体验；以学生为中心，发挥学生主体性作用，校内外资源贯通、理论与实践同频共振，在实践活动中切实提升育人实效；充分利用新媒体新技术，实现师生之间、生生之间的全员互动，彼此呼应、多回合的深度互动，“一个都不能少”“知其所以然”的有效互动。

三、学情分析

（一）学段特点分析

围绕“中华民族一家亲”专题，小学阶段，已通过常识化教育构建了对中华民族共同体的情感认同；中学阶段，通过知识化教育提升了对中华民族共同体的思想认同；大学阶段，则侧重以哲理化教育增强学生对中华民族共同体的政治认同。

（二）生源特点分析

民族院校生源以少数民族为主，学生主要来自民族地区和边疆地区。“五个共同”“四个与共”，对学生来说既是知识背景，更是生活经验。中华民族一家亲、团结才能进步，对学生来说既是思想理论，更是现实需要。

（三）专业特点分析

本学期授课对象为信通学院通信工程和电子信息工程专业学生。在中华民族共同体的“现在时”环节，引导学生对“中国芯”“卡脖子”问题进行讨论分析；并推进到“未来时”，即实现民族复兴、“中国芯”突破“卡脖子”问题上大学生应有何作为。

四、教学目标

（一）知识目标

了解中华民族共同体的历史演进，自在意义上的中华民族共同体是伴随着中华文明共同体的凝聚巩固而逐步形成的，自觉意义上中华民族共同体则是在中国近代的政治社会转折与革命实践中得以确立的；准确把握“五个共同”，坚持正确的中华民族历史观。

（二）能力目标

辨清各种错误历史观的本质，有效防范化解风险隐患、抵御各种错误思潮渗透，焕发历史自觉和主动精神以增强中华民族历史自信；立足实现中华民族伟大复兴的战略高度，认清深层次矛盾隐患和外部风险挑战，自觉维护国家安全和社会稳定，坚定国家统一和民族团结的政治定力；在知行合一中增强对中华民族共同体的政治认同，自觉担当起实现中华民族伟大复兴的时代重任。

（三）情感目标

学深悟透习近平总书记关于中华民族共同体思想的重要论述，强化思想认同；理解把握共同的历史文化记忆，深化文化认同；分析认清各民族命运紧密相连的现实境遇，强化情感认同；展望中华民族伟大复兴的美好未来，增进政治认同，厚植爱国主义情怀，热爱和拥护中国共产党，听党话、跟党走，立志做合格的社会主义事业建设者和接班人。

五、教学重点难点

（一）教学重点

中华民族是由共同的疆域、共同的历史、共同的文化和共同的精神凝聚而成的民族实体，“中华民族作为一个自觉的民族实体是近百年来和西方列强对抗中出现的，但作为一个自在的民族实体则是几千年的历史过程中形成的”；在复杂多变的国内外形势下，必须牢固树立休戚与共、荣辱与共、生死与共、命运与共的共同体理念；立足强国建设和民族复兴的历史方位，必须不断增进对伟大祖国、中华民族、中华文化、中国共产党、中国特色社会主义的认同。

（二）教学难点

如何在错综复杂的国内外形势下保持政治定力，自觉维护民族团结；如何做到知行合一，做新时代的忠诚爱国者，把中华民族共同体意识转化为推进中华民族伟大复兴的行动自觉。

六、教学设计总体思路

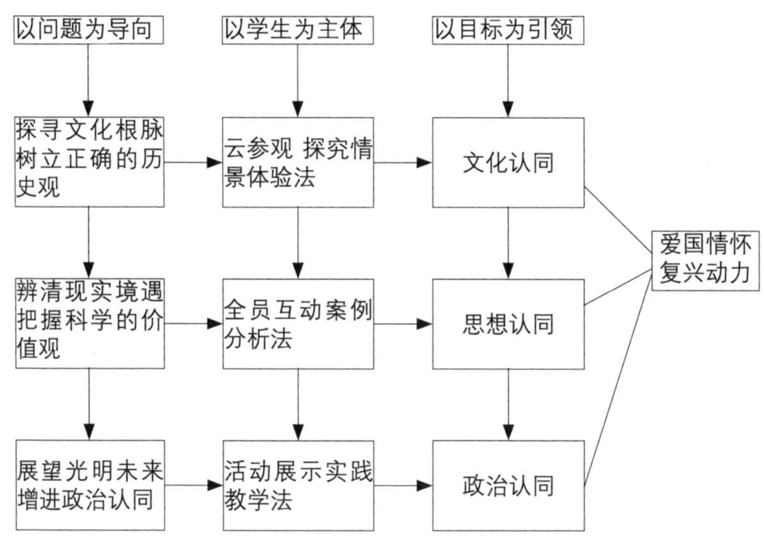

七、教学过程

（一）教学流程设计

环节一：课前任务

教师活动：提前两周布置实践作业。以“中华民族一家亲”为主题，分五个方向：①爱国主义与民族团结：可选取锡伯族万里戍边、三千孤儿入内蒙古等；②各民族交往交流交融：可选取土尔扈特部东归、长征时期彝族英雄与红军歃血为盟等；③中华文化：可从服饰、节日、建筑等方面展现各民族优秀文化；④党史故事：可选取中国共产党在新民主主义革命时期、社会主义建设时期、改革开放特别是新时代的鲜活故事；⑤中国特色社会主义好：可以从家乡的发展、乡村振兴等视角呈现民族地区或西部地区的发展成就。三种形式：微电影、大学生讲思政课、调研报告。将学生分成小组，方向、形式自选，作品在课堂上展示。

学生活动：分组、选题、在规定时间内完成实践作业。

设计意图：民族高校大学生以少数民族为主，相当一部分来自民族地区或西部地区，通过小学初中高中阶段的学习对上述内容有所了解。发挥学生主动性，让学生在实践活动中自发建构对中华民族共同体的认知，增进政治认同。

环节二：新课导入

教师活动：各民族表演者身穿民族服饰齐聚一堂，载歌载舞。通过视频大家可能已经想到了高中阶段学习过的内容，我国是统一的多民族国家，各民族一律平等，我国坚持以平等、团结、共同繁荣作为处理民族关系的基本原则，同学们是否知道像石榴籽一样紧紧抱在一起的中华民族共同体是怎样产生、形成、发展的？就让我们带着这些问题，一起走进今天的课堂——铸牢中华民族共同体意识，做新时代的忠诚爱国者。

学生活动：观看2023年春节联欢晚会节目《家园》。

设计意图：通过春晚节目生动呈现高中学段关于民族团结一家亲的内容，同时以问题链的形式导入教学内容，突出教学要点，激发学生对问题的思考。

环节三：线上参观，树立“五个共同”的中华民族历史观

教师活动：

1.请同学们登录故宫博物院微信公众号，线上参观主题展览《何以中国》。此次展览将中华文明比作源远流长的河流，以“源”“流”“汇”三个单元为主线。第一单元“源”，回望中华文明起源时的点点星火；第二单元“流”，着眼于各民族间的交往交流交融；第三单元“汇”，聚焦于中华文明是各民族文化集大成。

2.将学生分成三个小组，在规定时间内完成任务。每个小组集中观看一个单元，每个同学选取自己喜欢的一个文物，探究文物背后的历史、文化，并在学习通平台发布自己的探究结果。

3.选取经典文物讲解中华民族共同体的演进过程。第一单元“源”以三星堆铜形太阳器、“五星出东方利中国”锦护膊为例，说明中华文明的演进过程实际上就是多元文明相互整合的过程。考古学家称之为“重瓣花朵模式”，华夏是核心，是花心，核心向周边辐射、扩散，周边向核心汇集。核心与边缘交织影响，相互交融，逐渐形成多元一体的格局。第二单元“流”以八思巴文虎符圆牌、胡人吃饼骑驼俑为例，说明中华民族一直是文化上兼收并蓄、经济上相互依存、情感上相互亲近，在交往交流交融中凝聚发展。第三单元“汇”以《钦定四库全书》文津阁复制版、后蜀残石经为例，说明各民族相互影响、彼此交融，语言相通、文字互学、艺术共美、生活共融，在互鉴融通中共同创造了灿烂的中华文化。

4.通过云参观、探究活动，同学们便可以理解习近平总书记在2019年全国民族团结表彰大会上提出的“五个共同”的重要思想：我国辽阔疆域是各民族共同开拓的，悠久历史是各民族共同书写的，灿烂文化是各民族共同创造的，伟大民族精神是各民族共同培育的。一部中国史，就是一部各民族交融汇聚成多元一体中华民族的历史，就是各民族共同缔造、发展、巩固统一的伟大祖国的历史。

5.中华民族在几千年的发展历程中形成了自在的民族实体；近代以来和西方列强的对抗中实现了“自在”向“自觉”的转变（这部分内容是《纲要》课的重点内容，此处不做详细讲授）；党的十八大以来，中华民族共同体建设取得了新的历史性成就，如今全国各族人民迈上了以中国式现代化推进强国建设、民族复兴伟业的新征程，我们面临怎样的国际形势呢？导出下一个问题，我们现在在哪里。

学生活动：登录故宫博物院微信公众号，线上参观主题展览《何以中国》，并根据任务将探究学习的结果上传到学习平台。

设计意图：让文物说话，让历史发声，让博物馆里的文物古籍都活起来。以“长镜头”观照各民族交往交流交融的历史内涵，深入发掘文物所昭示的中华民族共同体的发展路向。学生通过观看、探究会增进文化认同，文化认同是最深层次的认同，是民族团结之根、民族和睦之魂。

环节四：案例分析、全员互动，把握“四个与共”的核心理念

教师活动：

1.2021年，美国通过《维吾尔强迫劳动预防法》（简称“涉疆法案”），禁止从外国进口任何部分或全部以强迫劳动形式生产的商品。2023年，根据“涉疆法案”的相关配套规定，将19家中国企业加入UFLPA实体清单，并依据UFLPA扣留了超过4000票进口货物。请学生思考、讨论并回答：新疆是否存在美国所说的“强迫劳动”？美国涉疆问题系列举动意欲何为？

2.总结学生的回答，给出具体数字：到2020年底，新疆超过306万农村贫困人口全部脱贫，3666个贫困村全部退出，35个贫困县全部摘帽，绝对贫困问题得到历史性解决。以西方所谓新疆棉花产业存在“强迫劳动”来说，目前在新疆棉花播种的过程中，大部分地区综合机械化水平超过98%。美方此举罔顾事实真相，蓄意诋毁中国新疆人权状况，粗暴干涉中国内政，妄图通过打压新疆企业，扰乱中国稳定发展。

3.当前国际形势复杂严峻，有的国家将我国视为主要竞争对手，持续在科技、贸易等领域打压，在民族、宗教、人权问题上抹黑；在复杂多变的国内外形势下，立足中华民族伟大复兴的共同愿景，各族人民必须牢固树立休戚与共、荣辱与共、生死与共、命运与共的共同体理念，这是铸牢中华民族共同体意识的核心理念。

学生活动：对美国“涉疆法案”的真实意图进行思考、讨论、交流；结合所学专业，对“中国芯”“卡脖子”问题深入分析交流。

设计意图：本环节旨在以“广视角”综观中华民族共同体在世界之变局中所面临的挑战，由此得出“四个与共”的战略意义。美国“涉疆法案”网络热度高，在民族高校关注度更高，学生发言更具有说服力、可信度，学生更容易看清美国的真实意图以及国际局势的复杂，坚信“四个与共”的必要性。

环节五：展示实践作业，增强“五个认同”

教师活动：

1.新时代、新征程，我们应该如何在“两个大局”中统筹规划，推进强国建设、民族复兴呢？请同学们展示实践活动作品。

2.对伟大祖国的认同：核心是爱国主义。中国自古以来就是统一的多民族国家，中华人民共和国是中华各民族共同缔造、发展起来的。新时代对伟大祖国的认同就是坚持以爱国主义为核心，把个人利益同集体利益、祖国命运紧紧关联，增强各民族团结互助、共同繁荣发展，维护祖国统一和国家安全。对中华民族的认同：中华民族是对历史上及现阶段居住中国境内各民族的统称，各民族在漫长的繁衍生息中形成了相互依存、血肉相连、荣辱与共的多元一体格局，是在历史中积淀和演变而成的一个稳定的共同体。对中华民族的认同是基于各民族在历史中交往交流交融中孕育的归属感、文化认同，56个民族都是中华民族大家庭中不可缺少的一员。对中华文化的认同：“各民族优秀传统文化都是中华文化的组成部分，中华文化是主干，各民族文化是枝叶，根深干壮才能枝繁叶茂”；“加强中华民族大团结，长远和根本的是增强文化认同，建设各民族共有精神家园”。对中国共产党的认同：“中国共产党领导是中国特色社会主义最本质的特征，是中国特色社会主义制度的最大优势”。中国共产党是实现各族人民团结奋斗与繁荣发展，推动社会主义现代化事业建设的领导者、实践者、贡献者和捍卫者。对中国特色社会主义的认同：中国特色社会主义符合中国具体实际和社会发展需求，彰显了中国特色和创新发展的优越性。各民族共同团结奋斗、共同繁荣发展、共同建设社会主义现代化强国，已成为铸牢中华民族共同体意识的动力源泉。

3.新时代新征程，实现中华民族伟大复兴成为中华民族团结奋斗的最大公约数，坚定“四个自信”，增进“五个认同”，铸牢中华民族共同体意识，是当代中国爱国主义的鲜明主题。

学生活动：展示实践作业优秀作品。

设计意图：坚持理论性与实践性相统一，思政小课堂和社会大课堂相结合，让学生在实践活动中将“五个认同”内化于心，外化于行。

（二）课堂小结

通过云参观故宫博物院主题展览《何以中国》，全景式回溯了中华民族共同体的形成过程，树立了“五个共同”的历史观；通过“涉疆法案”“制裁名单”两个案例的分析，可以看清当前国际形势复杂严峻，必须把握“四个与共”的核心理念；立足“两个大局”，增进“五个认同”，以铸牢中华民族共同体意识推进强国建设、复兴伟业。

（三）板书设计

一、探寻文化根脉，树立“五个共同”的中华民族历史观

1.自在阶段：“源”“流”“汇”

2.自觉阶段：近代以来

3.小结：“五个共同”

二、辨清现实境遇，把握“四个与共”的核心理念

1.案例：“涉疆法案”“制裁名单”

2.小结：“四个与共”

三、展望光明未来，增强“五个认同”

1.对伟大祖国的认同：

2.对中华民族的认同：

3.对中华文化的认同：

4.对中国共产党的认同：

5.对中国特色社会主义的认同：

（四）作业设计

同学们根据本次授课内容，将小组在课堂中展示的实践作品再次完善并提交到学习通平台，在学校官微组织一次《思想道德与法治》课“中华民族一家亲”实践作业展览。

（五）参考资料

[1]费孝通：《中华民族多元一体格局》，中央民族大学出版社，1999年。

[2]习近平：《在全国民族团结进步表彰大会上的讲话》，新华社，2019年9月27日。

八、教学总结与反思

（一）教学总结

在一个课时的教学过程中，以学生为主体，充分运用信息化手段，通过云参观故宫主题展览、学习通平台全员互动、实践活动成果展示，深刻分析了中华民族从哪里来、现在在哪里、要到哪里去，教学内容循序渐进、层层递进，从文化认同、思想认同到政治认同，激发爱国情怀与行动自觉，解决教学重点难点。

教学过程中突出以下几个亮点：第一，注重运用信息化、智慧化教学手段。共享故宫线上参观平台，利用学习通平台实现师生之间、生生之间全员互动，运用多媒体设备展示实践作业。第二，契合学段、生源、专业特点。教学内容设计与高中学段环环相扣，案例选择贴近民族院校、信通学院学生实际，提高教学实效性。第三，注重将习近平总书记相关重要论述融入教学内容。以铸牢中华民族共同体意识为主线，全面推进中华民族一家亲、同心共筑中国梦；立足中华民族伟大复兴战略全局，融入习近平总书记关于民族工作的重要思想，以增进“五个认同”凝聚民族复兴的磅礴力量。

（二）教学反思

线上参观环节学生兴趣度高、体验感强，由于课前学情分析没有考虑到理工科学生历史文化背景知识相对薄弱，导致短时间内自主探究无法深入，今后可考虑课前布置参观，课上集中讲解。学生能够认真完成实践作业，但也发现了一些具体问题，本次采取教师点评、指导，课后完善的方法解决，今后可增设选题、大纲、中期等环节的提交、检查、指导，以改善作业质量，提高实践活动育人效果。

铸牢中华民族共同体意识
凝聚中华民族伟大复兴磅礴伟力

辽宁省交通高等专科学校　李　思

一、课程基本信息

主讲课程：思想道德与法治

使用教材版本：高等教育出版社（2023版）

教材章节出处：《思想道德与法治》第三章《继承优良传统 弘扬中国精神》第二节《做新时代的忠诚爱国者》

二、教学设计概述

中国是一个拥有56个民族的多民族国家，中华民族是多元一体的。2014年5月，习近平总书记在中央第二次新疆工作座谈会上提出“牢固树立中华民族共同体意识”，率先提出了中华民族共同体意识的概念；2014年9月，习近平总书记在中央民族工作会议上提出“积极培育中华民族共同体意识”；2017年10月，习近平总书记在党的十九大上正式提出“铸牢中华民族共同体意识”，并写入党章，成为全党全国各族人民实现中国梦新征程上的共同意志和根本遵循；2019年9月，习近平总书记在全国民族团结进步表彰大会上明确强调，“以铸牢中华民族共同体意识为主线做好各项工作”，铸牢中华民族共同体意识成为高校思政教育的重要内容。

《思想道德与法治》第三章《继承优良传统 弘扬中国精神》第二节《做新时代的忠诚爱国者》第二目为《维护祖国统一和民族团结》，第三目为《尊重和传承中华民族历史文化》，介绍了维护和推进国家统一，促进民族团结，认识中华民族深厚历史文化，反对历史虚无主义等方面的内容。在中小学思政教育内容中，民族意识、民族团结、民族精神等方面的内容也非常丰富，因此，本设计基于学生已经学习过的中华民族相关知识，结合《思想道德与法治》教材内容，围绕“铸牢中华民族共同体意识”主题，开展了教学内容设计。

三、学情分析

《思想道德与法治》是面向大学一年级学生开设的思想政治课程，大一学生通常需要时间来适应新的学习环境、学术要求和生活方式。他们面临从高中到大学的转变，需要适应更高的学习压力和自主学习的方式。因此，在教学过程中，要积极引导学生转变学习方式，从被动学习到主动学习，促进学生在大学的学习生活中找到适合自己的学习方法。同时，大一学生通常对新领域和知识充满好奇，他们可能会积极探索不同学科，参与各种活动和社团，以拓宽自己的视野。针对大一学生求知欲强的特点，要培养学生自主探索的精神，加强教学设计的趣味性，激发学生求知探索的潜力。同时，大一的学生已经对我国的民族区域自治制度、民族政策、民族团结理念有了充分的认知和学习，但是对于“铸牢中华民族共同体意识”这个全新的概念，可能缺乏认知，因此，要结合学生已经学过的知识，让学生建立对中华民族共同体意识的理解，认识到中华民族共同体意识是国家认同、民族交融的纽带，是祖国统一、民族团结的思想基石，是中华民族绵延不衰、永续发力的力量源泉。

四、教学目标

（一）知识与技能目标

通过学习习近平总书记对民族团结、“中华民族共同体意识”、民族精神的重要论述，学习“中华民族共同体意识”的内涵、铸牢中华民族共同体意识的意义，铸牢中华民族共同体意识提出的历程、铸牢中华民族共同体意识的基础等内容，深刻认识我们国家是一个多民族的国家，树立民族共同体的思想基础。

（二）过程与方法目标

通过教学活动中的自主学习、自主探究、合作探究环节，转变学习思维，增强自主学习能力，在团队合作中培养沟通协调能力，在学习过程中深化科学研究方法，将义务教育阶段的学习思维与逻辑逐步转变为高等教育所需要的学习能力。

（三）情感态度与价值观目标

通过了解我国灿烂的民族文化历史，培养爱国情感和集体意识，增强国家认同感和民族自豪感。

五、教学重点难点

（一）教学重点

1.铸牢中华民族共同体意识相关知识教学，包括内涵概念、重要意义、五大基础等，教学需要结合社会实际、学生生活，尽可能以学生感兴趣的内容引入和讲授，提升教学效果。

2.大学生如何铸牢中华民族共同体意识。大学生作为新时代的梦之队，肩负着增强民族团结、维护民族统一，铸牢中华民族共同体意识的责任，教学活动中，要充分引导学生思考自己能够在生活实践中通过具体的事情，铸牢中华民族共同体意识。

（二）教学难点

本课时教学的难点在于，学生对铸牢中华民族共同体意识缺乏认知，且大一的学生还处于义务教育阶段相对传统理论学习中，缺乏实践活动将理论和实践结合起来，因此，如何推动学生通过实践活动，认识中华民族共同体意识，建立铸牢中华民族共同体意识的信念，就成了教学的难点。

六、教学设计总体思路

本教学设计的总体思路是以中华民族文化认同为引子，以习近平总书记关于铸牢中华民族共同体意识的重要论述为线索，以铸牢中华民族共同体意识的理论和实践结合为目标，设计教学内容，促进学生自主思考、合作学习，推动学生铸牢中华民族共同体意识。在情境创设环节，以热门视频导入，能够迅速引起学生的兴趣和对中华民族文化的认同；在新课探究环节，用解读和讲授的方法，完整讲授理论的同时促进学生思考；在知识拓展环节，以对比的设计手法，加深学生对于铸牢中华民族共同体意识的认同；在合作探究环节，给学生充分自由，让学生讨论和分享结论；在作业设计环节，让学生回顾本节课内容的同时，进一步从自己的角度出发，深入分析如何铸牢中华民族共同体意识。通过上述几个环节，能够有效促进学生对于该课题的认识。

七、教学过程

（一）教学流程设计

环节一：情境创设——灿烂的中华民族文化

教师活动：播放影片《逃离大英博物馆》片段，让学生在视频中感受中华民族文化的深厚历史底蕴。

学生活动：观看视频，感受中华民族文化的深厚历史底蕴，思考中华民族的概念。

设计意图：《逃出大英博物馆》是一部网络微短剧，讲述了陈列在大英博物馆的中华缠枝纹薄胎玉壶，化身为一个女生出逃博物馆，遇到了一名在英国工作的中国男生，并在男生的帮助之下，一起回到中国，替大英博物馆的文物给中国文物送去书信的故事。而选择该影片的原因有两点：第一，该影片在短视频平台具有非常高的播放量与知名度，是近年来青年传播主流价值观的优秀作品，对大学生具有榜样意义。第二则是短视频的形式，是近年来兴起的受到广大群众喜爱的信息传播形式，短视频贴近学生生活，更能引起学生兴趣。而内容方面，通过文物的自述，能够建立起对中华民族文化的认同，增强中华民族自豪感。

环节二：新课探究——铸牢中华民族共同体意识

教师活动：

1.解读习近平总书记关于民族历史的重要论述——“一部中国史，就是一部各民族交融汇聚成多元一体中华民族的历史，就是各民族共同缔造、发展、巩固统一的伟大祖国的历史”，引出中华民族共同体意识相关概念。

2.讲授中华民族共同体意识的内涵、铸牢中华民族共同体意识的内涵、铸牢中华民族共同体意识提出的历程、铸牢中华民族共同体意识的五大基础、铸牢中华民族共同体意识的三个着眼点等内容。

学生活动：

1.仔细阅读体会习近平总书记关于民族历史的重要论述。

2.深刻学习领会铸牢中华民族共同体意识基础理论知识。

3.思考铸牢中华民族共同体意识的重要意义。

设计意图：从习近平总书记的讲话引出中华民族共同体意识，是因为中华民族历史是中华民族共同体意识的根本，而设计解读习近平总书记关于民族历史的重要论述则能够引导学生深入思考民族历史、中华民族共同体意识的内涵。利用讲授法讲授铸牢中华民族共同体意识的相关理论知识，则能够严肃且完整地传递铸牢中华民族共同体意识相关知识与定义，确保学生先对理论知识有较为深刻的印象。

环节三：知识巩固——分享各个民族新中国成立以来的变化

教师活动：

1.根据学生名单，选择其中的3-5名少数民族学生，介绍自己的民族，分享自己所在民族地区，新中国成立之后发生的变化，包括经济发展、文化传承、民族融合等。

2.教师根据学生的介绍与分享，补充党的民族理论、民族政策、民族区域自治制度等内容，让学生通过案例和身边同学的讲述，深化对于铸牢中华民族共同体意识的认知。

学生活动：被选中的学生根据自己的所听、所见、所感，介绍自己的民族，分享民族地区的新变化。

设计意图：结合本校学生民族成分多元的特点，设计了介绍各个民族特色、分享当地变化的环节，可以有效让学生在理论学习之后，通过党和国家的民族治理政策，深刻领会铸牢中华民族共同体意识的重要意义与实践途径。而教师对于学生所讲述的内容，则可以适当补充相关知识，拓展教学内容的同时，深化知识认知。

环节四：知识拓展——“藏独”“疆独”等分裂势力的反动本质

教师活动：

1.介绍反面案例，“藏独”“疆独”等分裂势力在国外有关组织的支持下，在我国进行的反动分裂活动，以及带来的不良后果。

2.通过PPT介绍拉萨“3·14”打砸抢烧严重暴力事件。

学生活动：了解“藏独”“疆独”等分裂势力主要进行的活动，提高警惕，通过拉萨“3·14”打砸抢烧严重暴力事件的案例，认清“藏独”“疆独”等分裂势力的反动本质，进一步认识铸牢中华民族共同体意识对维护国家稳定、安全的重要意义。

设计意图：设计本部分内容，是为了与前面安定发展的民族地区形成对比，通过对“藏独”“疆独”等分裂势力的介绍，让学生提升对于相关势力的分辨能力，警惕国内分裂势力的活动。而通过具体的案例，也能够让学生了解真实的“藏独”“疆独”分裂势力行为，认清“藏独”“疆独”等分裂势力的反动本质，进一步认识铸牢中华民族共同体意识对维护国家稳定、安全的重要意义。

环节五：合作探究——大学生如何铸牢中华民族共同体意识

教师活动：

1.按照人数分组，设置问题：当代大学生应该如何铸牢中华民族共同体意识。

2.总结讨论结果。

学生活动：学生以小组为单位讨论“大学生如何铸牢中华民族共同体意识”的问题，归纳讨论的结论，形成简单文稿，记录下来并准备分享。

设计意图：利用合作探究的形式，让学生合作交流，在团队中各抒己见，分析大学生如何铸牢中华民族共同体意识。一方面，可以锻炼学生在团队中的沟通、表达能力，另一方面，也可以促进学生自主学习、自主探究能力的提升。

（二）课堂小结

铸牢中华民族共同体意识，是习近平总书记在党和国家的民族政策基础之上提出的重要论述，其内涵不仅包含民族团结、民族融合，更是上升到了国家认同、民族传承的高度，是党和国家民族政策在新时代的新发展。习近平总书记强调“做好新时代党的民族工作，要把铸牢中华民族共同体意识作为党的民族工作的主线”。而大学生是祖国的未来，是民族的希望，因此，作为大学生，也要深刻领会民族团结、民族融合、民族政策的内涵，铸牢中华民族共同体意识。我们一定要紧紧围绕铸牢中华民族共同体意识这条主线做好工作，持续推进民族团结进步，树立正确的国家观、历史观、民族观、文化观、宗教观，从身边小事做起，积极投身民族团结事业，发挥大学生的作用，承担起自己作为社会主义建设者的社会责任，为建设中华民族共同体，实现社会主义的中国梦，努力奋进，做一个“有理想、有本领、有担当”的新时代中国青年。

（三）板书设计

灿烂的中华民族文化

中华民族共同体意识是：

国家认同、民族交融的纽带，是祖国统一、民族团结的思想基石，是中华民族绵延不衰、永续发力的力量源泉。

铸牢中华民族共同体意识是：

引导各族人民牢固树立休戚与共、荣辱与共、生死与共、命运与共的共同体理念。

铸牢中华民族共同体意识的五大基础是：

政治基础、物质基础、思想基础、社会基础、法治基础。

铸牢中华民族共同体意识的三个着眼点：

着眼于有形、着眼于有感、着眼于有效。

铸牢中华民族共同体意识是：

国家统一之基、民族团结之本、精神力量之魂。

习近平总书记强调，铸牢中华民族共同体意识是：

新时代党的民族工作的“纲”。

“藏独”“疆独”等分裂势力的反动本质

（四）作业设计

根据本节课的教学内容，结合课上的合作探究活动——大学生如何铸牢

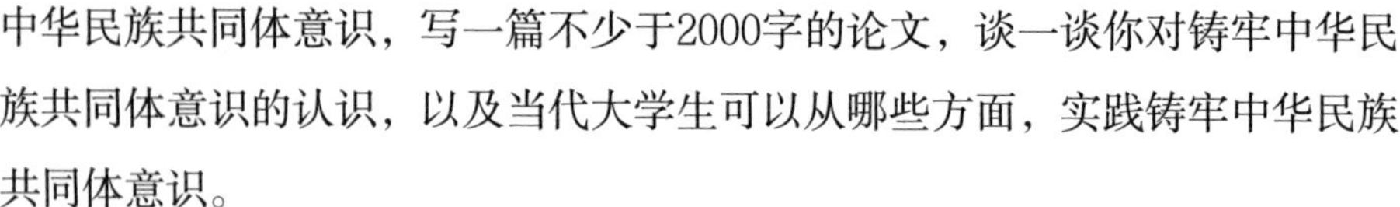

中华民族共同体意识，写一篇不少于2000字的论文，谈一谈你对铸牢中华民族共同体意识的认识，以及当代大学生可以从哪些方面，实践铸牢中华民族共同体意识。

（五）参考资料

[1]青觉、徐欣顺：《中华民族共同体意识：概念内涵、要素分析与实践逻辑》，《民族研究》，2018年。

[2]王延中：《铸牢中华民族共同体意识建设中华民族共同体》，《民族研究》，2018年。

[3]青觉、赵超：《中华民族共同体意识的形成机理、功能与嬗变——一个系统论的分析框架》，《民族教育研究》，2018年。

[4]《逃离大英博物馆》，https://www.bilibili.com/video/BV1qm4y1T7qp/?spm_id_from=333.337.search-card.all.click&vd_source=a4ee56d65799f74a0dc8bfeba7ea70b3.

八、教学总结与反思

在中小学的教学中，铸牢中华民族共同体意识的概念被提及较少，而民族团结、民族融合、民族政策等内容是贯彻大中小学教育体系的，因此，要推动大中小学思政课一体化教育教学，大学思政课就要在中小学教材内容滞后的情况下，将教材内容与当下最新的论述、概念结合起来，让学生在经过中小学教材关于民族相关知识的学习之后，进一步深化对于铸牢中华民族共同体意识的认识，这也体现了大学教育作为高等教育所具有的学术深度。而本课时内容的教学，不仅能让学生掌握一定的铸牢中华民族共同体意识知识，深化对于我国民族问题的认知，也推动了学生在自主思考、合作学习等方面能力的提升，促进了学生的全面发展。

后 记

本书围绕“铸牢中华民族共同体意识”这一主题，按照小学、初中、高中、大学四个学段的顺序，精心整理了29篇辽宁省“大中小学思政课一体化建设”专题教学设计案例征集活动中的优秀作品。编者根据自身工作实际，参考优秀案例成果，经合理设计、创新编排后汇编成册。这些案例覆盖了党对民族工作的领导、民族区域自治制度、民族事务治理体系和治理能力现代化、中华民族一家亲、构筑中华民族共有精神家园等内容。每篇教学设计包含课程基本信息、教学设计概述、学情分析、教学目标、教学重点难点、总体思路、教学过程以及总结反思等内容，力争详尽实用，努力为各学段教师在思想政治理论课教育教学提供具体参考，提高教学质量。教学设计把中华民族共同体理论与实践问题与教材原有的思想政治理论课内容有机联系、巧妙扩展，旨在展现如何将铸牢中华民族共同体意识教育有效融入到思想政治教育实践，引导学生树立“五个共同”的中华民族历史观，不断增进“五个认同”，牢固树立“四个与共”的中华民族共同体理念。

主编徐丽曼、胡承波负责本书的策划、组织等工作，制订编写计划，协调各方资源，严审案例内容，提出修改意见，监督编写进度。秦明负责案例内容具体审阅，完善作品逻辑结构及内容编辑校对工作，确保内容准确、完整。参与编写教学案例的还有董文超、侯雪原、姜薇、康婧文、李佳萱、王静、付文文、贾宇佳、刘新宇、马泽敏、唐佳宇、王钧谊、王维、肖丽新、崔子元、杨冬剑、李艳玲、王丽华、丛娜、李海鹰、董洋、刘文静、刘颖、聂岩、丁菱、石磊、孙擎、王艳秋、李思等多位老师。衷心感谢所有参与案例编写和相关工作人员，正是有了大家的共同努力与不懈追求，才有了今天的成果。

在编著此书的过程中，我们深刻体会到，课堂上的精彩，不仅仅是教学方法的突破，更是教师理想信念、知识素养、育人情怀和教学技能的综合展现，教育不仅仅是知识的传递，更重要的是价值观的塑造和责任感的培养。在“以中国式现代化全面推进中华民族伟大复兴”的时代背景下，加强铸牢中华民族共同体意识教育，凝聚起民族复兴的磅礴伟力尤为重要。基于此，本书所编教学案例设计不仅注重理论知识的系统传授，还特别强调实践性和互动性，鼓励教师和学生在教与学的过程中共同探讨、共同成长。

本书在编写过程中，参考了一些大中小学思想政治教育一体化建设、教学设计编写、教学方法创新的案例、著作、论文以及相关文献，谨致诚挚的谢意。本书获大连民族大学马克思主义学院学术著作出版资助，在此一并致以衷心感谢。

大中小学思想政治教育一体化建设的深入推进为编著出版《铸牢中华民族共同体意识融入大中小学思想政治理论课一体化教学设计案例集》创造了条件，也发出了呼唤。我们谨用本书表达新时代思政课教师回应时代呼唤的努力、推动专业建设的执着。限于编者水平，书中难免存在不完善的地方，恳请同行专家、学者和广大读者惠于批评指正。

编　者

2024 年 10 月